Praise for

Collected Writings

In this startling collection, Yoysef Gudman focuses on nothing less than the whole of the immigrant experience: the "groans of our brothers." His acute vision into the solitude of the individual, into the disruption of emigrating societies, and into the unifying constant of core belief shows us an interior journey that is in itself the destination, writing, in one poem: "On a ship in deep water/sick, broken, and pale/I did not find loneliness". Re-workings of stories from the Torah ("my pen is a holy of holies", he writes), deep emphasis on the transience of human life, and allegoric stories in the tradition of Tolstoy give shape to his journey to the American continent—to this "El Dorado of wheat and corn."

—Jordan Hartt, Program Director
Centrum's Port Townsend Writers' Conference

It's always gratifying when lost works of literature are rediscovered, translated, annotated, and made accessible to new generations. This book gives voice to a remarkable person at a remarkable time and place, and goes a long way toward furthering our understanding of both Jewish and Canadian history.

—Aaron Lansky
President, Yiddish Book Center
Author of *Outwitting History*

Joseph Goodman's collective writings offer a unique glimpse into the life and thoughts of one man, yet they shed a light on the challenges and circumstances of virtually fleets of Jewish immigrants and trainloads of settlers to the west of Canada. At the end of the 19th century, hope, ambition and prosperity might have been in immigrants' eyes, but disillusionment, nostalgia and despair could have been in the hearts. Delve into Goodman's Yiddish way of expression through this thought-provoking book. Now these faithfully accurate English translations, complete with notes, add clarity and historical background to the writings, bringing Joseph Goodman's life and times into delightful focus.

—Donna Wendt, Colonel, U.S. Army, retired
Genealogist, Program Chair, Honolulu County Genealogical Society

Collected Writings by J. J. Goodman is a remarkable text. The author probably valued his poetry the most . . . . Yet I believe that it is as a Jewish settler in Canada, as an intellectual and a writer, as a reporter of the provinces in the early twentieth century, that he reaches his greatest heights.

—Hannah Berliner Fischthal, Ph.D.
Translator for *Collected Writings*

Cousins Harriet Hoffman and Leah Hammer have accomplished something many genealogists only dream of—search for, find, and reprint a grandfather's own writings. Joseph J. Goodman's book, *Collected Writings*, tells wonderful stories about the life and times of Jewish immigrants to Midwestern America and Canada. The addition of appended material on people and places that Goodman mentions enhances our understanding of what those coming here experienced.

—Anne Feder Lee, Ph.D., Immediate Past President
International Association of Jewish Genealogical Societies

This fascinating work of poetry and prose by a Yiddish-speaking pioneer settler marks a significant contribution to our understanding of Jewish immigrant life in Western Canada, notably smaller Jewish communities such as the agricultural colonies of the Canadian prairies.

—Rebecca Margolis, Associate Professor
Vered Jewish Canadian Studies Program, University of Ottawa

J. J. Goodman wrote with a sharp eye for detail, a keen sympathy with the hardships of immigration, and a wry sense of humor (his journalistic alias was "Professor Incognitow"). These literary records of his life and travels in western Canada give an invaluable glimpse into early Jewish settlement in the prairie-provinces, as well as insight into a lively mind.

—Catherine Madsen
Bibliographer, Yiddish Book Center

Mr. Goodman's anecdotal writings are filled with essays and poetry that one might call "bittersweet." One could sense the pain and sad feelings that originated from Mr. Goodman's life experiences. It is as if he was writing to each of us, wishing to explain with great expression what life must have been like for the Jewish immigrant to Canada so many years ago.

—Steven Lasky
Founder and Director, Museum of Family History

As someone who is writing about my own Grandfather, I applaud Joseph J. Goodman's granddaughters and family for reproducing his book, and for providing a new translation and commentaries. This is a model of what family members can and should do.

—John E. Lundin
U.S. Department of State Foreign Service Officer, retired

Reading him [Goodman] is like listening to my grandfather tell his stories—but better. I would have loved to know him. He seems to be a man of exceptional capacity for empathy, imagination, and verbal expressiveness. Thank you so very much for sharing him and this wonderful bit of history with us.

—Serena Stier, Ph.D., JD, Psychologist, Mediator, Professor
Author of Deadly Illumination: A Gilded Age Mystery

It is not often enough that we get to see a man's loves, losses, and philosophies through a variety of writing styles. This compilation of poems, stories, and essays draws a much clearer picture of one man's true journey.

—Terry Persun, poet and novelist

Collected Writings by J.J. Goodman gives a fascinating glimpse into the life of a Jewish-Canadian pioneer at the turn of the century. We are so fortunate to have this living record in our possession today.

—James A. Deutch, DSW, LCSW

GEZAMELTE SHRIFTEN
געזאמעלטע שריפטען

Collected Writings

Joseph J. Goodman

First Bilingual
Yiddish to English Translation

Poetry, Short Stories, and Essays on the

Jewish Canadian Immigrant Experience

(1919)

Edited by Harriet Goodman Hoffman

Translated by Hannah Berliner Fischthal

Copyright © 2011 by Harriet Goodman Hoffman.

Library of Congress Control Number: 2010910318
ISBN: Hardcover   978-1-4535-3816-6
                Softcover   978-1-4535-3815-9
                Ebook   978-1-4535-3817-3

Grateful acknowledgment is made to The National Yiddish Book Center in Amherst for providing the original Yiddish text, and to the following institutions and individuals for permission to reproduce photographs and to quote from documents in their possession: University of Toronto Press (pp. 113, 123, 124, 155, 173, and 174); YIVO Institute for Jewish Research (Yiddish Alphabet); shtetl image courtesy of Tomek Wisniewski Collection (cover); Connie Goodman Barnett for providing the letter from her father, Wilfred Goodman (appendix).

This book was printed in the United States of America.

FIRST BILINGUAL EDITION
Cover design by Leah Jay Hammer

Collected Writings by Joseph J. Goodman

To order additional copies of this book, contact:
Xlibris Corporation
1-888-795-4274
www.Xlibris.com
Orders@Xlibris.com
82730

In Loving Memory of

Joseph J. Goodman

(born Chaim Chernoff)

1863 ~ 1935

(5624 ~ 5696)

ל׳ בְּחֶשְׁוָן תרצ״ו

from the family of J. J. Goodman

Your descendants hope that by having your *Collected Writings*
reissued in English translation you can be heard and understood.
We trust that this will help to commemorate your
kindness and love for Judaism and our people.

I did not find the world desolate when I entered it. As my ancestors planted
for me before I was born, so do I plant for those who will come after me.
—the Talmud

Contents

Translations

Stories

Essays

Appendices

* indicates appended material

Acknowledgments

I want to thank those who have made this book possible. I begin with gratitude and admiration for my cousin, Leah Jay Hammer, without whose dedicated efforts in finding the original book by our grandfather, this translation would never have been done. Seven years ago, Leah discovered a reference in an archived Canadian Yiddish newspaper, *Israelite Press*, about our grandfather writing a book, *Gezamelte Shriften*. According to the article, or at least the interpretation on the Web site, the book contained poems, prose, musings, and stories of Joseph's travels throughout Canada. Leah's research took  her to the Yiddish Book Center in Amherst, Massachusetts, where she found the book by J. J. Goodman titled *Gezamelte Shriften*, later translated to *Collected Writings*. Leah was able to obtain a copy through the Center's Steven Spielberg Digital Library. Leah also located another copy of *Gezamelte Shriften* in the Stanford University Library in Palo Alto, California. In addition to being an invaluable researcher Leah also designed the book cover.

The Yiddish Book Center was founded 30 years ago by Aaron Lansky, author of the highly acclaimed *Outwitting History: The Amazing Adventures of a Man Who Rescued a Million Yiddish Books*. The Center is an incredible working library, dedicated to locating, saving and preserving Yiddish books and documents and to providing a learning center to foster the Yiddish language. To Aaron Lansky, President of the Yiddish Book Center, who saved our grandfather's work, I am greatly and eternally indebted. Aaron Lansky saved precious volumes, like my grandfather's, that were at risk of loss. Leah and I visited the Yiddish Book Center in 2009. We are also grateful to Catherine Madsen, bibliographer, who graciously invited us into her office at the Center, answered our plethora of questions, and responded with good humor when we inquired why the cost of *Collected Writings* was now $36 when The *Israelite Press* had offered it for $1, only a hundred years earlier.

I found Hannah Berliner Fischthal, translator of *Collected Writings,* through Jewishgen.org. Hannah, as she became lovingly known to the cousins, became an integral part of the project and our lives. A translator should try to maintain clarity while giving readers an experience of the original rhetoric. Hannah has achieved that balanced mediation. She has been able to give a closely literal rendering of Joseph's writing that has neither obscured its meaning nor interfered with its flow. Through her expertise and love for the Yiddish language, she took the project to an additional medium with her creation of an audio CD in which she reads all of J. J. Goodman's poems in Yiddish. She has understood my goals. She pushed, taught, and guided me to strive to learn more and to publish a book of which we could all be proud.

I would like to pay special tribute to Rabbi Arthur Chiel for his book, *Jews in Manitoba,* published in 1961, by the University of Toronto Press. His research included Manitoba newspapers, early histories, and interviews with surviving Jewish pioneers. Rabbi Chiel's book included specific information about Joseph Goodman and gave many insights into the life of Joseph and of the Jewish community in Manitoba. I would like to thank the University of Toronto Press for allowing me to quote some of Rabbi Chiel's work in the Chronology of Joseph Goodman in this book.

A special note of appreciation goes to Claudine Nelson of Research Services, Alberta Genealogical Society, Edmonton Branch. Ms. Nelson provided me with copies of the homestead petitions and the final deeds from the Office of the Interior, Ottawa, issued to Joseph Goodman and his brother-in law, Lazar Pogochefsky, for land grants in Cochrane, Alberta, near Calgary. On her own initiative, Claudine continued to assist with research investigating the city directories, even Saskatchewan records.

To John Chernoff, Joseph Goodman's grand-nephew, my deep appreciation for his professional expertise, love and good humor as he guided me through the many challenges of writing, editing and publishing. I also thank my dear friend, Donna Wendt, who encouraged me to write about Joseph and to provide more insight into Judaism and Joseph's cultural world, and who tirelessly edited the many revisions.

I am grateful to Joseph J. Goodman's descendants, whose endearing emotional and financial support made the translation process a reality. This work brought us all closer together, and I shall forever be indebted to them for their encouragement and love. The cousins are Connie Goodman Barnett, Bari Barella, Crilly Butler, Gloria Goodman Case, John Chernoff, Michael Chernoff, Leah Jay Hammer, Richard Handler, and Marilen Pitler. I give special thanks to my cousin Connie Goodman Barnett, who found her father's letter and allowed it to be a wonderful addition to this book. It is with great love and honor that I wish to remember our cousin Richard Handler, who passed away during this project, and to thank his lovely wife, Anne, who continues with her outpouring of love and generous support for all the Goodman-Chernoff enterprises.

I also thank my husband, Bob Hoffman, who had to listen to my endless readings, who cooked and brought me sustenance when I was holed up in my office, and who got up with our dog, Kea, in the morning so that I could get some sleep.

Having the opportunity to be the editor for my grandfather's *Collected Writings* has been an experience different from anything I could have ever imagined. This project started with an idea to take my grandfather's book beyond the translation in the hope of giving my descendants an understanding of their ancestor and the times and culture that formed him. I originally thought of myself with words that had impressed me from Diane Armstrong's book *Mosiac*, "—I am the invisible stalker, weaving a bridge between my grandfather and myself, between past and present, to piece together fragments of lives that ended before mine began." As I learned more about Joseph Goodman, the work expanded and became an experience of depth and excitement. A fellow genealogist described the task, "It's a feeling like first love, your feet are barely on the floor, and your head is dizzy with ideas, hope, and fleeting moments of doubt. Your heart pounds, you feel a little queasy, you can't sleep, and if your husband would let you, the manuscript would have its own pillow between you on the bed."

Ultimately, my greatest thanks are to my grandfather, who died before I was born and whom I never had the opportunity to meet, for taking me on this journey. My life will never be the same. What is the greatest gift that we can leave our descendants? Perhaps that gift is to give ourselves—and my grandfather did just that!

Joseph Goodman had high hopes for Judaism and for mankind. May we learn from his dedication in trying to make this a better world and, in doing so, find our own destinies.

Harriet Goodman Hoffman, Editor
December 2010

Foreword

Joseph J. Goodman's (Chaim Tschernov) *Collected Writings* is a wonderful compilation of some of his poetry, essays, and short stories. Joseph Goodman's writings are historically important and unique, a legacy of insight, humor, and sensitivity. Through his words we are all given a glimpse into what his life was like in the United States and Canada in the early part of the twentieth century. He must have written with a desire to be heard. It will be up to us to hear him and to try to interpret his prejudices, beliefs, judgments, and feelings. We believe that a reader who does so will be able to identify with many of the political, religious, and economic thoughts Joseph Goodman openly approaches and discusses—including topics that some readers would be more comfortable ignoring and sweeping under the carpet—and will perhaps find that issues of the past remain issues of the present. We hope as well to provide an appreciation of the richness of the Yiddish language that Joseph chose as his means of expression.

Joseph Goodman died before we, his granddaughters, were born. We were denied the opportunity to know him personally. Families tell stories. Our family's story relates that Grandfather Goodman's surname was really Chernoff. Our genealogical research mantra became "How do you find a Chernoff when his name is Goodman?"

As Hannah Berliner Fischthal translated Joseph's *Collected Writings* from Yiddish to English, we immersed ourselves in his poetry and essays in order to understand the type of person our grandfather was and what his life had been like. From an initial goal of simply translating and republishing Joseph Goodman's writings, the project began to take on a life of its own. It acquired a broader purpose. We wanted not only to honor and pay tribute to our remarkable grandfather but also to create a record that would give readers additional insight into his times and the world as he saw it, and we added several appendices with additional information about people and places, the Yiddish language, and early life in the Russian shtetl.[1]

---

[1] Web: *Shtetl* is Yiddish for town. Typically a small town, with a large Jewish population, in Central and Eastern Europe until The Holocaust. Shtetls

Joseph came from a shtetl in Russia, and he gives us a description of his shtetl home in "Memories." For hundreds of years, these small Jewish towns of Eastern Europe sustained a unique way of community life. Many of these towns were isolated from the non-Jewish world, by decree, to a region called the Pale of Settlement,[2] where their isolation promoted a complete immersion of religious precept and practice into every detail of daily life. There Jews assimilated to their environment yet also could retain their ways and their language, keeping the core of their own tradition intact. According to Mark Zborowsky, "They spoke Yiddish, wrote and read Hebrew, bargained in broken Polish or Ukrainian."[3] The shtetl provided better defense against outside violence that constantly plagued them in the form of pogroms. The shtetl also supported the economic well-being of the community. Jews were limited by law to certain professions, businesses or jobs, ones that the non-Jewish community judged to be beneath them. The economic hardship created by this regulation was addressed by religious instruction: those who were financially able were obligated to help those in need. Religion and education went hand in hand. Status in the shtetl (including where one would sit in synagogue) was judged and honored by education, achieved through continuing studies of Torah/Talmud, and by financial philanthropy. The heritage of the shtetl environment molded Joseph Goodman, giving him strong socialistic and humanitarian beliefs.

Joseph Goodman and his family left Duluth, Minnesota and went to Winnipeg, Canada, in the early 1900s. There, remarkably, they established one of the most culturally rich Jewish communities in North America. For these pioneers, Winnipeg was known as the New Jerusalem. It was there, among the scattered agricultural colonies,

---

were mainly found in the areas which constituted the nineteenth-century Pale of Settlement.

[2]   Web: Jewishvirtuallibrary.org. Pale of Settlement: established in 1791 by Czar Catherine II, "The Great," as a territory where more than 90 percent of Russian Jews were forced to live in poor conditions. Created under pressure to rid Moscow of Jewish business competition, it included the territory of present-day Poland, Latvia, Lithuania, Ukraine, and Belorussia. Even within the Pale, Jews were discriminated against; they paid double taxes, were forbidden to lease land, run taverns, or receive higher education.

[3]   Information taken from: Mark Zborowski and Elizabeth Herzog's, *Life Is With People; The Culture of the Shtetl*, International Universities Press, New York, 1952: 34

country villages and towns of Manitoba, Saskatchewan, and Alberta that Joseph Goodman, as an immigration inspector for the Canadian Pacific Railroad, traveled many miles and met many people. His son Wilfred later wrote that because Goodman was a "Naturalization Commissioner, practically every Jewish immigrant was beholden to him, and I am sure that he did everything he could to ease their way into the country and to get them 'naturalized' as quickly as possible."[4] Joseph wrote about the Jewish immigrants he met, the farmers, the laborers, the storekeepers, and their families. These were people who attempted, against tremendous odds, to retain their religion and heritage.

In his essays, Joseph takes us with him as he experiences the world of these immigrants. The town of Weyburn, Saskatchewan, inspired the story "In Western Canada," where Joseph found himself abandoned and lonely on a Christmas Day that became joyful when he was invited by Jewish farmers to a Chanukah party. The small town of Portal, on the North Dakota border with Canada, is humorously described in "Flies and Little People." In the essay "Zonenfeld Colony," Joseph rejoiced in feeling like part of the family instead of like a guest. He helped the Jews of North Dakota find and create a township to homestead in Alberta, as described in "Montefiore Colony." In "Calgary," he lamented the slowness of a train ride and related anecdotes before describing the highlights of the town. In "Edmonton," he related that in the past Edmonton had been called the capital of the North Pole, but in his time he credited it with being the most modern city on the continent. In "Lethbridge," he wrote about his intriguing meeting, on the train, with a female Canadian poet. In his last essay, "Medicine Hat," he described nature as being tremendously generous yet also hiding some of its treasures. As he ended his journey, he spoke about a cradle of idealism, the nest of pity and a soul more suited to understanding.

A particularly good insight into Joseph Goodman comes from his son Wilfred Goodman, in a letter to his daughter.

> He was probably one of the best known and admired Jews in Western Canada. I found amongst his papers, appointments from both King Edward, as Seed Grain Commissioner for Western Canada, and from King George, as Naturalization Commissioner for Western Canada. Prior to his work for the

---

4   Excerpt from letter written by J. J. Goodman's son, Wilfred Goodman, early 1970's.

Government, he had in some manner been associated with the building of railroads in western Canada because he knew so many of the Slavic dialects, and was, therefore, able to converse with the immigrants from the Slavic countries, who were important in the construction of the transcontinental railroads.

Our grandfather, Joseph Goodman, must have been a very intelligent and learned man to have written as he did. His education[5] probably would have been in Ukraine, likely in Konotop, where he was born. Perhaps he even had some Talmudic training, as he identified himself as a rabbi in his later years. It is apparent that he was an avid reader, undoubtedly influenced by the writings of authors such as his idol Theodore Herzl as well as by the ideas of his parents and his peers. Joseph's son Wilfred writes,  "It was this devotion to Jewish people and the Zionist cause (I was named Wilfred after Sir Wilfred Laurier, then Premier of Canada, a friend of my father's, and HERTZL after Dr. Hertzl, the great Zionist)." Such Zionism was the faith and desire of many toiling Jews. By 1897, the Jewish workers' political and labor movement in Russia was well established. We believe that the emerging Jewish community in Winnipeg, Manitoba, was profoundly affected by the political scene left behind. Jewish emigrants from Russia carried their distinct cultural heritage with them to America and Canada. They brought Marxist and socialist principles, a love for Yiddish language and culture, and a secular rather than a religious emphasis on Judaism.

This exciting time of Jewish enlightenment was fueled by the Yiddish Renaissance and Jewish radicalism that created a Jewish literary revolution.[6] Joseph Goodman embraced and participated in this literary movement and in doing so left us a great legacy. Goodman was certainly influenced by the writers he mentioned by name: Brainin, Frug, Herzl, and other Jewish socialists who hoped that through united action Jews' inferior position in the capitalistic system would improve.

---

5   Web: photo of students in Kehyder (school) in Ukraine.
6   Allan Levine, *Coming of Age, A History of the Jewish People of Manitoba*, Heartland Associates, Winnipeg, Canada 1956: 145.

In 1906, Joseph J. Goodman, then a professional journalist, involved a group of Jewish businessmen in backing a weekly Yiddish periodical for central and western Canada. Goodman, whose column "The Jewish World" appeared regularly in the *Free Press* under the nom de plume, Professor Incognitow [sic], saw the need for a Yiddish newspaper.[7] Wilfred Goodman explains more about his father's writings,

> In a tiny book my father once wrote, which he entitled *Ravings of a Crazy Philosopher*, One of these, and I quote as nearly as I can remember, was "be not proud of your ancestors, but take every care that your children shall have no cause to be ashamed of theirs." I first read those words at the age of thirteen or fourteen. They impressed me as being sound advice.

Joseph J. Goodman knew many of the Slavic dialects and could have chosen any of a number of languages, including English, in which to write his *Collected Writings*. He chose Yiddish. He wrote about his feelings and passions in a language he embraced and wished to have valued and preserved. As his descendants, we hope we have fulfilled, in some small measure, his hopes and dreams by having his Yiddish book translated and republished.

Joseph Goodman left us all a legacy by presenting us the opportunity to take this incredible journey with him. We cannot be in "his shoes," and we cannot be in "his mind," but we can allow him into our hearts.

Leah Jay Hammer and Harriet Goodman Hoffman
Granddaughters of Joseph J. Goodman

September 2010

---

[7]   Arthur Chiel, *The Jews in Manitoba*, University of Toronto Press, 1961: 124.

Translator's Introduction

Translating J. J. Goodman's Yiddish text of *Collected Writings* (1919) took me on a remarkably new adventure to the Canadian prairie provinces of Manitoba, Saskatchewan, and Alberta in the first decades of the twentieth century. The book is a fascinating compilation of poetry, stories, and essays.

Born Yoysef Leyb Chernoff between 1863 and 1868, either in Konotop or Novgorod Seversk, then Russia and now Ukraine, Goodman immigrated to America between 1882 and 1892, after at least one of the massive waves of anti-Jewish pogroms in the Russian empire, beginning in 1881. He married Rivka, born in Belarus, in 1895. In 1902 he and his wife settled in Winnipeg, Manitoba. The first section of his book consists of poems. Some of them are based on biblical and Talmudic legends. One poem, "To the Nightingale," deeply mourns Theodore Herzl. There are a few nature poems and a few sorrowful love poems. In his most authentic poetry, however, Goodman laments his loneliness, the plight of the immigrant who left family and friends suffering in Europe, and is now tackling a difficult, strange life among strangers. New relationships, even wives and children, do not mitigate the hardships. "Oppressed by despair and exile, by the groans of our brothers," as he states in "Instead of a Foreword," he is writing not only of his own experiences, but also as a representative of all the Jews who were isolated from their familiar roots when they crossed the Atlantic. "Their pain, their grief, and their loneliness/ Have influenced these poems."

Unfortunately, none of his works has a date, so I can only speculate on the order of composition based on content. For example, in "A Topsy-Turvy World," Goodman writes that he "offered my youth as a sacrifice for people," which signifies that he composed it later in his career. Similarly, in "Dejection," Goodman laments that he is "tired and old." His poems are emotional. Psychologically and thematically, they are distinguished from the popular Yiddish sweatshop poetry centered in New York at the time, whose writers would craft verses denouncing the evils of the workplace. Goodman's poetry and prose are not aimed toward this utilitarian function. They are also free of base sentimentality regarding life back in Russia, with the exception of a childhood memory of "Passover Eve." After all, "there are no Russians in heaven," Goodman quips in his delightfully witty folktale in verse, "God Was Almost Exiled to Siberia."

In spite of his birth in Ukraine, Goodman reveals the Yiddish accent of a Litvak,[8] as he rhymes, for example, "boym" (tree) with "heym" (home); Litvaks pronounce these words as "beym" and "heym."[9] Indeed, in his article "Prohibition," the author refers to himself as a Jewish Litvak. He may have studied in Belarus, his wife's hometown.

Goodman's Yiddish vocabulary is that of a traditional, educated Jew. His rhyme and rhythm schemes are disciplined and conventional, but his phrases are natural and generally do not appear to be forced to fit into the structures he created. Unfortunately, I am not a poet, and so I could only present a literal translation of the poems, which is enough to give an understanding of Goodman's words, but is inadequate in portraying a full picture of the author's talents.

The next section is entitled "Translations," which, the author says in his only explanatory footnote, he translated into Yiddish from his own *Ravings of a Crazy Philosopher*. I believe the Goodman family is still searching for a copy of this booklet. It would have been better, of course, to have Goodman's original English text rather than my translation of the translation.

"Stories" make up the thin third section of the book. "Yankl Becomes a Canadian" is a love tribute to Canada. Although the protagonist works hard, his children are happy, healthy, successful, and are confronted with limitless possibilities. Even in his most despondent moments, Goodman is appreciative of the New World. In "A Guest for Chanukah," he shows rare sympathy for a young woman immigrant. He also develops his sarcastic humor in his sketch, "Love," in which he writes of a man in love with himself.

The last section of the text is entitled "Essays." It is here that J. J. Goodman finds his true voice, that of a Jew in free Canada. These essays, in their directness and clarity, seem to be written for the newspaper; some of the opinionated ones were probably feuilletons. I made no major changes in his writing, but I did split up many of his long sentences, most of which were connected with conjunctions like "and" or "but." At this point, Goodman uses liturgical phrases only so far as they are part of the Yiddish language and Jewish experience, as when he describes the continuously burning gas-fueled fire in Edmonton as a "*ner tomid*," the eternal light in the synagogue. He also employs English phrases in the essays, which he transliterated into Yiddish, and

---

[8]   A Jew from the area of Lithuania—HBF.

[9]   Page 25. Other examples of his use of Litvak rhymes include "noyt" and "greyt" (22), "shtey" and "zey" (23), "redn" and "gan-eydn" (27)—HBF.

then put into quotation marks. This is indicative of his transformation from Russian immigrant to a proud resident of the New World.

"In a Dark Cellar," in which he remembers refugees celebrating Purim in a pitch-black, moldy basement, is unforgettable. Goodman ably manages to portray both the poignancy and the joy of the situation, both the claustrophobia of the dank cellar with the freedom of being able to celebrate in Canada. The physical conditions were indeed horrendous. On the other hand, as the author notes, "All those who were then lonely, strangers, and without hope, were now, with their families, respected people, and happy." This is the moral of the book, and it was real.

The last part of Goodman's *Writings*, containing his travels to western Canada, is the best. These descriptions are historically important and extremely interesting. He describes the development of Canadian territory into homesteads and towns where early pioneering Jews settled. They became farmers and artisans, battling frigid temperatures of forty below zero, but they built synagogues and good lives for their children. The Jews took good care of their animals, and they prospered. The essays are humorous and heartfelt. In Portal, North Dakota, Goodman reports that, "it is my duty to decide which of the many immigrants are desirable to have as future Canadian citizens, and which ones should be sent back." This essay, "Flies and Little People," is a masterpiece of tragicomedy. While he laments the unpleasantness of his occupation, he riotously categorizes the flies, which he has to leave off "before I get flies in my nose." He very wittily describes Prohibition and the prospect of not being able to have wine for Passover. He amusingly describes his appearance in Weyburn, four hundred miles from Winnipeg, as an important functionary, complete with golden buttons and a cap with a cockade. He is chauffeured around in a car with an emblem, just like a representative of the police.

He rode the Canadian Pacific Railroad to other new colonies, like Zonenfeld, where he was truly inspired by the enthusiasm of the Jewish pioneers and their children. He wrote of the amazing progress made by the Montefiore Colony in spite of the toil and suffering of the people. In Calgary, he found the hard-working Jews to be total optimists. Edmonton in Alberta, formerly "capital of the North Pole" before the coming of the railroad, as Goodman put it to describe its previous inaccessibility, had grown to an astonishing seventy-five thousand persons by 1916. He also rode the railroad to Lethbridge, in southern Alberta. He concludes with a description of Medicine Hat in southeast Alberta, the one colony with which he is disappointed, as the Jews there are not forthcoming with charitable donations. This is a hint that Goodman may have travelled so much because he was involved in collecting money for relief organizations to help the Jews in Europe after the devastation of World War I.

He reveals other bits of his personal self. His writing displays his upbringing as a yeshiva student, and he has traditionally sexist views of women. He was devoted to his mother. He apparently was in love with his friend's wife, although the couple did not seem to have an affair, as he laments in his poems "Platonic Friendship" and "To Her." Her death was devastating to him ("The Uncertainty"). He compliments his own wife when she becomes a grandmother. He was friendly enough with extremely prestigious writers and world leaders to be able to dedicate poetry to them, such as Theodore Herzl, Reuven Brainin, Shimeon Frug, and Nahum Sokolov. He was obviously active in the Jewish community. He was an ardent Zionist, but a Yiddishist who declared his mother tongue to be "sweet as honey."

Collected Writings by J. J. Goodman is a remarkable text. The author probably valued his poetry the most; he evidently carefully composed the poems over a span of many years. Yet I believe that it is as a Jewish settler in Canada, as an intellectual and a writer, as a reporter of the provinces in the early twentieth century, that he reaches his greatest heights.

I transliterated the Yiddish according to the standard rules set by the YIVO Institute for Jewish Research, unless there was a known English spelling that was different, like "McCully" or "Lethbridge" or "Chaim Chernoff."

I would like to especially thank Leah Hammer for good naturedly researching and providing historical background information that enriched my task as translator of this extraordinary work. I am deeply grateful to Harriet Hoffman for tirelessly and competently organizing, searching, commenting, editing, distributing, contacting, e-mailing, and showing me the immense kindness and friendship that only a dear Hart could. I thank the entire family for its generous cooperation with this project and for the honor of making me an honorary Goodman.

Hannah Berliner Fischthal, PhD

Jamaica, New York, May 2010

REBECCA AND JOSEPH J. GOODMAN

Circa 1895

You are about to enter the life and thoughts of Joseph J. Goodman through his writings. If you take a few moments to read about this remarkable individual's life, you will be better prepared to take this journey with him. His cultural heritage and upbringing played an important role in molding not only his thinking but also his dedication to humanity.

For a brief biography about Joseph J. Goodman,
to better understand the man and his dreams, turn to page 283.

געזאמעלטע שריפטען

.∴. פון .∴.

יוסף גזדמאן

(חיים טשערנאוו)

ארויסגעגעבען פון
„קונסט און ליטעראטור
געזעלשאפט‟
וויניפעג, קענעדא.
1919

Collected Writings

.:. by .:.

Yoysef Gudman
(Khayim Tshernov)

Published by
Art and Literature Society
Winnipeg, Canada
1919

פיפלס פרינטינג קא., לימיטעד

982 מיין סטריט

וויניפעג, מאנ.

People's Printing Company, Limited

982 Main Street

Winnipeg, MB

יוסף גודמאן

Yoysef Gudman

סאנקטום סאנקטאריום

עס האָט ווען באגייסטערט געשאפט
מיין פעדער איז קדשי קדשים
באהערשט האָט עס מיינע געפילען
קיינמאָל ניט געוועזען פארשקלאפט.

Sanctum Sanctorum

❖

It was created through inspiration
My pen is a holy of holies
It conquered my feelings
Never was enslaved.

אנשטאט א פארווארט

געדריקט פון יאוש און גלות:—
פון קרעכץ פון אונזערע ברידער.
דאָס ווערה דער יאמער און עלענד
זיי האָבען באאיינפלוסט די ליעדער.

מיין פעדער זי האָט אייך געגעבען
דאָס בעסטע וואָס איך האָב פארמאָגט.
עס האָט געטריי דעם עלענד.
פון אידישען לעבען, באקלאגט...!

און דאָך איז פארבליבען א ווערה־קוואל.
פון יאמער, פון וועהטאָג און שמארץ: —
די פעדער צו שוואך איז געוועזען
און האָט עס געלאָזען אין הארץ...!

איך האָף נאָך אמאָל אלס א בירגער
דארט אין דאָס ניי־לאנד פון איד,
פון שלום, און אחדות, און פריידען
אייך זינגען פון פרייהייט א ליעד!...

Instead of a Foreword

Oppressed by despair and exile: —
The groans of our brothers,
Their woes, their grief, and their loneliness
Have influenced my poems.

My pen gave you
The best that I had.
Faithfully, it lamented
The loneliness of Jewish life . . . !

And yet there remains a source of woe,
Of misery, of aches and of pain: —
My pen was too weak
And left it in my heart . . . !

I hope as a citizen
There in the new world of the Jew,
To sing you once more a song of peace and unity and joy,
To sing a song of freedom! . . .

דער קרוינפרינץ פון יהודה

(א לעגענדע)

(מיט דאנק ראובן בריינין א מתנה)

די כהנים פארנומען מיט שעכטען קרבנות.
די לוים אין בית המקדש לויבען איצט גאָט.
דאָס פאָלק, א טויזענד קעפיגע מאסע.
ציהט זיך, אָן אויפהער, צום טויער פון שטאָט.
ווי א כלה פארציערט איז די שטאָט ירושלים.
די לופט איז געמישט מיט רויזען פאָרפיומען.
עס זיינען פארפוצט אויך די טעכטער פון ציון
די שעהנע די גוטע.— ווי רייצענדע בלומען.
מיט געזאנג און מיט טענץ. מיט הידד געשרייען.
לוסטיג און פרעהליך ווי פויגעל אין פעלד
זי קומען באגריסען דעם פרינץ פון יהודה.
וואָס קומט איצט, פון קריעג, זיעגרייך. — א העלד.
ער קומט איצט מיט טויזענטער שקלאפען פון מואב
אויך פון עמלק גערויבט האָט ער פיעל.
לאנג האָט גענומען דער קאמף מיט דעם שונא.
פריערען אם ענדע, עררייכט איז זיין ציעל.
עס יובל'ט דאָס פאָלק וואָס האָט פיעל געליטען: —
געבראכט האָט קרבנות אויפ'ן מזבח פון זיעג. —
טויזענטער זיינען אין שלאכט דאָרט געפאלען
געשטאָרבען ווי העלדען. אין היילינגען קריעג. —
ניטאָ קיין משפחה וואָס טראָגט ניט קיין טרויער!
אין שלאכט איז געפאלען ביי יעדען א קינד!
דער זיעג איז דאָך טייער עס פרעהען זיך אלע
די טרעהר פון דעם יחיד פארגעסען אצינד...

The Crown Prince of Judah

(A Legend)
(A Gift to Reuben Brainin, with Gratitude)

The Jewish priests are busy slaughtering sacrificial animals.
The Levites in the temple are now praising God.
The people, a mass of a thousand heads,
Extend, without a break, to the gates of the city.
The city of Jerusalem is like an embellished bride.
The air is mixed with the perfume of roses.
The daughters of Zion are also dressed up,
The pretty, the good,—like tempting flowers.
With song and with dance, with shouts of Hurrah,
Bright and merry as the birds in a field,
She comes to greet the Prince of Judah,
Who returns now from war, victorious—a hero.
He comes with thousands of slaves from Moab,
He also stole many from Amalek.
The battle with the enemy lasted a long time.
Endless peace, his goal, achieved.
The people who suffered so much are celebrating:—
They brought victims to the altar of victory.—
Thousands fell there in battle,
Died like heroes in a holy war.—
There is not a family that is not in mourning!
Everyone lost a child on the battlefield!
The victory is precious, all are jubilant,
The tear of the individual is forgotten at this moment . . .

דער קלאנג פון שווערד,
עס ציטערט די ערד
עס שאלט דער שופר אין פעלד.
רייטער פאראויס
שרייען הויד אויס! —
„ישראל באגריסט אייער העלד!“

דער פרינץ אליין
באגאסען מיט חן,
רייט מיט שווערד אין האנד,
א הערליכע בילד
דאס פאלק ווערט ווילד
דערזעהענדיג דעם ליבלינג פון לאנד...

און לאנגזאם באגריסט דער פרינץ די באגריסער,
וואס שטעהען צוטיילט איצט אויף ביידע זייט וועג.
די הארץ אבער זיינע צעהלט די מינוטען,
און וויל עס זאל נעמען וואס שנעלער א ברעג.
זיין כלה שולמית, זיין הארצענס געליבטע!
זיווארט אומגעדולדיג, אויף איהם, דארט אין שלאס
עס ציהען זיך לאנגזאם, סעקונדען מינוטען
צערעמאניעס צו לאנג אן א סוף, אן א מאס.
שוין פינף יאהר פאראיבער, אזוי ווי א חלום
ווען זי האט געשיקט איהם דאן אין דער שלאכט,
„געה מיין געליבטער, דאס פאלק איז איצט בילכער! —
טו דיין פליכט! אין קריעג צייג דיין מאכט!
כ'וועל ווארטען געדולדיג! מיין ליעבע וועט וואקסען
וואס דו האסט אין הארצען פארפלאנצט! האב צייט. —
איך וועל עס באגיסען מיט טרעהרען טאג־טעגליך
ס'וועט ווערען שטארקער און גרעסער! געה אין שטרייט!
און ווען דו וועסט קומען צוריק, א ווי גליקליך!
דו וועסט זיין מיין ליבלינג, מיין פרינץ מיין מאן!
און איך די גליקליכסטע טאכטער פון ציון,
די גליקליכסטע אין דער וועלט וועל איך זיין!...

The clang of the sword,
The earth shakes
The Shofar sounds in the field.
Riders in the front
Scream out loudly!—
"Israel welcomes your hero!"

The prince himself
Full of charm,
Rides with his sword in hand,
A handsome picture
The crowd goes wild
Seeing the darling of the land . . .

———————

And slowly the prince greets his welcomers,
Who are standing divided on both sides of the road.
His heart, however, counts the minutes,
And wants this to end as quickly as possible.
His bride, Shulamis, the love of his heart,
Waits impatiently for him over there in the castle.
Seconds, minutes, drag on slowly.
Ceremonies too long and endless, without measure.
Five years have already gone by like a dream
Since she had sent him a message in the battlefield:
—"Go, my beloved, the people are now more deserving than I!
Do your duty! Show your power in war!
I will wait patiently. My love
That you planted in my heart will grow. There is time.—
I will flood it with tears day in and day out,
It will become stronger and bigger. Go into battle!
And when you will come back, Oh, how joyous!
You will be my darling, my prince, my husband!
And I will be the happiest girl in Zion,
The happiest in the world!" . . .

אם ענדע אט איז זי, זיין שעהנע שולמית
א הערליכע פראכטיגע, צערטליכע בלום!
באגלייט פון דינסטען, זי קומט איהם אנטקעגען
ער שפרינגט צו מיט האסט און נעמט זי ארום.
ער באדעקט מיט קושען איהר אלבאסטער שטערן,
די ליפען, די האר ווי סאמעט ווייך־שווארץ.
פון אויפרעגונג, גליק, זי פיהלט ווי ער ציטערט.
זי הערט ווי עס קלאפט, און שטורעמט זיין הארץ...
צופיעל גליק קען א מענש ניט פארטראגען,
פיליכט נאך ערגער ווי שמערצען און נויט.
אויך די הארץ איז געווען שוואך ביי דעם גבור
און דאס האט פאראורזאכט זיין פלעצליכען טויט...
געשטארבען א גליקליכער פרינץ אין יהודה!
געשטארבען געזעטיגט מיט ליעבע מיט פרייד...
שווער איז צומאהלען דעם שרעקליכען טרויער.
צו שילדערען א פאלקס וועה. — די שמערצליכע לייד...
— — — — — — — — — — — — — — —
— — — — — — — — — — — — — — —

ביים כסא הכבוד, דער בית־דין אין הימעל,
איצט משפט די זינדער וואס קומען אהין.
די שופטים, דריי ערנסטע אלטע מלאכים
וואס רופען זיך חסד. רחמים ודין.
און כרובים און שרפים, אויך א קטיגור
א מלאך א יונגער, די כמארעס וואס טרייבט.
איז דארט דער סופר. מיט פייער און בליצען
אין וואלקען דעם שווארצען אלעס פארשרייבט.
און אט איז געקומען דער פרינץ פון יהודה
שטאלץ פאר'ן בית דין די נשמה בלייבט שטעהן
און ווערט פון גזר דין בלאס און פארציטערט: —
„נשמה אין גיהנום אויף א חודש דארפסטו געהן!"

At last she is here, his beautiful Shulamis,
An elegant, beautiful, tender flower!
Accompanied by servants, she comes to meet him.
He jumps up hastily and puts his arms around her.
He covers her alabaster forehead with kisses,
Kisses her lips, her hair like soft black velvet.
She feels how he trembles from excitement and happiness.
She hears how his heart beats and storms . . .
A person cannot tolerate too much happiness.
Perhaps it is even worse than pain and need.
In addition, the brave man's heart was weak,
And that was the reason for his sudden death . . .
A happy prince in Judah has died!
Died satisfied with love and joy . . .
It is difficult to paint the terrible sadness.
To paint the pain of a people—The agonizing suffering . . .

————————————————————————
————————————————————————

——————————

Near God's throne, at the tribunal in heaven,
The sinners that have come there are now being sentenced.
The judges: three serious old angels
Named Grace, Compassion, and Justice.
And there are cherubim and seraphim, and also a prosecutor,
A young angel, the clouds that drive,
Over there is the scribe. With fire and thunder
In the black cloud, he writes everything down.
And here comes the prince of Judah
Proudly facing the court, his soul remains standing
And he becomes pale from the evil decree, and trembles:—
"Your soul needs to go to hell for a month!

אמת דו האָסט פאר דיין פאָלק פיעל געאָפפערט.
דו ביזט שטארק באליעבט, אין הימעל אי דארט.
די הענד אבער דיינע צופיעל פארבלוטיגט
אוממעגליך צו געפינען פאר דיר דאָ איין ארט.
דער גיהנום איז פאר דיר חלילה קיין שטראָף ניט.
די הענט דיינע מוזטו מאכען בלויז ריין.
אין שוועבעל וואש זיי דארט פאר א מאָנאט.
און דאן אין גן־עדן ערווארט דיך דיין קרוין.״
דער מאָנאט פאראיבער באגלייט פון א מלאך
שוועבט די נשמה פון קרוינפרינץ אין פראכט.
און דאָך פארטרויערט. דער מלאך פרעגט איהם: —
„נשמה, דיין טרויער וואָס ביזטו פארטראכט?״
— „א הייליגער מלאך, מיין כלה שולמית!״
ענטפערט דער קרוינפרינץ שרעקליך באטריבט.
„איך בענק נאָך איהר שטארקער ווי פריהער
איך ליעב זי נאָך מעהר ווי איך האָב זי געליעבט!
א, אויב ס׳איז מעגליך פאר מיין אויג זי צוזעהען
בלויז זעהען וואָס מאכט זי, בלויז נאָר א בליק,
פאר מיר געווען וואָלט עס מעהר ווי גן־עדן
די העכסטע שטופע פון פרייד און פון גליק!״
— יא, ענטפערט דער מלאך, ס׳איז מעגליך, אבער
טויזענט יאָהר גיהנום באצאָל פאר א בליק.
דער פרינץ נעמט אָן די שטראָף צו באצאָהלען
ער האָט דאך מיט׳ן לעבען באצאָלט פאר זיין גליק.
וואָס פאר א ווערט האָט טויזענט יאָהר גיהנום?
אין אויביגער־צייט, דאָך בלויז א מאָמענט...
איך וויל זי זעהען! שרייט אוים דער קרוינפרינץ.
דער פייער פארלאנג פארצעהרט מיך און ברענט...
און לאנגזאם האָט זיך דער הימעל געשפאָלטען.
ער זעהט זיין געליעבטע. — א צווייטען זי קושט.
צערטליך זי גלעט איהם, די פאלשע פארנעסען!
זי דריקט א צווייטענס קאָפּ צו איהר ברוסט...

"It is true that you offered much to your people.
Everyone loves you dearly, in heaven and on earth,
But your hands are too bloody.
It is impossible to find a place for you here.
Hell is not, heaven forbid, a punishment for you.
You only need to cleanse your hands.
Wash them in tar there for a month,
And then your crown will be waiting for you in Paradise."
The month passed by accompanied by an angel.
The soul of a crown prince soared in splendor.
And yet he was sorrowful. The angel asks him:—
"Soul, your sadness, what are you thinking about?"
—"Oh holy angel, my bride, Shulamis!"
The crown prince answers, terribly gloomy,
"I long for her more than before,
I love her more than I ever loved her!
Oh, If it were possible to see her with my own eyes,
Just to see how she is, only a glance,
That would be more than Paradise for me,
The highest form of joy and happiness!"
—"Yes," answers the angel, "it is possible, but
The price is one thousand years of Hell for one glance at her."
The prince agrees to pay this penalty.
He had, after all, paid for his happiness with his life.
What is the value of one thousand years of Hell?
In eternal time, it is just a moment . . .
"I want to see her!" The crown prince cries out,
"The fire of longing consumes me and burns . . ."
And slowly the heavens split,
He sees his beloved.—She is kissing another,
Stroking him tenderly, the false betrayer!
She presses another's head to her breast . . .

א שרעקליכער, ביטערער טרויער באהערשט איהם
און לאנגזאם אין גיהנום לאזט ער זיך געהן.
שטאלץ זיין מוט נאך אלץ ניט געבראכען,
אבוואהל די כרובים באהערשט א געוויין.
„שטעה!" שרייט דער מלאך, „וואוהין געהסטו נשמה?"
— „אין פייער פון גיהנום דארט מאכען א סוף...
„ניין, זאנט דער מלאך, געה אין גן־עדן...!
דו האסט שוין באצאהלט די גרויזאמע שטראף...

בלוט און טרעהרען.

ווען דער בוים אין שטארקען שטורעם
ציטערט, בויגט זיין גרינעם קאפ. —
יעדע בלעטעל, יעדע צווייגעל,
דענקט ס'פאלט צו דר'ערד אראפ...

* * *

ווען איין שוואכע שטילע שעפסעל
ווערט פארצוקט פון בייזען וואלף.—
פאלט א טרויער, שרעק, א מורא
אויף דער גאנצער סטאדע שאף.

* * *

נאר מיר פיהלען ניט קיין שרעקען.
רוהיג לעבען מיר אונז זינגט זיך.
ווען אין בלוט און טייכען טרעהרען.
דאס גאנצע פאלק עס טרינקט זיך.

A terrible, bitter sadness conquers him,
And slowly he lets himself go to Hell.
His spirit is proud, still not broken,
Although the cherubs are weeping.
"Wait!" cries the angel. "Where are you going, soul?"
—"Into the fires of Hell to end everything there . . ."
"No," says the angel, "go to Paradise . . . !
You have already paid the penalty . . ."

———————

Blood and Tears

When a tree in a severe storm
Shakes, bends its green head—
Every leaf, every branch,
Thinks it is falling down to earth . . .

*   *   *

When one weak quiet lamb
Is devoured by an angry wolf—
A sadness, terror, fear descends
Upon the entire flock of sheep.

*   *   *

Only we do not feel terror.
We live quietly and hum
When in blood and rivers of tears,
Our entire people drowns.

———————

ליעבע

(א לעגענדע)

וועו גאָט האָט באַשאַפען די וועלטען.
געשמידען דעם טאָג פון דער נאַכט.
פון וואַסער און פייער אין הימעל
די זון און די שטערען געמאַכט.

* * *

נאָך דעם ווי אַלעם באַשאַפען
דער בורא עררייכט האָט זיין ציעל!
האָט ער פון דעם פּאַלענדען „כּאָאָס״.
געשאַפען דאָס ליעבע געפיל:—

* * *

זודיגע טרערען, געמישט עם מיט פריידען.
זיפצען און בענקען מוט פון א העלד.
שטראַהלען און ליכט פון זיסען גן־עדן.
די ליבליכע טענער פון פייגעל אין פעלד.

* * *

הערצליכע קושען און קלאַפּענדע הערצער.
א מוטערס אַל־טעגליכען אָפּפער צום קינד.
פון אומשולד דעם שמייכעל. דעם פייער
פון יוגענד. איין אָטאָם פון זינד.

* * *

דעם בענקען פון איינזאַם. דעם שאָטען
פון גיהנום. די פריידען פון גליק.
די מעכטיגע, זיסינקע שטימע פון האָפען
פון הימעל דעם צערטליכסטען בליק

* * *

אויסמישען האָט עם דער „בורא״ פאַרגעסען
(און אפשר קיין צייט ניט געהאַט).
דערפאַר איז די ליעבע אַמאָל פון א מלאך.
אַמאָל בלויז דעם טייפעלס א טאַט...

Love
(A Legend)

When God created the worlds
He forged day from night.
From water and fire in heaven,
He made the sun and the stars.

*   *   *

After everything was built
The Creator reached his goal!
From falling Chaos
He crafted feelings of love:—

*   *   *

He mixed hot tears with joy.
Sighing and longing, courage of a hero,
Rays and light from sweet Paradise,
The loving tones of the birds in the field,

*   *   *

Hearty kisses and beating hearts,
A mother's everyday offering to her child,
The smile from innocence, the fire
Of youth, one atom of sin,

*   *   *

The longing from loneliness, the shadow
Of hell, the joys of happiness,
The mighty, sweetish voice of hope,
The tenderness of a glance from heaven.

*   *   *

The Creator forgot to mix them all up
(And maybe He did not have the time).
That is why love is sometimes angelic,
Sometimes just the Devil's deed . . .

———————

די ערשטע מרידה

(א לעגענדע)

קרח ליצן היה, והיה מתלוצץ על משה ועל אהרן וג.
מדרש שוחר טוב.

דאָרט אין דעם מדבר, ניט ווייט פון חצורות,
וואו עס ליגען די סטעפּעס צו שפּרייט,
אָן וועגען, אָן שטעגען, אָן גראָז און אָן ביימלאַך,
וואו אַלעס איז טרוקען, פאַרדאַרט און ווי טויט...

אָט דאָרטען, דערצעהלט אונז איין אַלטע לעגענדע,
האָט קרח געשאַפען דעם ערשטען רעוואָלט,
די אַטאַקראַטיע פון משה און אהרן,
צושטערען האָט ער דאָן געוואָלט...

אָט שטעהט דאָרטען קרח דערצעהלט אונז דער מדרש,
ער רעדט, און די ווערטער, שניידען ווי מעסער,
און פּראַווען לצנות פון הייליגען משה'ן,
און מאַכען פון אהרן א פרעסער: —

— געבראַכט פון מצרים אום אונז צו באַהערשען:
זאָגט קרח צום פאָלק, וואָס שטעהט דאָרט אַרום,
„זיך פאַר א הערשער און אהר: פאַר כהן,
און איהר צאָן־קדשים זייט גוט און פרום...

שעהנע משפּטים, טייערע, דינים,
גוט פאַר כהנים גלענצענד א פּראַכט,
א מנחה, איין עולה, א חטאת, זיי נעמען
זיי שלעפּען פון יעדען, גאָר ניט געטראַכט...

The First Revolt

(A Legend)

Korach was a scoffer and scoffed at Moses and Aaron.
                                        —Midrash Shochar Tov

Over there in the desert, not far from Chatzerot,[1]
Where the steppes lie spread out,
Without roads, without steps, without grass and without small trees,
Where all is dry, dried up, and like dead . . .

Right there, an old legend tells us,
Korach led the first revolt.
He wanted then to destroy
The autocracy of Moses and Aaron . . .

The midrash tells us that Korach stands over there,
He speaks, and his words cut like knives.
And he mocks holy Moses,
And he makes Aaron out to be a glutton:—

—"He was brought from Egypt to rule over us,"
Korach says to the people, who are standing around him,
"He for a ruler and Aaron for a Priest,[2]
And you, holy flock, have to be good and observant . . ."

Nice judgments, precious laws,
Good for the Priests and their own brilliant magnificence.
An offering, just for one wrong, a sacrifice of expiation, and they take it,
They extract from everyone, without giving it a second thought . . .

---

[1]   The name of a place mentioned in the Bible where Miriam (Moses's sister)
       contracted leprosy—Rabbi Aryeh Lopiansky.
[2]   Korach is denouncing the corruption of the Priests (the Kohanim).—HBF.

אט האָט איהר א ביישפּיעל: — א פרוי איין אלמנה,
געבליבען מיט קינדערלאך קליינע פון מאַן,
קיין פּרוטה צום לעבען, פאר איהר און יתומים,
בלויז א שטיק פעלדעל א זאמדיגס פאראַן.

נו אום צו אקערען טאר מען ניט נוצען,
קיין אקס מיט אן עזעל, אזוי איז דער דין,
גענומען זיך זעהען א נייענקע „גזרה״,
כלאים! מ׳טאר ניט א מין מיט א מין...

הכלל פארזייט שוין מיט מזל דאָס פעלדעל,
גענומען עס שניידען, אפילו ווענינ וואָס־ווערט,
נאר לקט, שכחה און פאה — ווי דען־זשע?
דאָס טאָר ניט חלילה, ווערען פארפעלט!...

מיט טרערענדע אויגען האָט די אלמנה,
פארקויפט דאָס פעלדעל, אום צו מאכען א סוף,
און אום צו אנטלויפען פון די אלע גזרות,
האָט זי געקויפט א פאר יונגינקע שאף...

איצט וועל איך האָבען מילך פאר די קינדער,
און קליידעלאך אויך פון זייערע וואָל,
די יונגינקע שעפסעלאך, וועלען זיך מעהרען,
און איך וועל שוין לעבען רוהיג א מאָל...

דערהארט א נחמה די שעפסעלאך בײדע,
האָבען מיט מזל שעפסלאך געהאט...
פלוצלונג דער כהן, ער פאדערט די בכורים,
כל הבכור שיולד. — ער נעמט דער פיראט...

Here you have an example: — a widow,
Left with small children from her husband,
But has not a penny to live on for herself and her children,
Only a piece of sandy earth.

And when plowing, a Jew is not permitted to use
An ox with a donkey, such is the law.
It began to be seen as a new evil edict,
Hybrid! One is not permitted a species with a species . . .

In short, the little field, with luck, was sown,
Reaped, even though there was very little value in it.
But when gleaning, the law says to leave a sheaf in the
      corner of the field as though forgotten —
Heaven forbid if this law is not obeyed! . . .

With teary eyes, the widow
Sold the little field, to make an end of the matter
And also to escape from all the decrees.
So she bought a pair of young sheep . . .

Now I will have milk for my children,
And clothes from the wool,
The young sheep will reproduce,
And I will live peacefully for once . . .

Both little sheep lived, almost as revenge against hardship,
And, with luck, had little lambs . . .
All of a sudden the Priest demands the firstborn males,
"Every firstborn that is born" — the pirate takes them . . .

געקומען די צייט די שעפּסען צו שערען,
ער איז שוין דאָ ווידער דער קלעק,
וראשית גז צאנך. — ס'קומט אויך דעם כהן!
ער נעמט אויך דאָס וואָל יעצט אוועק...

איך וועל ניט מעהר ליידען! זאָגט די אלמנה,
איך שעכט גלייך די שעפּסען! ס'איז דאָך א שטראָף!
נאָר גלייך נאָך דעם שעכטען, ווידער דער כהן,
ער נעמט צו פאַר זיך דאָס בעסטע פון שאָף...

די אָרעמע וויטווע ערשטוינט און צוטומעלט,
שרייט אויס: — א גאָט וואָס פאַר א הרם פון דיר!...
דער כהן, מיט פרייד, נעמט צו שוין אין גאַנצען,
ווייל כל חרמי ישראל. — זאָגט גאָט קומט צו מיר...

און פונקט ווי עס ליידעט דאָרט יענע אלמנה,
אזוי טוט אהרן מיט אלעמען גלייך,
ער זויגט, די פּיאַווקע, דעם מאַרך פון די ביינער,
פון אייערע טרערען ווערט ער נאָר רייך...

— — — — — — — — — — — — — — — —

נעענדיגט האָט קרח, ס'ווערט א געטומעל,
דער ליאַרעם צושטערט די שטילקייט פון נאַכט...
אָט־דאָס איז אין קורצען קרח'ס לעגענדע,
ווי ער האָט די ערשטע מ ר י ד ה געמאַכט.

The time came to shear the sheep,
The human stain is here again.
"The first of the shearing of your flock"[3]—the Priest gets this also!
He takes the wool away now . . .

"I will no longer suffer!" says the widow.
"I am going to slaughter the sheep right now! It is a punishment!"
But immediately after the slaughter, the Priest comes again,
And he takes away the best parts of the sheep . . .

The poor widow, astonished and distraught,
Cries out:—"O God, what kind of curse did you give me!" . . .
The Priest, with joy, now takes everything,
Because "all that has been declared taboo, God says, comes to me"[4]—

And Aaron makes everybody suffer,
Exactly like that widow suffers.
The leech sucks the marrow out of your bones,
He gets richer from your tears . . .
— — — — — — — — — — — — — — —
Korach put a stop to it. He caused a commotion,
The alarm ruined the silence of the night . . .
This is Korach's legend in short,
How he led the first Revolt.

---

3   According to Torah law, the first of the shearing of one's flock of sheep
     goes to the *Kohen* as a present—Rabbi Aryeh Lopiansky.
4   According to Torah law, anything that is "declared taboo" becomes the
     property of the Kohanim (priests)—Rabbi Aryeh Lopiansky.

אשת חיל

(א מדרש משלי)

(געווידמעט הרב ישראל כהנאָוויטש)

עס ליגט פאַר מיר אַפען דאָס אַלטינקע ביכעל.
איך לעז דאָרט מדרשים צויבערהאַפט שעהן.
מעשיות, לעגענדעס פון אור־אַלטע צייטען.
געפילפּאַלע דראַמאַס, פּערזאַנען פיעל חן — —

איך מיש אויף א בלעטעל — עס קומט מיר אנטקעגנען
די פרוי פון רבי מאיר. זי זיצט נעבויגען
פון שרעקליכען טרויער און גרויזאַמע ליידען:
די האַרץ פול מיט טרערען, נור טרוקען די אויגען —

דעם הייליגען שבת זי וויל ניט פאַרשטערען.
פאַרטראַגט זי אַהן טרערען איהר שמערצליכען יאָד.
צוויי זין איינציגע פּלוצלונג געשטאָרבען.
ווער קען באַגרייפען איהר גרויסען בראַד?...

רבי מאיר?... ער וויים ניט, ער זיצט אין בית מדרש.
ער לערענט דאָרט תורה — — תלמידים א סך.
ער וועט ערשט קומען אַהיים צו הבדלה.
זי דאַרף איהם ערשט זאָגען, ער וויים פון קיין זאַך.

זי נעמט די צוויי קינדער, (די קאַלטינקע קערפּערס)
און לייגט זיי אין בעט, די וואַרעם געליבטע.
זי דעקט זיי אַריבער מיט א ווייסינקען ליילעך.
און געהט אַוועק מיט א זעעל א באַטריבטע.

A Woman of Valor

(A Midrash, Book of Proverbs)
(Dedicated to Rabbi Israel Kahanovitch[5])

The old book is lying open in front of me,
I am reading beautiful, magical tales in it,
Stories, legends from long ago,
Sensational dramas, charming people — —

I open a page — I meet
The wife of Rebbe Mayer. She sits, bent over
From terrible sadness and cruel suffering:
Her heart is full of tears, but her eyes are dry —

She does not want to ruin the holy Sabbath,
So she contemplates her painful burden without tears.
Her only two sons have suddenly died.
Who can understand her huge tragedy? . . .

Rebbe Mayer? . . . He does not know. He is in the House of Study,
Teaching Torah — — to many pupils.
He will not come home until *Havdala*[6].
She will need to tell him, he knows nothing.

She takes the two children (their cold bodies),
And puts them in bed, in the loving warmth.
She covers them with a white sheet,
And leaves with a sad soul.

---

[5]   Israel Isaac Kahanovitch (1872-1945), Rabbi and communal leader in Winnipeg-The Jews In Manitoba, Arthur A. Chiel.

[6]   A ceremony marking the end of the Sabbath, after sunset.—HBF

אַט ציִיגען זיך שטערען... רבי מאיר דאַרף קומען.
עס הערען זיך טריט. — אַט קומט ער, מיר שיינט —
ער געהט אַריין מיט „א גוט וואָך, מיין טאָכטער!״
און פרעגט: — „וואו זיינען די קינדערלאַך היינט?״

„א גוט וואָך, רבי מאיר! איך גלויב אין בית מדרש״.
זי ענטפערט: און גיט איהם דעם בעכער און וויין
און גרייט גלייך צום טיש. דערלאַנגט איהם דאָס עסען
פאַרבאַרגענד די שמערצען, די ליידען און פיין.

אַט האָט ער געענדיגט דעם עסען, דעם בענשען —
די פרוי — זי וואַרט נאָר א ווײַלע.
„רבי מאיר! א מאַן האָט געלאָזט א פקדון.
יעצט מאָנט ער צוריק״?... איז איהר שאלה.

„וואָס ווייסטו ניט, טאָכטער?״ ענטפערט רבי מאיר,
„על פּי דין א פקדון מוזטו אומקעהרען גלייך.
מען האָט עס געלאָזען ביי דיר אויף א ווײַלע. —
מיך וואונדערט דו פרעגסט אזא זאך?...״

פון וועהטאָג און צרות קען זי ניט ריידען,
נור זי נעמט און ציִיגט איהם איהר שמאַרץ.
רבי מאיר, דער תנא, ברעכט אויס מיט א יאָמער
וואָס קוועלט און רייסט איהר דאָס האַרץ.

עס נעמט נור א ווײַלע ביז זי באַהערשט זיך
און פאַנגט ווידער אָן ריידען מיט טרייסט:—
„רבי, וואָס וויינסטו? איך האָב דעם פקדון
געגעבען צוריק ווי דו הייסט!...״

— — — — — — — — — — — — — — —
— — — — — — — — — — — — — — —

Now the stars are visible . . . Rebbe Mayer should be coming.
She hears footsteps.—Here he comes, he is glowing—
He enters with, "Good week, Jewish woman!"
And he asks,—"Where are the children now?"

"Good week, Rebbe Mayer! In the study house, I believe,"
She answers: And she gives him the kiddush cup and wine
And sets the table. She serves him the meal,
Hiding her pain and suffering.

When he finished eating, and recited the after-meal prayers—
The woman—still waited a little while.
"Rebbe Mayer! A man left a deposit.
Now he is demanding it back. What do I do?" . . . she asked him.

"What do you not know, Jewish woman?" Rebbe Mayer answers.
"According to the law, you must return a deposit straight away,
It was left with you for a while,—
I am wondering why you ask such a thing? . . ."

She cannot speak due to her wounds and grief,
But she takes him, and shows him her pain.
Rebbe Mayer, one of the ancient Rabbis whose teachings are
    included in the Mishnah,
Bursts out with a cry which tears out her heart.

In a short while she controls herself
And begins to speak again, with comforting words:—
"Rebbe, why are you crying? I returned
The deposit, like you told me! . . ."

— — — — — — — — — — — — — — — —
— — — — — — — — — — — — — — — —

———————————

זכות אבות

(א פאָלקס געשיבטע)

ווינטער, אין דערפעל איז אַלעס פארפרארען.
עס סקריפּעט דער שנעע, פון די טריט.
דער פראסט ווי א מאלער, די גלעזערנע שויבען.
האָט פראכטפול מיט בילדער פארציערט.

ס׳מאכט גרעסער די קעלטען. דער קליינינקער ווינטעל,
און שפּיעלט מיט דעם זאמדיען שנעע.
און פונקט ווי מיט זאלץ ווארפט ער אין פּנים.
און רייסט פון די דעכער די שטרוי.

אָט טוט ער א קלאַפּ מיט א לאָדען אין פענסטער.
אין קוימען ער וואיעט, דער שטיפער ער שרעקט.
די קראָה אויף איין פיסעל, שטעהט ווי פארשלאָפען.
מיט א פליגעל, די קעפּעל פארדעקט.

רבי חיים, דער דארפסמאן, דער אידישער שיינקער.
וואָס האלט די ארענדע ביים פריץ פון שטאָט.
שטעהט איצט און דאווענט, אין טלית און תפילין:
ער וויינט און בעט רחמים ביי גאָט.

די פרוי זיינע שפּרינצע, זיצט אויף א בענקעל
די אויגען זיי גיסען מיט טרעהרען ווי בלוט
איהר הארץ איז פארוועהטאָגט, דער קאָפּ איז געבויגען.
פארטרויערט, פאר׳חשד׳ט, דערשלאָגען אָהן מוט...

פון דער ארענדע קוים־קוים די חיונה
א האלב דוצענד קינדערלאך נאקעט און בלויז.
פון הונגער צו לײדען, געוואָהנט שוין אין דחקות.
דער דלות ער סוויסטשעט אין הויז...

Merits of Ancestors
(A Folk History)

Winter. Everything is frozen in the village.
The snow squeaks, from the footsteps.
The frost, like a painter, has splendidly decorated
The glass windows with pictures.

The cold increases. The small wind
Plays with the sandy snow
Exactly like salt. The wind throws it in your face
And rips the straw off the roofs.

Here it is knocking on a window shutter,
It howls in the chimney, the frolicker is scary.
The crow stands on one foot as though asleep,
Covering its head with a wing.

———————

Rebbe Chaim, the Jewish tavern keeper in the village
Who leases it from the Prince of the city,
Stands now and prays. In his *tallis* and *tefilin*,
He is crying and begging God for mercy.

His wife Shprintse sits on a stool,
Her eyes spill tears like blood,
Her heart is full of pain, her head is bent,
Sad, blackened, depressed, without spirit . . .

From the lease they barely eke out a living.
A half dozen little children, in rags,
Suffering from hunger, already living in need.
The poverty whistles through the house . . .

נאָר ווען עס קומט אָן דער טערמין פון ארענדע,
דער פּריץ, ער וויל גאר ניט וויסען!
איין אכזר, א גזלן, — דער שונא ישראל,
ער האָט איהם אמאָל שוין געשמיסען!

ר' חיים שפּייט אוים: — ער האלט ביי עלינו,
דעם טיש מיט א האנדטוך האָט שפּרינצע פארשפּרייט,
ער געהט צו צום עמער צו טראגען און וואשט זיך
און מאכט הויך המוציא אויף טרוקענעם ברויט.

נו, זאָגט איהם שפּרינצע, אט פאלג נאָר מיין עצה,
א נארישע אידענע זאָגט אויך אמאָל גלייך,
געה באלד אריבער צום פּריץ און בעט זיך
וואָס איז דען, עס פעהלט איהם? — ווענינ נאָך רייך?...

פיליכט איין „אסטראטשקע'' און אפשר גאר שענקען
צו גאָטעס געטאָדען, איז דען דא א ברעג?...''
ר' חיים ער פאָלגט זי, טוט אָן זיין קאפּאטע,
און זיפצענדיג מאכט ער זיך פארטיג צום וועג.

פארוויקעלט, פארגאַרטעלט, פארקאשערט די פּאלעס
קריכט ער אלס ווייטער אין שטאָט,
און שטיל אין זיין הארצען טרייסט דער בטחון,
די ליפּען זיי שעפּטשען א תפילה צו גאָט...

אָט קומט ער שוין נאָהענט, ניט ווייט שוין פון פּריץ,
ער זעהט שוין פון קוימען, עס ציהט זיך דער רויך
ווען פּלוצלונג דריי הינד, אבער גרויסע ווי לייבען
פאר שרעק און פאר מורא, ווי טויט ווערט ער בלייך.

But when the rent is due,
The Prince does not want to know about troubles!
A tyrant, a thief,—the anti-Semite,
He has already beaten Chaim up!

Reb Chaim spits out:—he is already at the last prayer.
Shprintze has put a towel on the table.
He goes to carry the water pail and wash his hands,
And he makes a loud blessing over the dry bread.

"Well," says Sprintze to him, "take my advice.
Even a silly woman says something correct sometimes.
Go immediately to the Prince, and beg him for mercy.
What, is anything missing from his life?—Is he not rich enough? . . .

"Perhaps just drinking
To him, to 'God's grace,' is there then a limit? . . ."
Reb Chaim follows her advice, puts on his black coat,
And sighing, prepares himself for the journey.

Wrapped up, belted, sleeves rolled up,
He goes further into the town.
His faith, quiet in his heart, consoles him.
His lips murmur a prayer to God . . .

He approaches, now not far from the Prince.
He sees the chimney already, the smell wafting.
Suddenly he sees three dogs, big as lions.
He becomes pale from fright and fear.

ער לויפט אריין צום פריץ פארסאפעט, אָהן אָטעם.
פון שרעק און פון שוואכקייט, ער פאלט פון די פיס.
דער פריץ צוטומעלט, געהט איהם אנטקעגען
און פרעגט איהם: — צא חיים! וואָס ווילסטו, וואָס איז?

ווי קאלך אזוי בלאס קוקסט אויס ווי א טויטער,
קיין טראפען פון בלוט ניט אין זיך!
ווי קומסטו צו פוס אין אזא קאלטען וועטער,
וואָס שווייגסטו? דערצעהל מיר אויף גיך!...

און חיים פאנגט אָן דערצעהלען דעם פריץ: —
(מיט טרעהרען פארשטיקטע הערט זיך זיין שפראך)
„א יאסני וועלמאָזשני!..." רופט זיך אָפּ חיים,
„איך האָב צו דערצעהלען דיר זעהר א סך.

איך בין ווי פארטרונקען אין צרות און ליידען,
פון שמערצען און צווייפעל, איך האָב ניט קיין רוה.
מיין עהרליכקייט הייסט מיר די ארענדע באַצאָהלען
מיין ביטערע ארימקייט לאזט מיך ניט צו.

איך האָב ניט פון וואנען, און קען עס ניט קריגען
עס רויבט מיר מיין לעבען! מיין הארץ איז געקוועלט
איך האָב שוין קיין קרעפטען, כ'וועל געהענדיג שטארבען,
עס פארביטערט, פארפינסטערט מיין וועלט...

עס טוט זיך א צאפעל, די הארץ פון דעם פריץ
דער מיטלייד ערוועקט זיין רחמנות געפיהל,
עס צייגט איהם דעם קוואל־וועה פון אידישען לעבען
ווי מענשען פארטראגען ליידען זא פיעל.

He runs inside to the Prince, panting, without breath.
From fright and weakness, he falls down.
The Prince is upset, he faces him
And asks:—Chaim, what do you want? What is it?

"You look like a dead man, pale as chalk,
Not a drop of blood inside!
Why are you walking in such cold weather?
Why are you silent? Tell me quickly!" . . .

And Chaim begins to tell the Prince:—
(Choked-back tears are in his voice)
"Your Honorable . . . !" answers Chaim.
"I have very much to tell you.

"I am practically drowning in trouble and pain,
From suffering and uncertainty, I have no peace.
My honesty leads me to pay you rent,
My bitter poverty does not allow it.

"I do not have the means, and I cannot get it.
It is robbing me of my life! My heart is constricted.
I no longer have strength; I want to kill myself,
It embitters, darkens my world . . ."

The Prince's heart fluttered.
Sympathy awakened his feelings of pity,
It showed him the hardships of Jewish life,
The way people endure so much suffering.

„אידזשי דא דאמו״. זאָגט ער צום אידען.
איך שענק די ארענדע אין גאַנצען דאָס מאָל,
און ווייטער זאָלסט חיים קיין מאָל ניט זאָרגען
ווען דו וועסט האָבען, דאָן קום און באצאָל...

שפּרינצע פאַרטרויערט, זי קאָכט נעבען אויווען
א פליישיגען בארשטש אין א פּאַרעווען טאָפּ,
עס מאָהלט די פאַנטאַזיע, איהר שרעקליכע בילדער. .
וואָס מאַכען א כאָאָס, א מיש־מאַש אין קאָפּ.

זי קוקט דורכ׳ן פענסטער און שטרענגט אָז איהר זע־קראַפט
עס האַפט און עס צווייפעלט איהר הארץ:
אָט דאַכט זיך מען פיהרט איהם צושמיסען אויף שטיקער.
עס קוועהלט זי א ביטערער, קלעגליכער שמארץ...

עס עפענט זיך האַסטיג די טיר און ר׳ חיים
צופרידען, פאַרסאָפּעט קומט אָז פון דער שטאָט.
„שפּרינצע א דאַנק גאָט! — מיר זייגען געהאָלפען!...
האָט געשענקט די ארענדע, — א נס נאָר פון גאָט!...״

און לאַנגזאַם דערצעהלט ער די גאַנצע געשיכטע,
און שפּרינצע הערט צו יעדעס וואָרט,
און פרעגט זיך פאַנאַנדער אויף אלעס פּאַדראַבנע,
די הינד, ווי דערשראָקען זיי האָבען איהם דאָרט.

און שפּרינצע׳ס א פינגער געפינט גלייך איהר מאָרדע
זי שאַקעלט סאַרקאַסטיש איהר קאָפּ מיט א לאַך:
אוי ביזט א למד, מיין מאַן זאָלסט מיר לעבען,
ווי קען דאָס א מענש ניט פארשטעהן אזא זאַך?

דו מיינסט טאַקע הינד זיינען דאָס איינפאַך געוועזען
דו האָסט אויף נאַמנות קיין אידישען גליער,
דאָס זיינען זכות אבות, דיין טאַטע מיין מאַמע
און אברהם׳ל דער פעטער, א צדיק א איד״...

"Go home," he says to the Jew.
"I am giving you as a gift the cost of the rent in total this time,
And from now on, Chaim, you should not worry.
When you will have the money, then come and pay . . ."

———————◆◆—————————

Shprintze is sorrowful. She cooks near the oven,
A meat borscht in a pareve pot.
Her fantasy is painting horrible pictures,
Which make chaos, a mishmash, in the pot.

She looks through the window and strains her vision.
Her heart is hoping and questioning:
She imagines he is being beaten to pieces,
She is tormented with a bitter, miserable ache . . .

The door opens hastily, and Reb Chaim,
Happy, panting, returns from the city.
"Shprintze, thanks be to God!—We are helped! . . .
He made a gift of the rent,—a miracle from God! . . ."

And slowly he tells her the whole story,
And Shprintze listens to every word,
And inquires about all the details,
About the dogs, how they frightened him.

And Shprintze's finger immediately goes to her chin.
She sarcastically shakes her head and laughs:
"Oy, you are a fool, my husband, may you live long,
How can a person not understand such a thing?

"You think those were simply dogs?
On my word of honor, you do not have a Jewish bone in your body.
Those were good deeds performed by our parents, your father, my mother,
And Uncle Avreml, a holy man" . . .

גאָט שיעור פארשיקט אין סיביר

(א פּאָלקס מעשה'לע)

אָט הערט נאָר רבותי איך וועל אייך דערצעהלען.
א מעשה, מיין זיידע דערצעהלט האָט עס מיר:—
ווי אזוי גאָט, מ'האָט שיעור ניט פאר'משפּט.
אין רוסלאנד, צו ווערען פארשיקט אין סיביר.

עס הערשען געזעצע, אין רוסלאנד וואָס זאָגען.
אז דער וואָס צווינגט יעמאנדען עטוואָס צו טאָן.
נעגען זיין ווילען, דער הייסט א פארברעכער —
באשטראפט ועט ער ווערען לויט דעם „זאקאן״.

נו האָבען זיך שונאים דערמאָנט אויף א מדרש.
א מדרש אן אלטען: — אז די צעהן געבאט.
האָט „דאָבראוואלניע״ ישראל אליין ניט גענומען.
נאָר געצוואונגען דער צו האָט איהם גאָט.

אפילו מען פרעגט ניט ביי גאָט קיין שאלות.
די מעשה, עס בלייבט אלץ ניט גלאט.
אָט דאָרט אין דער מדבר אזוי ווי א גזלן.
וואָס האָט ער צום אידען געהאט.

הויבט אויף א בארג א גרויסען „כגיגית״.
און סטראשעט, איך מאך אייך דעם טויט.
די ארימע אידעלאך בלאס און ערשראקען.
„נעשה ונשמע״! שרייען אוים נויט...

אזוי ווי קיין אונרעכט קען רוסלאנד ניט ליידען...
זי פארהיט דאָך דעם אידענס א האאר...
דער פּריסטאוו מאכט גלייך א „ספּראווקע״.
און שיקט עס צו דעם פּראקוראר...

God Was Almost Exiled To Siberia

(A Little Folktale)

Gentlemen, I want to tell you
A story which my grandfather had told me:—
How, in Russia, God was almost sentenced
To exile in Siberia.

There are laws in effect in Russia, which state
That someone who forces another to do something
Against his will is a criminal—
He will be punished according to the . . . "Order."

Enemies of the Jews presented the Talmudic story,
The old story:—of how the Ten Commandments
Were voluntarily rejected by the people of Israel,
But God forced the Jews to accept them.

The Jews could not even ask God any questions.
The story is not reasonable.
Out there in the desert, He acted like a murderer.
What did He have against the Jews?

He picks up a mountain "like a huge barrel,"[7]
And He threatens: "I will kill you."
The poor Jews, pale and terrified, scream,
"We will do, and we will listen!"[8] Out of necessity . . .

As Russia cannot suffer any injustice . . .
After all, Russia makes sure not a hair of a Jew's head is ever harmed . . .
The police commissioner in Czarist Russia immediately files a lawsuit
And sends it to the public prosecutor . . .

---

[7] The Gemorra tells a story from a Midrash that at the time of the giving of the Torah at Mt. Sinai, G-d lifted up a mountain over the heads of the Jews "like a barrel" and threatened them that if they accept the Torah all is fine, but if not, they will be buried there on the spot—Rabbi Aryeh Lopiansky.

[8] The Chumash (Exodus 24:7) relates that the Jewish people declared, "We will do and we will listen," concerning the acceptance of the laws of the Torah. The Talmud explains that it means in effect, "We accept upon ourselves to do everything that G-d will instruct us to do, even before hearing what he will demand of us"—Rabbi Aryeh Lopiansky.

גראדע דארף שטארבען רבי משה דער שמש,
געשטאָרבען פון דחקות, פון הונגער צי נויט,
שיקט מען דורך איהם צו גאָט א „פּאוויעסטקע״,
אז ער זאָל צום משפּט זיין גרייט.

אזוי ווי קיין רוסען איז ניטאָ אויפ׳ן הימעל...
זיי זאָלען פארטייטשען די זאך,
שיקט מען האסטיג צום מלאך גבריאל,
ער דארף דאָך פארשטעהן אזא שפּראך.

גבריאל, ער האָט זיך ניט פיעל געמאטערט,
דעם בית־דין געגעבען צו פארשטעהן,
„אז מלכותא דארעה כעין מלכותא דרקיע״,
אז דאָ קען ניט העלפען צום מאָל גאָט אליין.

אזוי איז געקומען דער טאָג פון דעם משפּט,
יעוראפּא, זי ווערט אזש ערשטוינט,
פאר געבען דער וועלט די הייליגע ביבעל,
ווי גאָט ווערט אין רוסלאנד באלוינט.

עס קומען אין סוד אָן גרויסע פּראָטעסטען,
נאָר פּאָניע ער מאכט זיך א צימעס און גאר,
דער גליק איז פאר גאָט די רוסישע „דאוונאסט״,
וואָס ס׳זיינען פארגאנגען די עטליכע יאָהר.

דערפאר קען מען גאָט אין סיביר ניט פארשיקען,
די תורה, ער מוז זי גלייך נעמען צוריק,
ער מוז נאָך די אלע „איזדערזשקעס״ באצאָלען,
פאר שיקען, פאר פּאקען, פאר שטריק.

Just then Reb Moyshe, the beadle, needed to die.
He died from want, from hunger, from poverty.
Through him, God is sent a message
To get ready for a trial.

As there are no Russians in heaven . . .
And a translator was needed,
The angel Gabriel is quickly sent for.
He ought to understand this language.

Gabriel did not exhaust himself too much.
He explained to the court,
That "the kingdom of earth is similar to the kingdom of heaven,"[9]
That here sometimes not even God Himself can help.

Thus the day of the trial came.
Europe is actually astonished at
How God is rewarded in Russia
For giving the world the Holy Bible.

Large groups of protesters arrive in secret,
But Fonye[10] makes a big fuss.
God 's luck Is the Russian "Order,"
Which had elapsed over the past few years.

Therefore God cannot be exiled to Siberia.
He has to take the Torah back immediately.
He has to pay all the expenses
For sending, for packing, for rope.

---

9   It refers to the concept that G-d, who is in effect the king of the world, runs
the world in the same manner as an earthly king conducts himself with his
subjects—Rabbi Aryeh Lopiansky.

10   Generic nickname of a Russian—HBF.

און רוסלאנד ווערט ,,ביזי'' מיט שיקען די תורה,
מען פאקט, מען שיקט און מען זוכט.
מ'פאקט אלע תפילות און אויך אלע דרשות:
וואס ווערען אין קירכע געברויכט.

* * *

גבריאל איז פארטיג צו נעמען די תורה,
און בלאס און ערשראקען בלייבט ער דארט שטעהן.
זעה נאר, אזוי פיעל! גאט מיינס אין הימעל,
ווי קאן איך עס טראגען אליין?...

און גאט זאגט באפעהלענד פון הימעל: — גבריאל,
די עשרת הדברות, ניט שטעה!
נעם צו ביי די רוסען די ליכטיגע פעריל?
די שמאטעס, זאל בלייבען ביי זיי...

דיין שמייכעל

דער הימעל פארדונקעלט פארכמארעט.
די וועלט איז אין טרויער פארדעקט.
איין טרויער א טיעפער פון ווייה מוטה
באהערשט אלם דריקט און עס שטיקט.

נאר פלוצלונג א שיין אין דעם הימעל
די זון באווייזט זיך מיט פראכט
די גאנצע נאטור פון איהר טרויער
מיט פרייד האט שטראהלענד ערוואכט.

מיין לעבען געווען אין פארדונקעלט
פארטרונקען אין שמערצען און לייד.
דיין שמייכעל האט אלעס פארטריבען
מיין לעבען באצויבערט מיט פרייד.

In Russia, people become busy sending the Torah.
They are packing, sending and searching.
They are packing all the prayers and also all the sermons:
Which are used in the churches.

*   *   *

Gabriel is ready to take the Torah.
And pale and frightened he remains there standing.
"Look at that, so much! Dear God in heaven,
How can I carry it myself?" . . .

And God orders from heaven:—"Gabriel,
The 'Ten Commandments,' don't just stand there!
Take from the Russians the enlightened pearls,
Leave them the *shmattes*." . . .

Your Smile

The sky is dark, cloudy.
The world is covered with grief.
Deep grief from sadness
Rules all, it oppresses and chokes.

But suddenly a shine in the sky.
The sun is showing its splendor.
All of nature has awakened from its grief
With rays of joy.

My life used to be dark,
Drowned in pain and suffering.
Your smile drove all this away,
Making my life magical with joy.

צום נאכטיגאל

(אין טאָג פון הרצל'ס יאהרצייט.)

וואָס ווילסטו זינגער מיט שמערצליכע טענער,
וואָס ציטערט דיין שטימע מיט טרויער און לייד?...
זינג מיר א ליעדעל, א פרעהליכעס ליעדעל!...
א ליעדעל זאָל הילכען מיט ליעבע און פרייד...

א ליעדעל פון לענדער, וואו ליכטיג און ווארעם,
א ליעדעל פון האָפען, פון פריהלינג א פראכט:
זינג מיר פון וועלטען, וואו מען הערט קיינע זיפצען,
וואו אלעס איז ליכטיג, עס לעבט און עס לאכט...

גענוג מיך צו פּלאגען, גענוג מיך צו קוועלען,
א סוף צו דיין ריהרענדער קלעגליכער ליעד!...
דו ווייסט, איך קען זיפצען, איך קען אויך גוט וויינען,
איך פארשטעה זיך אויף טרעהרען, איך בין דאָך א איד!..

— — — — — — — — — — — — — — — — —

די פויגעל זי ענטפערט: „איך קען איצט ניט זינגען
עס קלאָגט און עס טרויערט א פאָלק נאָך איהר קינד!...
דו הערסט ווי עס וויינען דאָרט טויזענדער הערצער?
ס'איז יאָהר צייט פון הרצל... איך טרויער אצינד!"...

און די שרעקליכע זיפצען, זיי שפּאלטען די הימלען,
דו הערסט ווי זיי קלינגען מיט וועה דארטען אָפּ?...
עס וויינען די כרובים מיט אלע מלאכים
און זעה ווי עס רעגענט מיט טרערען אראָפּ...

———

To The Nightingale

(The Day of Herzl's *Yortsayt*[11])

What do you want to sing with painful tones?
Why does your voice shake with mourning and suffering? . . .
Sing me a tune, a happy tune! . . .
A tune should ring with love and joy . . .

A tune from lands that are sunny and warm,
A tune of hope, of splendid spring:
Sing to me of worlds where nobody sighs,
Where everything is sunny, living, and laughing . . .

You have made me suffer enough, you've tortured me enough,
An end to your moving, plaintive song! . . .
You know I can sigh, I can also cry well,
I understand tears, I am a Jew after all! . . .

— — — — — — — — — — — — — — — — — —

The bird answers: "I cannot sing now,
A people moans and mourns a child! . . .
Do you hear how thousands of hearts are weeping?
It is Herzl's *yortsayt* . . . I am mourning now!" . . .

And the terrible sighs split the heavens.
Do you hear how they resound over there with pain? . . .
The cherubs and all the angels are crying,
And look how it is raining tears . . .

———————

[11] Death anniversary. Herzl lived from 1860-1904. There are no nightingales living naturally in the Americas. The poet may have read "Ode to a Nightingale" by John Keats (1819) in Yiddish translation—HBF.

פריה-מארגען

אין שטילען פראכט,
דער טאָג ערוואכט.
אין פעלד א זיסער דופט.
און פון געזאנג,
א ווייעדער קלאנג,
פיעלט אָן די פרישע לופט.

*   *   *

אין צווייג פון בוים,
א רוהיג היים,
האט ס'פייגעל זיך געמאכט.
און ווי קריסטאל
קלאר, ליגט איז טאָהל,
דער טוי פון לעצטע נאכט.

*   *   *

פון בארג ארויף
די זון געהט אויף,
שפאצירט אין בלויען רייך...
דער ווינד איז קיהל,
און צערטעלט שטיל,
די הויכע גראז פון טייך.

*   *   *

אין פעלד דאָס בלום
באוואונדערט שטום,
דעם הערליך שעהנעם טאָג.
דער מענש, א העלד,
אין פרייען פעלד
ווי די פייגעל פריי פון זארג...

Early Morning

In quiet beauty,
The day awakens.
In the field is a sweet fragrance.
And from songs,
An echo
Fills the fresh air.

* * *

The bird made
A quiet home
In the branch of a tree.
And like crystal,
Clear, in the valley,
Lies the dew from last night.

* * *

From the mountain above
The sun rises,
Walks in the blue smoke . . .
The wind is cool,
And quietly fondles
The high grass of the river.

* * *

In the meadow, the flower
Speechlessly marvels over
The exquisitely beautiful day.
A person, a hero
In the open countryside;
Like the birds, he is free from worry . . .

דער גזר דין

(א לעגענדע)

געשטארבען ר' חצקיל א אידעל א נגיד.
געשטארבען ווי אן עהרליכער איד:
גע'גוסס'ט איין ערד פון עטליכע וואכען.
געשטארבען באזונדער — א גליד נאך א גליד.

* * *

מען האט פשוט גערעגענט מיט פרישע פדיונות.
געריסען די קברים, געמאסטען דאס פעלד,
געזאגט נאכאנאנד אין שול האט מען תהילים,
געשאטען נדבות, געווארפען מיט געלט.

* * *

עס האט ניט געהאלפען. געשטארבען ר' חצקיל.
און חברה איז גרייט איהם צו טאן
זיין רעכט. ווי עס פאסט א אידען א נגיד
איהם באגראבען, מיט כבוד הויך אויבען־אן

* * *

באוויינט האט איהם הארציג דאס גאנצע שטעטעל
דער רב האט אויך א הספד געמאכט.
און טרויעריג זיינען זיך אלע צוגאנגען.
א היים פון בית־עלמן פארנאכט...

אין פרישינקען קבר ליגט זיך ר' חצקיל.
און ציטערט פון שרעק פאר דעם חבוט־הקבר. —
א שפאס, זאגט די וועלט, איז'ס א מלאך א גזלן
ער צוברעכט פשוט יעדווידער איבער....

* * *

The Sentence

(A Legend)

Reb[12] Khaskl, a rich Jew,
Died like an honest Jew:
He had been dying for several weeks,
A little at a time,—limb by limb.

           *   *   *

His offerings for redemption came down like rain.
The graves were torn, the field was measured,
Psalms were continuously recited in the synagogue,
Charity was given, money was thrown around.

           *   *   *

It did not help. Reb Khaskl died,
And the burial society was ready to do what was correct.
As befitting a rich Jew,
He was buried, with great respect, in the front of the cemetery.

           *   *   *

The whole *shtetl* wailed him heartily.
The Rabbi gave a eulogy.
And everyone sadly left the cemetery
To go home before nightfall . . .

— — — — — — — — — — — — — — — — — — —
— — — — — — — — — — — — — — — — — —

Reb Khaskl lies in a fresh grave,
And shivers from fear of the percussion of the grave.—
This is a trick, the world says it's a bad angel,
Who simply breaks every limb . . .

           *   *   *

---

12   *Reb* is similar to *Mr.*, but it is used with a man's first name. It is a term of respect—HBF.

און פּלוצלונג אַ בליץ, ס'ווערט ליכטיג אין קבר
און אַ קול פון אַ דונער דערהערט זיך: —
„רשע מה שמך?" — ר' חצקיל דער נגיד
פאַרציטערט בלייבט ליגען און שרעקט זיך.

* * *

דער מלאך שלאָגט ממית'ט גאַר אַן הכנות.
דער מת ער האָט אַ ממשות
דער שוואכער ר' חצקיל נאָך אזא קריינקען.
פון וועהטאָג, בלייבט גלייך אין חלשות.

* * *

ווען ער איז געקומען אביסעלע צו זיך
(ס'האָט גענומען גאַר אַ קליין ווייל'ע).
איז ער שוין געווען אין זיבעטען הימעל
ביים געריכט פון בית־דין של מעלה.

* * *

„רבותי! דאָס איז די נשמה פון חצקיל"!
האָט אַ מלאך געזאָגט נאָך פיעל ריידען.
„ער איז געווען דער גרעסטער בעל צדקה.
און איך פאָדער פאַר איהם דעם גן־עדן!..."

* * *

„איך פּראָטעסטיר!" האָט זיך צושריען דער שטן.
„גן עדן פאַר איהם? — גאָט דו גערעכטער!
ער האָט דאָך נדבות געביטען אויף כבוד.
כאַ! כאַ! כאַ!" (אַ ווילדער געלעכטער).

* * *

אויב זיין האנד איז אפען געוועזען.
האָט ער דאָך זיין הארץ געהאלטען פאַרשפּאַרט!
זיין צדקה איז ניט געווען מיט רחמנות.
נאַר ווייל'ע ס'האָט זיך איהם כבוד געגארט...

* * *

And suddenly a blitz, it becomes light in the grave
And a call from thunder is heard:—
"Evil one! What is your name?"—Reb Khaskl, the rich man,
Trembles, remains lying down, and is frightened.

*   *   *

The angel is beating the bodies black-and-blue without preparations.
The dead person is substantial.
Weak Reb Khaskl, after such injuries,
Remains pale and in a faint.

*   *   *

When he came to himself a little
(It took a short while)
He was already in seventh heaven
In the court.

*   *   *

"Gentlemen! This is Khaskl's soul,"
Said an angel after many speeches.
"He was the biggest philanthropist,
And I demand Paradise for him! . . ."

*   *   *

"I protest!" screamed Satan.
"Paradise for him?—God, righteous one!
He traded charity for honors.
Ha! Ha! Ha!" (A wild laughter)

*   *   *

"If his hand was open,
His heart was closed!
He did not give charity with empathy,
But only because it brought him honor . . .

פאר אלע נדבות, נאר ביי זיין לעבען.
האט ער געקראגען באצאלט פון דער שטאט:
מיט כבוד, מיש ששי, מיט עהרע חניפות
וואס'זשע וויל ער נאר האבען פון גאט?

* * *

..ער וויל נאר פארשמוצען דעם שעהנעם גן־עדן!
מיט א קערפער אן ליעבע געפיהל אדער הארץ
ער האט דען זיך וועניג געזעטיגט ביים לעבען
מיט כבוד, פון יענעמס טרעהרען און שמארץ?!"

— — — — — — — — — — — — — — — — —

געענדיגט דער שטן, עס הערט זיך דער פסק:
ר' חצקיל, מגולגל דארפסט ווערען צוריק.
אלס ארימער מאן. דו וועסט פיהלען
אלעמענס וועהטאג און יעטוועדענס דריק.
געטיילט האסטו מיט געלד נדבות.
בלויז כבוד און עהרע דיין צוועק.
דיין קאפ האט געהייסען דיר זיין א בעל צדקה
געה גיב זיי דיין הארץ אויך אוועק..."

שיקזאל

אויף א צווייגעל, ווי א צווילינג.
האט געבליהט, דעם גאנצען פריהלינג.
אין א גארטען אויף די בייטען.
וואו געוואקסען האבען קווייטען.
צוויי רויזען זעלטענע א פראכט.
ווען מען האט זיי אפגעשניטען,
האט איינע בלויז פון זיי געליטען: —
און מיט טרעהרען זיך באגאסען,
אויף א קבר יענע נאכט.
ווייל די צווייטע האט א חתן
מיט זיין כלה פרייד געבראכט...

"For all the handouts he gave during his life,
He was paid by the city:
With honors, with the special honor of being the sixth
  man called up to the Torah, with honest smiles.
What more could he want from God?

* * *

"He wants to sully the beautiful Garden of Eden
With a body devoid of feelings of love or heart!
Did he not have enough satisfaction in life
With honors derived from someone else's tears and pain?!"

— — — — — — — — — — — — — — — —

Satan having finished, the biblical sentence is heard:
"Reb Khaskl, you need to transform
Into a poor man. You will feel
Everyone's pain and everyone's oppression.
You distributed money handouts
For the sole purpose of receiving honors.
Your head told you to give money away,
Give your heart also away . . ."

Fate

Like a pair of twins on a branch,
Two extraordinarily beautiful roses
Bloomed the entire spring
In a garden
Where flowers grew.
When they were cut off,
Only one of them suffered: —
It was covered with tears
On a grave that night.
The other one made
A groom and his bride very happy . . .

מאי

וויעדער שפּראַצען ווילדע בלומען.
און דער זומער איז געקומען.
מיט זיין גאַנצען פּראַכט.

די לופט אין פעלד, פריש געוואָרען.
די נאַטור ווערט ניי געבאָרען.
ווי דער טאָג פון נאַכט...

פול מיט דופט,
אין פעלד די לופט,
עס אטהעמט לעבענס-לוסט...

די צוויינגעלאַך.
די ביימ׳דעלאַך
פון זון און ווינט געקושט.

דער זיסער מאי,
געמאַכט האָט פריי,
די טייך פון פראָסט און קעלט.

דער וואַסער פאַל
פון באַרג און טאַהל,
לויפט האַסטיג אומגעשטערט.

און ביי די קינדערלאַך.
פינקלען די אויגעלאַך.
ווי שטערען אין דער נאַכט.

און פון די פרישע היי,
הערט זיך לוסטיג א געשריי: —
חברה שטיפט און לאַכט...!

May

Wild flowers are sprouting again,
And summer has come
With all its beauty.

The air in the field has become fresh.
Nature is born anew
Like day from night . . .

———————

The air in the field
Full of fragrance
Breathes lust for life . . .

The branches,
The little trees
Are kissed by the sun and wind.

———————

Sweet May,
It freed
The river from frost and cold.

The waterfall
From mountain and valley,
Descends hastily, unimpeded.

———————

And in the little children,
Their eyes twinkle
Like stars in the night.

And from the fresh hay,
A lusty cry is heard:—
The gang frolics and laughs . . . !

א פארקעהרטע וועלט

פריינדשאפט פון פרעמדע און צרות פון קרובים
(אין לעבען איז אלעס פארקעהרט)...
פון שונא געהאלפען, פון ליעבע געליטען.
פון פריינדע אין אלעס געשטערט.

פאר שעהנסטע און בעסטע געפיהלען, פון מענשען
געקראגען באצאהלט נור מיט האס.
פאר פאלשקייט מיט הידד געשריען.
ווערט מען באגריסט אויף דער גאס...

אט האט איהר דעם גאנצען סך הכל:
פאר טובות געקראגען זיך פיינד.
פאר שמייכלען באעהרט מיט חניפה.
פאר וואהרהייט, פארלארען א פריינד.

נעאפפערט מיין יוגענד אלס קרבן פאר מענשען.
פון זיי מיט פאראכטונג, אלס לאהנונג באגריסט:
טייער געצאלט פאר אומזיסטיגע שנאה...
נאר פיינדשאפט דאס קריגט מען אומזיסט.

גליק

פאלקאם צופריעדען, אומענדליכער גליק?...
— דאס זעהט מען קיין מאל ניט אין לעבען.
פארלאנגען, זיי גראבען אלץ טיעפער די גרוב.
דעם קבר, פון אויבינגען שטרעבען...

A Topsy-Turvy World

Friendship from strangers and troubles from relatives
(In life everything is topsy-turvy) . . .
I was helped by a foe, I suffered from love.
My friends hindered everything.

For the nicest and best sentiments,
People repaid me only with hatred.
From falseness, you get greeted
With "hoorays" on the street . . .

Here you have the full summary:
You make enemies when you do favors.
For smiles, you are honored with flattery.
For truth, you lose a friend.

I offered my youth as a sacrifice for people.
I welcomed respect from them as payment:
I paid dearly for gratuitous hatred . . .
But loathing you get for free.

Happiness

Perfect pleasure, infinite happiness? . . .
—This is never seen in life.
Desires, they dig ever deeper into the cavern,
Into the grave, from aspiring above . . .

מוטלאזיגקייט

מוט פארלארען.
אלעס פארלארען.

ווי א פייל וואס פליהט פון בויגען,
ווי געדאנק שטארק געהיילט:
ווערט פארשוואונדען אויך מיין יוגענד,
און איך בלייב מיעד און אלט.
* * *

מיעד פון לעבען, אלט פון ליידען,
קאלט מיין הארץ, מיין קאפ ווי שניי:
און מיין זעעלע ליידעט קוועלט זיך,
עס דריקט מיין ברוסט א שרעקליך וועה.
* * *

שווארץ מיין איצט, מיין צוקונפט דונקעל,
דער לעבענס-לאסט פאר מיר איז שווער!..
פארלארען אלעס מיט מיין האפען,
קיין איינציג פרייד, קיין איינציג טרעהר!...
* * *

דער לעבענס-וועג איז פול מיט שטיינער,
און דער חשך שטארק געדיכט!
שווארץ פארכמארעט איז דער הימעל,
קיין בריקעל שיין, קיין פיצעל ליכט!...
* * *

און ווען א בליץ ברעכט דורך דעם וואלקען,
און ציינט א שטראהל מיר פון „אמאל":
ציינט עס אבער אויך מיין עלענד,
ווי איך זינק אין יאמערטאל...

Loss Of Spirit

Courage is lost.
All is lost.

Like an arrow shot from a bow,
Like thoughts quickly hastened:
So does my youth disappear,
And I remain tired and old.

* * *

Tired of life, old from suffering,
My heart is cold, my head like snow:
And my soul suffers in torment.
My breast is oppressed with a terrible pain.

* * *

My now is black, my future dark,
My lust for life is heavy! . . .
I lost everything with my hope,
Not a single joy, not a single tear ! . . .

* * *

The path of life is full of rocks
And suspicion is very thick!
The sky is full of black fog,
Without a speck of sun, without any light! . . .

* * *

And when lightning breaks through the clouds,
And a ray from "once upon a time" shines for me:
It also shows my loneliness,
How I sink in the valley of misery . . .

צו א פריינד

(מיט האכאכטונג ראובן בריינין — א מתנה)

אין דיין שרייבען ווי אין שפּיגעל,
זעה איך דיין פארביטערט הארץ.
דיינע שמערצען, דיינע ליידען,
אויך מיין אייגען לייד און שמארץ!

* * *

אויך די ליידען פון דעם לעבען
ווי מיין אומה ווערט געקוועלט
ווי עס פליסען טייכען טרעהרען,
און פארטרינקען אונזער וועלט!

* * *

וועק מיין פריינד, וועק די ברידער
וועק דאס פאלק און ווער ניט מיעד.
זיי א טרייסט, א ליכט אין גלות,
פאר דעם אומגליקליכען איד...

א פאראדאקס

פרייד און גליק איז קיין מאל איינזאם
לייד, פארצווייפעלט זיפצט אליין
רייכטום קען זיך פריינדע קויפען
נויט איז עלענד ווי א שטיין.

אויף א שמחה קומען פריינדע
אליין ליידסט הונגער. (גאָט באהיט)
עסען, טרינקען קומט מען העלפען
העלפען שטארבען קען מען ניט.

To A Friend
(With Great Respect to Reuben Brainin[13] — a Gift)

In your writing, like in a mirror,
I see your embittered heart.
Your pains, your suffering,
Are the same as my own suffering and pain!

*   *   *

Also the suffering in life
As my people is tortured,
And rivers of tears pour
And drown out our world!

*   *   *

Wake up, my friend, wake our brothers,
Wake the people and do not tire.
Become a comfort, a light in the Diaspora,
For the unhappy Jew . . .

A Paradox

Joy and luck are never lonesome.
Suffering, despair, sigh alone.
Wealth can buy friends;
Poverty is lonely as a stone.

Friends come to a celebration.
You suffer hunger by yourself (God forbid).
People will come to help you eat and drink;
They cannot help you die.

---

13   Reuven (Reuben) Brainin was a Zionist leader, biographer, critic, and journalist. He was editor of the *Keneder Adler* (Canadian Eagle) and *Der Veg* (The Way) in Montreal from 1912-16. It is highly likely that he published some of Goodman's works in these Yiddish newspapers—HBF.

די מוטער

(מיט האכאכטונג ראובן ברייניז — א מתנה:)

די אלטעטשקע, זיצט מיט א בלאסען געזיכט,
זי קוקט אין דעם שאטען פון דער ברענענדער ליכט,
וואס ברענט יעצט אין שטוב נאך איהר אלטען.
דער יאהרצייט נאך איהם לעבט אויף די רעיונות,
ביי איהר ערוואכען אין מח פיעל אלטע זכרונות,
געפיהלען פון הארצען, וואס זיינען באהאלטען,
שוועבען ארוים. עס ציטערען די אלטינקע גלידער,
זי לעבט דורך איהר פארגאנגענהייט ווידער:—
זי טרוימט פון אמאליגע יאהרען...
אט ווי די ליכט וואס ברענט דארט איז ווינקעל:—
אט שיינט איהר געזיכט, אט ווערט עס טונקעל,
איהר בליק אין שאטען פארלארען.

אט פיהלט זיך איהר הארץ אז מיט זיסע געפיהלען,
זי הערט א שטימע ווי מיוזיק וואלט שפיעלען,
וואס צוגיסט זיך אין הארצען מיט פרייד און מיט גליק:
„ער" גיט איהר א מזל־טוב, ווען זי האט געבארען
איהר זון, וואס פאר א פרייד עס איז געווארען
ווי שטאלץ, ווי ליעבליך און ערנסט זיין בליק,
ווייך איז זיין שטימע, ווארעם און פרעהלאך,
דער פנים איז שטראהלענד, און שטאלץ ווי א מלך,
פונקט ווי זי וואלט א משיח געבארען....
איהר פנים ווערט בלאס, די אויגען ווי ווילד,
עס ציינט זיך איהר איצט איין אנדער בילד
די אלטעטשקע ווערט ווי פארפרארען.

The Mother

(With Great Respect for Reuben Brainin—a Gift)

———————

The old woman sits with a pale face.
She looks in the shadow of the burning candle
Which is burning now in her home, in memory of her husband.
His *yortsayt*[14] awakens visions,
Awakens in her mind many old memories.
Feelings of her heart, which are hidden,
Soar out. The old limbs tremble.
She relives her past again:—
She dreams of years ago . . .
Just like the candle that burns now in the corner:—
Sometimes her face shines, sometimes it becomes dark,
Her glance is lost in the shadows.

Her heart is filled up with sweet feelings.
She hears a musical voice
Which melts in her heart with joy and happiness:
"He" gives her a *mazel-tov* when she gave birth
To her son, what a joy that was.
How proud, how loving, and how earnest his look.
His voice is soft, warm and joyful.
His face is beaming, and proud as a king,
As though she gave birth to the Messiah . . . .
Her face becomes pale, her eyes wild,
She sees now another picture.
The old woman becomes frozen.

———————

[14] Death anniversary—HBF.

עס שטעלט זיך איהר פאר יענע שרעקליכע צייט,
ווען איהר קדיש איז אוועק פון איהר אזוי ווייט,
דער ,,אמת'' ער האט איהם פון רוסלאנד געטריבען...
אה, ווי איהר הארץ איז געוועז פול מיט וועה!
עס קלינגט איהר נאך איצט יענער שמערצענס געשריי:—
מיר זיינען ווי שטיינער געבליבען!
ווי שרעקליך עס ציינט זיך יענע שרעקליכע נאכט
(די לעצטע וואס ער האט מיט זיי דאן פארבראכט)
נאך אמעריקא איז ער געפאהרען,
ער האט גערעדט פון יענער מדינה
וואו מען ווייס ניט פון אומזיסטינע שנאה....
נאר אט ווערט דאס בילד ווי פארלארען.

זי שטרענגט אן איהר זעה קראפט, קוקט טיפער אין שאטען
זי זעהט דארט א בלאסען, א קראנקען זיין טאטען.
ער ליגט אויף א בעטעל, זי לעזט איהם זיין בריעף.
ער שלינגט די ווערטער און רעדט שטיל: ,,מיין קינד!''
,,א דאנק גאט... געזונד... און מונטער אצינד....
בשלום אראפ פון דער שיף!...''
א צייט געדענקט זי איז ער קראנק געלעגען,
אה, ווי ער פלעגט ליידען פון דעם קלענסטען באוועגען...
רוהיג ווי אין שלאף איז ער נפטר געווארען...
אה איהרע ליידען! איהר קלאג דער געוויין!
געבליבען דאן עלענד, אליין ווי א שטיין,
פארלארען, דאן אלעס פארלארען....

דער קאמף, עס ציטערען אויף איהרע גליעדער
די שרעקליכע צייט זי לעבט עס דורך ווידער.
איהר זון שרייבט זי זאל קומען.
עלענד און איינזאם, גוואלדיג געליטען,
אה, ווי שרעקליך איהר הארץ האט געשטריטען
אין זודיגע טרעהרען געשוואומען.

She visualizes that terrible time
When her son went so far away.
In "truth" — he drove him out of Russia . . .
Ah, how her heart was full of woe!
She still hears that painful cry: —
We were left like stones!
How terrible are the images of that terrible night
(The last he spent with them).
He left for America.
He spoke about that country
Where gratuitous hatred is not known . . .
But here the picture becomes lost.

She sharpens her vision, looks deeper into the shadows.
She sees there his pale, sick father.
He lies on a cot; she reads him his letter.
He swallows the words and speaks quietly: "My child!"
"Thank God . . . healthy" . . . and sprightly now . . .
"Disembarked from the ship in peace! . . ."
She remembers he lay sick for a while.
Ah, how he used to suffer from the smallest movement . . .
He died peacefully as though asleep . . .
Ah, her suffering! Her laments, the weeping!
Left alone, alone like a stone,
Lost, everything lost . . .

The struggle, her limbs begin to tremble as
She relives that terrible time.
Her son writes that she should come.
Alone and lonely, horribly suffering,
Ah, how terribly her heart quarreled with itself,
Swimming in hot tears.

זי האָט איהר הארץ געבראכט אלס א קרבן:
,,איך וועל ניט פאָהרען. ווען ער איז געשטארבען.
איך האָב מורא דער וועג וועט מיר שאטען.
איך האָב געלעבט מיט איהם אין איינעם.
איך קען זיין קבר ניט לאָזען אָהן קיינעם.
איך בלייב לעבען דיין טאטען...״

דאָס בילד ווערט פארלארען. זי בלייבט ווי אן דענקען...
עס צוגיסט זיך אין הארצען א שרעקליכער בענקען.
עס שעפּטשען די ליפּען: ,,איך חלש״
א געדאנק ווי בליץ: — מען האָט זיך געשווארען.
איהר זון איז דאָרט אן אפּיקורס געווארען.
ער זאָגט ניט אפילו קיין קדיש
,,מיין קינד שעפּטשעט די אלטינקע מוטער.
דו ביזט דאָך געווען צו אונז אזא גוטער.
איין מאָל אין יאָהר, דערמאָן דאָרט דיין טאטען!״...
אָט איז ער!... ער קומט צו איהר ווידער.
א ציטער געהט דורך די פארגליווערטע גליעדער.
זי פאַלט און שטארבט דאָרט אין שאטען....

שיר השירים

מיט פלאמען און פייער געקריצט אויף׳ן הארצען.
מיט בליצען פארצייכענט אין וואָלקען דעם שווארצען.
מיין ליעבע צו דיר איז פארשריבען...!
מיין ליעבע: די וועלען וואָס ברויזען אין שטורם.
א מעכטיגער פעלז. — פעסט ווי א טורם.
א גליהענדע לאווע פון קראטער געטריבען.
מיין ליעבע. — א דונער וואָס טראגט זיך אין טאָל
טיעף ווי דער אָפּגרונט אָהן עק. אָהן א סוף!
דער ניצוץ פון לעבען וואָס ווייסט פון קיין טויט! —
ווייל דער טרוים וועט פארזיסען מיין אויביגען שלאָף.

She sacrificed her heart:
"I will not go when he has died,
I am afraid the trip will harm me,
I lived as one with him,
And cannot leave his grave without anybody,
I remain near your father . . ."

The picture gets lost, she remains without thought . . .
A terrible longing melts in her heart.
Her lips murmur: "I am fainting."
A thought like lightning:—someone swore
That her son became a nonbeliever over there.
He does not even say Kaddish in memory of his father.
"My child," the old mother murmurs,
"You were so good to us,
Once a year, remember your father!" . . .
There he is! . . . he comes to her again.
Her frozen limbs shudder.
She falls and dies there in the shadow . . .

Song of Songs

With flames and fire engraved on my heart,
With lightning making notes in the black cloud,
My love to you is inscribed . . . !
My love: desires which brew in a storm,
A mighty rock—secure as a prison,
Glowing lava from a crater.
My love,—thunder transmitted in the valley,
Deep as an abyss without an end, without a finish!
The spark of life does not know of death!—
Because the dream will sweeten my eternal sleep.

א מאמע

(צום אנדענק פון מרס. טעפער)

געוועז איז באקאנט איהר דאס אידישע געסעל,
באקאנט אויך דער דלות, דאס שרעקליכע פיין.
דער שמוץ און די שמאטעס פון הונגער און עלענד,
פון פינסטערע קעלערס אן ליכט און אן שיין.

* * *

געליעבט האט זי עלענד! — די קראנקע און שוואכע,
ווי א מוטער געטרייע, גאנץ פריה און ביינאכט
אין רעגען, אין שנעע און אין בלאטע
געגאנגען געטרייסט און הילף אויך געבראכט.

* * *

מיט א זיפץ און א טרעהר, דערמאנט האט זי עלענד.
(א נעסט פון רחמנות געוועז איז איהר הארץ).
תמיד אין וועה-קוואל געוויקט איהר נשמה
געפיהלט האט זי טיעף דעם עלענדענס שמארץ.

* * *

איהר בליק ווי א גלעט, א צארטער א ווייכער,
וואס האט ווי א כשוף די וואונדען געהיילט.
דאס פארכמארעטע לעבען באשטראלט האט איהר **שמייכעל**
זי האט מיט צדקה איהר הארץ אויך געטיילט.

* * *

זי פעלט אונז די הייליגע גוטע נשמה,
וואס האט אונזער ארמוט און עלענד געשיצט.
געשטארבען? ניין! דאס ארעמע געסעל
ס'האט איהר אין הארצען א מצבה געקריצט.

A Mother

(In Memory of Mrs. Tapper[15])

She was very familiar with the Jewish street;
Familiar also with the aches, the terrible pain,
The dirt and the rags, with the hunger and loneliness,
With the dark basements without light and without shine.

*   *   *

She loved the lonely!—the sick, and the weak,
Like a faithful mother. First thing in the morning and at night,
In the rain, in snow, and in mud,
She went to bring comfort and also brought help.

*   *   *

With a sigh and a tear, she remembered loneliness.
(There was a nest of compassion in her heart).
She always soaked her soul in troubles.
She felt deeply the pain of the lonely.

*   *   *

Her glance was like a tender and soft stroke,
Which healed wounds like magic.
Her smile lit up the clouds with life.
She also gave charity from her heart.

*   *   *

We miss her holy, good soul,
Which watched over our poverty and loneliness.
Dead? No! Those in the poor little street
Have engraved her monument in their hearts.

---

[15] Goodman uses here the Yiddish title, *mame*. In contrast, he uses the more German *mutter* in his poem, "The Mother," which I would guess was written earlier, due to its sentimentality and use of stock stereotypes. This elegy is more polished and mature. For some reason, though, the poet uses *muter* in the second stanza—HBF. Mrs. Elias Tapper known for her outstanding service to immigrant Jews—*The Jews In Manitoba*, Arthur Chiel.

צו מיין פרוי

(ווען זי איז געווארען א באבע).

זאג מיר ניט מיין לעבען זיסער,
אז דו ווערסט איין יאהרען עלטער,
אז דיין קאפ ווערט אלץ מעהר גרויער,
און די בלוטען ווערען קעלטער...

אז די קנייטשען אויפ'ן שטערען
דארט לעגען טיעף סמנים,
אז דיין יוגענד איז פארשוואונדען,
און בלאסער ווערט דיין פנים...

ניין פאר מיר ביזטו די זעלבע
ווי אין צייט פון יונגען מארגען,
ווען א שמייכעל אויף דיין פנים
האט פארטריבען אלע זארגען.

דיין געזיכט איז מעגליך עלטער,
האב מיין לעבען, ניט קיין שמארץ!
יונג און רייצענד, שעהן און בליהענד,
בלייבסטו אויביג אין מיין הארץ....

א תפלה

מיין גאט! וואצו האסטו געשמיט
מיין גייסט צו שלום שטרעבען?
מאכסט חרוב דאך די גאנצע וועלט
פארניכטעט ווערט דאס לעבען!...

דו גיסט דיין צארן ווי א מבול,
דו שטראפסט, ניט אויפצוהערען...
טא קארג־זשע ניט קיין זיפצען נאם,
און גיב מיר טייכען טרעהרען!...

To My Wife
(When She Became a Grandmother[16])

Do not tell me, my sweet wife,
That you are becoming older in years,
That your head is becoming more gray,
That your blood is becoming more cold . . .

That the wrinkles on your forehead
Have deep signs,
That your youth has disappeared,
And that your face becomes more pale . . .

No, for me you are the same
As in the time of our young morning,
When a smile on your face
Chased all worries away.

Your face is possibly older.
Do not be pained, my dear!
Young and attractive, pretty and blooming,
You remain eternally in my heart . . .

A Prayer

My God! Why did you forge
My spirit to strive for peace?
If you destroy the entire world,
Life becomes extinguished! . . .

You pour your wrath like a flood.
You threaten, without stopping . . .
So don't be stingy with sighs, God,
And give me rivers of tears! . . .

---

[16] Shirley Goodman, daughter of Alexander Goodman and Mae Barms Goodman, was born on January 22, 1919—Leah Hammer.

צייט גייסטער

דער אלטער גרייז גראער צייט־גייסט „אמאל״.
„די צוקונפט״ — די גייסטיגע יוגענד,
זיי האבען באגעגענט אז אפטימיסטישען „איצט״,
וואס האט זיך מיט אלעם באנוגענד.
פארפירט האבען זיי, צווישען זיך א געשפרעך:
וואס עס איז דאס בעסטע אין לעבען.
דער אלטער געלאסענער גרויער „אמאל״
האט צוערשט זיין מיינונג געגעבען: —

פ א ר ג א נ ג ע נ ה י י ט

„איך האס דעם צווייפעל פון ש פ ע ט ע ר.
עס לאנגווײלט דער לאנגזאמער א י צ ט.
פאר מיר איז דאס לעבען — „געוועזען״.
דער „עבר״ נאר צויבער באזיצט....
פאר מיר פאנטאזירען, הייסט שוועבען
אויף פליגעל פון זיסע רעיונות
און טרינקען פון קלארינקען טייכעל. —
ערשיינערונגס קוואל פון זכרונות...״

צ ו ק ו נ פ ט

די שטאלצע און יונגינקע „צוקונפט״
האט שמייכלענד געענטפערט פארטראכט: —
„פאר מיר ליגט דער צויבער אין צוקונפט
ד ע ר ש פ ע ט ע ר דאס איינציגע פראכט.
דער א י צ ט איז אין לייטער א טרעפעל
צו שטייגען, צו האפען, צו שאפען
צו קעמפען פאר א גלענצענדען ש פ ע ט ע ר
דער איצט איז די זיכערסטע וואפען!
ערהאבען איז טרוימען פון צוקונפט!...
אן צווייפעל דער תמצית פון לעבען
איז ניט דער גענוס פון דעם איצטער
נאר די לוסט נאך דעם אויביגען שטרעבען...״

Spirits Of Time

The old gray-haired spirit, "Once upon a time,"
And "the future"—the spirit of youth,
Confronted an optimistic "now,"
Which was satisfied with everything.
They had a discussion among themselves:
What is best in life.
The old, calm, gray-haired "Once upon a time"
Was the first to give his opinion:—

Past
"I hate the uncertainty of later.
It makes the slow *now* more wearisome.
For me, life is—"what was."
The past is magical . . .
For me, fantasizing or soaring
On the wings of sweet visions
And drinking from the clear stream,—
The source of recollections, of memories . . ."

Future
The proud and youngish "future"
Answered thoughtfully with a smile:—
"For me, the magic lies in the future.
Later is the sole beauty.
Now is a step on the ladder
To climb, to hope, to create,
To fight for a shiny *later*.
Now is the surest weapon!
Dreams of the future are elevated! . . .
Without a doubt, the meaning of life
Is not the genius of the present
But the lust after eternal striving . . ."

ג ע ג ע נ ו ו א ר ט

„פאנטאסטישע טרוימען ניט פילאזאפיש.
דער מענש איז צופריעדען מיט וואס ער פארמאגט.
איך קען א י צ ט באגרייפען פארגאנגענע פריידען.
און בין פון מיין צוקונפט גאנץ ווייניג באזארגט.
זיכער פאר מיר איז בלויז איצט, די סעקונדע
פון לעבען די רגע, וואס ווערט פארברויכט!...
א מ א ל, ש פ ע ט ע ר, בלויז פאנטאסטישע נעמען.
פארשטעלונגס קראפט, פון אילוזיע די פרוכט!
די וועלכע זוכען פון לעבען געניסען
און ווילען אין לעבען פון זארג זיין באשיצט.
די זאלען ניט טראכטען פון פ ר י ה ע ר צי ש פ ע ט ע ר
נאר לעבען צופרידען אין ג ע ג ע נ ו ו א ר ט—איצט!...״

מיין שמארץ

ניט צו כבוד, ניט צו רייכטום,
איז די שטרעבונג פון מיין הארץ.
ניט דער גורל פון מיין לעבען,
איז די אורזאך פון מיין שמארץ.

* * *

איך לייד צוזאמען מיט מיין אומה,
ס'איז ערנידערט און געהאסט
און איז איבעראל גערעכענט
אלס א פרעמדע שווערע לאסט.

* * *

און עס קוועלט מיט וועה מיין זעעל
און עס בלוט מיין שוואכעס הארץ,
וואס די וועלט איז פול מיט זיפצען,
איז די אורזאך פון מיין שמארץ.

Present

"Fantastic dreams, not philosophical.
A person is happy with what he owns.
I can *now* conceptualize past joys,
And I worry very little about the future.
I am sure only *now*, this second
Of living in this moment, which I am enjoying! . . .
Once upon a time, later, are only fantastical names,
Costuming, the fruits of illusion!
Those who search to benefit from life
And want to be protected from worries in life,
Should not think about *earlier* or *later*
But live happily in the *present—now*! . . ."

My Pain

Not for honors, nor for riches,
Does my heart strive.
The destiny of my life is not
The reason for my pain.

*   *   *

I suffer together with my people.
It is humiliated and hated
And is everywhere regarded
As a strange, heavy burden.

*   *   *

And my soul is tortured with woe
And my weak heart is bleeding.
The world is full of groans.
That is the reason for my pain.

פלאטאנישע פריינדשאפט

„פלאטאנישע פריינדשאפט איז מעגליך!"
אמאל פארטרויט האסטו מיר,
אלםביישפיעל האסטו מיר געוויזען,
מיין פריינדליך באציהונג צו דיר:

*   *   *

„אייביגע פריינד, איז מעגליך צו בלייבען,
אבוואהל מיר זיינען ניט אלט,
אונזערע הערצער, קענען פעסט קלאפען,
און דאך פארבלייבען גאנץ קאלט!'

*   *   *

וואס וואלסטו געזאגט מיין געליעבטע,
ווען איך וואלט דיר איצט אויף דער שטעל
געעפענט די לייד פון מיין הארצען,
און געציינגט די שמארץ פון מיין זעעל:—

*   *   *

וואלסט דאן פארשטאנען מיין טרויער,
דעם סוד וואס פארצערט מיך ווי פייער?
ווי היים אה געליבטע, איך ליב דיר!
אהן האפען, ווי הייליג און טייער!..

— — — — — — — — — — — — — — — — —

גאנץ אפט אין דער שטילקייט פון אווענט
ווען אלעם איז רוהיג און שטיל,
פארצעהרט מיך א העלישער פייער,
עס קוועהלט מיך א זיסער געפיהל:

*   *   *

דו ביזט מיר טייער און נאהענט,
איך צווייפעל, איך ליידע און האף,

Platonic Friendship

"Platonic friendship is possible!"
You confided once to me.
As an example, you pointed out
My friendly attraction to you:

*   *   *

"It is possible to remain friends forever,
Even though we are not old.
Our hearts can beat fast,
And yet remain quite cold!"

*   *   *

What would you say, my loved one,
If I would now, on the spot,
Let out the pain from my heart,
And note the aches of my soul:—

*   *   *

Then would you understand my sadness,
The secret that consumes me like fire?
My love is hot; I love you!
Without hope, but holy and precious!. . .

———————————————————

Very often in the silence of the evening
When everything is calm and still,
A hellish fire consumes me,
It tortures me with a sweet feeling:

*   *   *

You are dear and near to me.
I am conflicted, I suffer without hope,

איך פארנעם אז דו ביזט פארהייראט
און טרוים פון דיר אין מיין שלאף.

דו האסט עס קיין מאל ניט פארדעכטיגט?
אינסטינקטיוו געמוזט פיהלען מיר שיינט.
אז: — עס גיט קיין פלאטאנישע פריינדשאפט
מיט דער רייצענדער פרוי פון א פריינד!

עראינערונג

פארדונקעלט דער הימעל.
ווי אז אבל אין שווארצען.
עס רעגענט, מיט טרערען אראפ.
עס קוועלט זיך מיין זעלע.
עס דריקט שטארק ביים הארצען.
זכרונות פארדונקלען דעם קאפ.

* * *

און פריש אין זכרון.
ערוואכען געדאנקען.
וואס שאפען חרטה רעיונות.
עס פלאגט די נשמה.
א שרעקליכער בענקען.
עס פלאגען די אלטע זכרונות...

* * *

פון שרעקליכען וועה קוואל.
קומט מיין א מאל!...
מיט לײדען באגיסט זיך מיין הארץ....
די אלטע זכרונות.
ווי כמארעס אן צאהל....
מאכען מיין איצט אזוי שווארץ...

I understand that you are married
And dream of you in my sleep.

———————————————————

You never discovered this?
It seems to me, you must have felt instinctively
That:—there cannot be a platonic friendship
With the enticing wife of a friend!

———

Recollection

The sky is dark
As a mourner in black.
It rains tears.
My soul is tortured,
My heart is oppressed,
Memories darken my brain.

*   *   *

And fresh in my memory
Thoughts awaken,
Which create visions of regret.
A terrible longing
Plagues my soul.
The old memories are plaguing me . . .

*   *   *

From the source of terrible pain,
Mine comes at once! . . .
My heart is flooded with suffering . . .
The old memories,
Like clouds of infinite number . . .
Make my present so black . . .

———

דער פארשאלטענער

* * *

מיין מוטער אז עלענדע מיידעל,
באטראגען פארהאסט ביי דער וועלט:
זי האָט מיך אין שאנדע געבאָרען
צו ליידען אין עלענד און קעלט.

געבארען צו ליידען פון הונגער,
ביז וואנען? — אהן ענדע, אהן ברעג!...
ערצויגען צו ווערען אין צרות
אין דחקות פארברענגען די טעג.

נאָך פריהער ווי לערנען זיך ריידען,
האָב איך שוין זיפצען געקענט,
פרעמד פון קינדערשע פריידען,
האָב איך שוין דעם הונגער דערקענט.

מיין יוגענד? — איך קען אייך ניט זאגען
א יוגענד צי האָב איך געהאט.
אלס קינד אין שאפּ שוין געארבייט:
קיין מאָל ניט געגעסען צוזאט.

מיין פאטער? מיין מוטערס פארפיהרער,
באלאנגט צו א העכערען קלאס:
ער שעהמט זיך, מיט איין איינפאכען ממזר
וואָס שלעפּט זיך ארום אויפ'ן גאס.

געעלטערט פון צרות אין יוגענד,
בעט איך נדבות אויף ברויט,
געבאָרען אין עלענד און צרות
זינק איך אלץ טיפער אוים נויט.

פאר'חלש'ט, פארשמאכטעט פון הונגער,
אין הארצען א ברענענדער האס,
פארלאָזען, פארשטויסען פון מענשען,
מיין איינציגער פריינד איז די גאס!...

The Cursed One

* * *

My mother was a lonely girl,
Pregnant, hated by the world:
She bore me in shame
To suffer in loneliness and cold.

I was born to suffer from hunger,
Until when?—Without an end, without a limit! . . .
I was brought up to have many troubles,
To spend my days in misery.

Even before I learned to speak,
I already knew how to groan.
A stranger to childish joys,
I already knew hunger.

My youth?—I cannot tell you
If I had a youth or not.
As a child, I had to work in the shop;
I never had enough food to satisfy me.

My father? My mother's seducer,
He belonged to a higher class:
He is ashamed of his simple bastard
Who is always on the streets.

Educated on troubles in youth,
I begged for charity for bread.
Born in loneliness and trouble,
I sink all the deeper in poverty.

Fainting from hunger, starved,
In my heart a burning hatred,
Abandoned, pushed away by people,
My only friend is the street! . . .

מעלאנכאליע

פארכמארעט דער הימעל, עס רעגענט.
עס דריקט דאַס הארץ אזוי שווער.
ס׳וויינט די נשמה, מיט טרוקענע אויגעז
ניטא קיין טרעהרען שוין מעהר...

* * *

פארצווייפעלט, פאראומערט פון יאוש.
ווי ס׳וואלט אנאומגליק געטראפען.
אלעס פארפינסטערט און חשד.
קיין שטראהל פון בטחון און האפען.

* * *

און שווארצע רעיונות זיי פלאנען.
אין הארצען עס נאַגט, און עס נאַגט.
די גאנצע נאטור ווי פאראומערט.
— ווי עס וואלט מיין עלענד באקלאגט...

טאג און נאכט

* * *

עס שטראהלט די נאכט מיט טויזענד ליכט.
— ביי טאַג איין זון, פון לאנג!...
און דאַך פארדונקעלט ווערט די וועלט
מיט זונען־אונטערגאנג!...

* * *

דער שכל לייכט מיט שטראהלען פיעל.
— דאַס הארץ האָט איין באגעהר!...
דאַס לעבען דאַך, ווערט שווארץ ווי נאכט.
ווען קיין ליעבע איז ניט מעהר!...

Melancholy

The sky is cloudy, it rains.
My heart is severely oppressed.
My soul cries, my eyes are dry,
I have no more tears . . .

*   *   *

Despairing, despondent from depression,
As though a tragedy happened.
All is dark and black,
Not a ray of faith and hope.

*   *   *

And black visions plague,
They gnaw at my heart, they gnaw.
All of nature is sad,
—As my loneliness would lament . . .

Day and Night

*   *   *

The night shines with a thousand lights,
—During the day one sun shines for a long time! . . .
And yet the world becomes dark
At sunset! . . .

*   *   *

Wisdom enlightens with many rays of sunshine,
—The heart has one desire! . . .
Life, however, becomes black as night,
When there is no more love! . . .

עלענד

(א. מ. מאנדעלבוים — א מתנה)

אויף א שיף אין טיעפען וואסער,
קראנק, צובראכען און א בלאסער
האב איך עלענד ניט געפונען.
ווייל די שטערען און די וועלען
פון דעם הימעל בלויען העלען
האט מיט צויבער מיך באנומען...

אין די בערג, ביז איך געגאנגען,
אום דעם עלענד דארטען פאנגען,
און געזוכט האב איך איהם דארט.
נור וואו אלץ איז גרין ווי גראז
און עס בליהט מיט פראכט די רויז,
האט דער עלענד ניט קיין ארט...

אין דעם מדבר וויסטען, ברייטען,
וואו ניטא קיין גראז קיין קוויטען,
אלס איז טויט און פוסט און לער.
די זון זי ברענט, די היץ איז קוועלענד
איך זוך אין נויט דעם טיפען עלענד
איך קען ניט פינדען מיין בעגער...

ביז אם ענדע אין די גאסען
פון א שטאט וואו גרויסע מאסען
אין גאלד און סאמעט האט שפאציערט.
איז דער וואונדער מיר געשעהן:
איך האב דעם עלענד דארט דערזעהען
פון דער איינזאמקייט געפיהרט...

Loneliness

(A Gift to—A. M. Mandelboym[17])

On a ship in deep water,
Sick, broken, and pale,
I did not find loneliness
Because the stars and the wishes
From the light blue sky
Conquered me with magic . . .

I walked in the mountains
To capture loneliness,
And I looked for it there.
But where everything is green as grass,
And the rose blooms with beauty,
There is no place for loneliness . . .

In the vast, wide desert,
Where there is no grass, no blossoms,
Everything is dead and vain and empty.
The sun burns, the heat tortures.
I need to search for deep loneliness.
I cannot find my desire . . .

Until finally, in the streets,
From a town where huge masses
Strolled in gold and velvet.
I received my surprise:
I saw loneliness over there
Led by solitude . . .

---

[17] Mandelboym was one of the popular American Yiddish Sweatshop
poets. —HGH

א מוטער

(מיין מוטער א מתנה)

די טיפקייט די טיעפסטע,
די שטרעקע די לענגסטע
די שרעקען פון ברויזענדע ים'ן:
די שרעקליכסטע ליידען,
זיי קענען ניט שיידען,
די ליעבע צוב קינד פון א מאמען!...

דאס קינד איז טייער,
זי וואלט לויפען אין פייער,
אום לייכטער צו מאכען זיין שמארץ.
פאר דאס קינד איהר לעבען
מיט שמחה געגעבען...
דאס איז א מוטערס א הארץ!

אוממעגליך צו מעסטען,
דעם פיינסטען, דעם בעסטען
געפיהל פון א מוטער. — ס'איז בלינד
זי וואלט דעם גן־עדן
פארלאזען אין פריידען
אום אין גיהנום צו זיין מיט איהר קינד.

צו איהר

דו בלייבסט פאר מיר, א שטראהל פון זיסינקע **חלומות**,
א שעהנער, זיסער טרוים, וואס עראינערט **גליק**,
א טרויער — זיסע ליעד, וואס ערוועקט **זכרונות**,
וואס גלעטען וויד, און צערטלען זיס, ווי **אמאל דיין בליק**.

A Mother[18]

(A Gift for My Mother)

The depth, the deepest,
The distance, the longest,
The fright of roiling seas:
The most horrible suffering,
Cannot disconnect
A mother's love for her child! . . .

The child is precious.
The mother would run in the fire
To lessen his pain.
For her child, she gives
Her life joyfully . . .
That is a mother's heart!

It is impossible to measure
The finest, the best
Feeling of a mother—it is blind.
She would forgo
Paradise happily
And go to hell to be with her child.

To Her

You remain for me a ray of sun from sweetish dreams,
A beautiful, sweet dream, which recollects happiness.
A bittersweet poem, which awakens memories
That stroke me softly, and tenderly sweet, like your glance used to do.

---

[18]   The author uses the more German word, *mutter*—HBF.

אונמוט

שווארץ און פינסטער, איז דער הימעל,
שטיל און רוהיג, איז די נאכט.
בלויז דער רעגען, קלאפט אין פענסטער
וואו איך איינזאם זיץ פארטראכט.

און עס הערשט, א טויטע שטילקייט,
וועלכע קוועלט מיט וועה מיין הארץ,
אויך דער רעגען איז ווי מוטנע,
ווי געמישט מיט לייד און שמארץ.

ס'דריקט א שווערער, טיפער טרויער.
מיין זעלע. — עס איז מיעד.
דער וועה צוגיסט זיך אין'ם קערפער,
און עס קלעמט מיר יעדעס גליד.

און אין הארצען. — פינסטער, חושך,
דונקעל, ווי די גלות נאכט.
און פאר'חלש'ט בלייב איך זיצען
פאר'יאוש'ט, איינזאם און פארטראכט.

פאראדאקס

ניטא קיין איינציגע פינסטערע נאכט.
דער טאג זאל נאכהער ניט שיינען א פראכט.
און די זון ווארפען מיט שטראהלען.
ניטא קיין גזירה, וואס האט קיין ישועה,
ניטא קיין וועהטאג, וואס האט קיין רפואה,
קארגע נאטור, ווי רייך דיינע קוואלען!

Dejection

Black and dark is the sky.
Quiet and calm is the night.
Only the rain knocks on the window
Where I sit by myself in thought.

And a dead quietness rules,
Which tortures my heart with anguish.
The rain is also troubled,
As though mixed with suffering and pain.

A heavy, deep mourning oppresses.
My soul—it is tired.
The sadness melts in my body.
And every limb feels crushed.

And in my heart—it is dark, black,
Gloomy as a night in exile.
And I remain in a faint, sitting,
Despairing, solitary, and in thought.

———————

Paradox

There is not a single dark night
That is not followed by a beautiful day
With the sun flaunting its rays.
There is not an evil edict, which has not some salvation.
There is no pain that has not a remedy.
Stingy nature, how rich are your resources!

———————

די וועלט איז א מיש־מאש פון זיפצען און לאכען
וואו איינינע לעבען, און טויזענטער שמאכען.
לעבען אין לוקסוס, און שמאכען אין נויט!
די וועלט איז פול מיט שרעקליכע ליידען,
געמישט צוזאמען פון שמערץ און פריידען
פון גרויזאמען לעבען און פלוצליכען טויט!

אויך מענש איז א מיש־מאש פון פחד און זיעג,
שטארק ווי א לייב און שוואד ווי א פליעג,
א רויבער, געקרוינט אלס שיצער פון רעכט!..
א פיינלינג, אן אויסוואורף, דער שטאלץ פון דער וועלט,
וואס האט פארקויפט די פרייהייט פאר געלט...
א הערשער. — וואס וויל זיין א קנעכט.

היים-וועה

(נאך ש. פרוג.)

עס ציהט מיין נשמה אהין, וואו עס ליגט
דער אוראלטער מדבר צושפרייט.
וואו עס ציהט זיך זיין זאמד אוועק אזוי ווייט
ווי מיין שמארץ, ווי מיין לייד אזוי ברייט!...

צוגליהען וואלט איך, די פארלאשענע פונקען,
באלעבען פון האפען דעם ליכטיגען שטראהל,
און וויינען מיט טרערען, מיט זודיגע טרערען,
מיט בלוטיגע טרערען... — א קוואל!...

און זינגען וואלט איך דארט מיין ליעדעל די אלטע,
באוויינען דעם וועה פון א אידישער הארץ
באקלאגען מיין ארעמע פאלק און זיין גלות,
אויך מיין אייגענע ליידען און שמארץ!...

The world is a mishmash of groans and laughter,
Where a few live, and thousands rejoice,
Live in luxury, and rejoice in poverty.
The world is full of terrible suffering,
A mixture of pain and joy,
Atrocious life and sudden death!

A person is also a mishmash of fear and victory,
Strong as a lion and weak as a fly,
A robber, crowned as protector of rights! . . .
A coward, an outcast, the pride of the world
Who sold freedom for money . . .
A sovereign—who wants to be a knight.

Homesickness

(After Sh. Frug[19])

My soul is drawn to the place where
The ancient desert lies spread out,
Where the sand stretches as wide
As my pain, as wide as my suffering! . . .

I would burn the extinguished sparks,
Revive the beam of light through hope,
And cry with tears, with hot tears,
With bloody tears . . .—a fountain! . . .

And there I would sing my old song,
Crying over the sadness of a Jewish heart,
Lamenting my poor people and our exile,
And also my own aches and pains! . . .

---

[19] Shimon Frug (1860-1916) was a Yiddish Russian poet. Joseph Goodman must have read Shimon Frug's works, identified and empathized with them as demonstrated in this poem, "Homesickness."—HGH

לעבענס געזאנג

(מיט אכטונג נחום אקאלאוו — א מתנה)

ניט דערצעהל מיר אז דער לעבען
איז א טרוים, — ס'איז פוסט און לעער!...
בלויז דער גייסט איז טויט וואס דרעמילט.
דאס איז וואס איך קלעהר.

* * *

לעבען ריכטיג! — הייסט לעבען אויביג.
און די אויסשפראך איז פארגרייזט:
„ביזט פון שטויב און שטויב ווערסט ווערען"
מיינט מען ניט דעם הויכען גייסט.

* * *

גיב זיך זעלבסט אוועק דיין אומה.
ס'איז די גרעסטע זאך מיר שיינט.
זעה אז יעדער, יעדער מארגען.
געפינט אונז ווייטער ווי דער היינט...

ריינע ליעבע

ניט ווייסענדיג וואס ליעבע איז.
ניט קענענדיג עס שפירען.
האב איך א פילאזאף געפרעגט.
ער זאל עס דעפינירען.
אומזיסט געוועזען איז זיין מיה
איך האב איהם ניט פארשטאנען
און האב געצווייפעלט אויב עס איז
א „ליעבע" גאר פאראנען...

איך האב מיין מאמע דאן געפרעגט.
זי האט מיר ניט געענטפערט.
זי האט אויף מיר א בליק געטאן.
און עס האט מיר אלץ פארענטפערט...

Life's Song

(With Respect for Nokhem Sokolov [20] — a Gift)

Do not tell me that life
Is a dream—it is void and empty! . . .
Only the spirit that dozes is dead.
That is what I am thinking.

* * *

Living correctly!—means living eternally,
And the pronunciation has errors:
"You are from dust and you will become dust"
Does not mean the high spirit.

* * *

Give away your people yourself.
That is the biggest thing, it appears to me,
See that every, every tomorrow
Finds us further than today . . .

Pure Love

Not knowing what love is,
Not being able to experience it,
I asked a philosopher
To define it.
His efforts were in vain.
I did not understand him,
And I doubted if
There is "love" . . .

Then I asked my mother.
She did not answer me.
She gave me a look.
And that answered everything . . .

---

[20] No doubt this is Nahum Sokolov (1859-1936), a prolific author, translator, Zionist, secretary general of the World Zionist Congress in 1906, president of the World Zionist Congress in 1931—HBF.

צופריעדענהייט

א קליינינקע צוויגעל, גיב מיר א גרינע,
און ס'וועט מיר מיין לעבען ערפרישען.
ס'מעג זיך די וועלט זיין פארשנעהט און פארפרארען,
וועל איך עס מיט פריהלינג באגריסען.

און זאל דורכ'ן פענסטער, א שטראהל פון דעם הימעל
בגנבה, מיין צימער פארציערען,
און איך וועל דערפיהלען אין הארצען דעם זומער,
עס מעג זיך אין גאס אלעס פריהרען.

און זאל נאר א ווינטעל צו שלאגען דעם וואלקען
און צייגען פון הימעל די פראכט,
און איך בין צופריעדען, עס מעג זיין דער הימעל
פארדונקעלט אזוי ווי די נאכט!...

זאל מיין געליעבטע מיר שענקען א שמייכעל,
א שמייכעל זאל גלעטען, ערפרעהען די הארץ,
און איך בין צופריעדען, ס'מעג זיין דער לעבען,
פארפינסטערט, פארכמארעט און שווארץ.

די אונזיכערהייט

מורא'דיג שווארץ...
דער גרוי דונקעל חשד פון אויביגער צוקונפט,
די שאטענס די שווארצע די שטרעבענדע מאכט
דער אויביג פארהילטער, דער מיסטישער לעבען
פון שרעקליכער לאנגער און רוהיגער נאכט...
ס'שרעקט זיך מיין הארץ!...

Contentment

A tiny twig, give me a green one,
And it will refresh my life.
The world may be full of snow and frozen,
So I will greet it with spring.

And if, through the window, a ray of the sky
Will steal through to decorate my room,
And I will feel summer in my heart,
Everything in the street can freeze.

And should just a breeze hit the cloud
And depict the beauty of heaven,
And I am content, the sky may be
Dark as night! . . .

May my beloved give me a smile,
A smile will stroke me, bring joy to my heart.
And as long as I am content, life may be
Dark, cloudy, and black.

———————

The Uncertainty

Frighteningly black . . .
The dark, gray blackness of eternal future,
The black shadows, the aspiring power,
The eternal hidden one, the mystical life
Of the terribly long and calm night . . .
These frighten my heart! . . .

עס איז שווער...
שווער איז צו טראגען דעם גיהנום פון לעבען!...
שווערער פיליכט ווי דעם גיהנום פון טויט!...
עס קוועלט זיך מיין זעעל אין ביטערען עלענד,
עס גיסען זיך טרערען פון פינסטערען נויט.
א טרעהר נאך א טרעהר!...

ס'שרעקט מיך דער סוף!...
ווען כ'ווייס אז דארט ערוואַרט מיך מיין ליבסטע
ס'פלאנט מיך דער בענקען נאך איהר אזוי לאנג
ווען כ'ווייס אז זי וואַרט באשטימט אויף מיר דארטען,
דאן מאך איך וואָס שנעלער מיין לאנגזאַמען גאנג
צום אויביגען שלאף!...

ווינטער.

שטאָלץ מאַיעסטעטיש, אין ווייסען געקליידעט,
פארשנייט שטעהט דער בוים און פארפראָרען,
און חלום'ט פון פריהלינג, פון זון, און פון רעגען,
ווען אויף דאָס ניי וועט ער ווערען געבאָרען.

די צווייגען, די בלעטער זיי וועלען זיך גרינען
דאָס פויגעל, וועט בויען ווידער איהר נעסט.
גרינינקע גרעזעלאך וועלען זיך סוד'ן...
עס קימערט איהם ווענינ די איצטיגע פרעסט:

— איך וואָלט אויך גאנץ שטאָלץ די קעלטען פארטראָגען:
מיין שניי־ווייסען קאָפּ און מיין עלטער.
פאר מיר אבער וועט שוין דער פריהלינג ניט קומען
פאר מיר ווערט דאס לעבען אלץ קעלטער.

It is hard . . .
It is hard to carry the hell of life! . . .
Harder maybe than the hell of death! . . .
My soul is tortured with bitter loneliness.
Tears of black hardship pour down,
Tear after tear! . . .

I am frightened of the end! . . .
If I knew that my darling were waiting for me there,
I am plagued by missing her for such a long time,
If I knew that she definitely waits for me there,
Then I would speed up my slow trip
To eternal sleep! . . .

———————

Winter

Winter is dressed in proud majesty.
The tree, full of snow, frozen,
Dreams of spring, of sun, and of rain.
And it will be reborn.

The branches and the leaves want to become green.
The bird will build her nest again.
Greenish leaves of grass will hide secrets . . .
The present chills scarcely bother them:

I would also like to bear the cold:—
My snow-white head, and my age, with pride.
For me, however, the spring will not come.
For me, life becomes colder.

———————

דער שיקזאל

(צום אנדענק מיין פארשטארבענעם פריינד פנחס קרושין)

אין א ווילדער וויסטער געגענד,
וואו דער סטעפּ איז לאנג און ברייט,
וואו פארדארט איז אלץ צוקארטשעט,
אלעס בלאס, אָהן לעבען, טויט...
וויגט זיך איינזאם און באקלאגט זיך,
א שעהנע רויזען בלום א פּראכט,
און פארטרויט זיך אָן דעם ווינטעל,
פון דער שטילער זומער נאכט: —
א ווי שרעקליך איז מיין לעבען!...
איך האָב נור צער פון מיין גלאנץ...
קיינער וועט מיך ניט דערקענען —
ניט פארפלעכטען אין א קראנץ!...
איך וועל דאָ אזוי פארדארען
ניט באוואונדערט, ניט באוואוסט,
קיינער וועט פון מיר ניט הערען,
ניט דריקען ליעבליך צו זיין ברוסט!..."

— — — — — — — — — — — — — — — —

אומבאוואוסט איז ער געשטארבען,
ניט באוויינט און ניט באקלאגט!..
געגעבען געראן פאר דער מענשהייט,
דאָס בעסטע וואָס ער האָט פארמאָגט....
ער איז געוועזען פאר גאָט א תענוג,
פאר הויכע גייסטער בלויז א גליק,
פון נאטור אליין באוואונדערט
אלס א גרויסע מייסטער שטיק...
נור פון מענשען ניט פארשטאנען,
די וועלט פון איהם האָט ניט געהערט
און ווי די רויז פון וויסטען מדבר
פון מענשען קיין מאָל ניט באעהרט...

Destiny

(To the Memory of My Dead Friend Pinkhis Krushin)

In a wild, desolate neighborhood,
Where the steppe is long and wide,
Where everything is dried-up and shriveled,
Everything is pale, without life, dead . . .
A pretty rose
Sways by itself and laments,
Confiding in the breeze
Of the still summer night:—
"Oh, how terrible my life is! . . .
I have only sorrow from my splendor . . .
Nobody recognizes me.—
Nobody will weave me into a crown! . . .
I will dry up like this,
Not admired, unknown,
Nobody will ever have heard of me,
Nobody will press me tenderly to his breast! . . ."

—————————————————————————————

He died unknown,
Not wept over, not mourned! . . .
He gave gladly to humanity
The best that he owned . . .
He was a delight to God,
For high spirits, only joy.
Nature marveled over him
As a grand masterpiece . . .
But he was not understood by people.
The world never heard of him.
And like the rose in the vast desert,
He never heard from people . . .

אן איכה שטימונג

קיין וואלקעז, קיין שטערען ניט פינסטער,
נאר דונקעל, און שטיל איז די נאכט.
די קלארינקע טייכעל, דער וועלדעל,
ציינען צו זיין ווי פארטראכט...

עס אטעמט דער ווינט מיט א שטילקייט,
וואס דריקט מיין צוואוועהטאגטע הארץ,
און פיהלט אן מיין זעלע מיט טרויער
מיט שרעקליכען וועה און מיט שמארץ.

ס'באהערשט מיך א וועה־מוטה א שטארקער,
א קלעגליכער, שמערצליכער וועה
אין וועהען פון שטילינקען ווינטעל,
הערט זיך אן איכה געשריי.

אן עכא פון טויזענדער זיפצען,
די לופט פון דער נאכט ווי ס'דריקט
עס פאר'סמ'ט מיר מיין מח, מיין זעלע,
מיין האלז ווערט פון טרערען געשטיקט...

פון מיין טאגע בוך

אויך א לעבען, אויך מיר יאהרען!
פול מיט צרות און מיט שמארץ!
וועז עס רעגענט ווי מיט ליידען,
און עס קלעמט און רייסט דאס הארץ.

ס'הייסט א לעבען, לעב אין ארמוט
לייד פון דחקות און פון נויט,
קוועל זיך אימער, ליידע אויביג
ליידע, ליידע ביז דעם טויט!...

Mood of Lamentation

No cloud, no star, not black,
But dark and quiet is the night.
The clear stream, the little forest,
Appear as though deep in thought . . .

The wind breathes with stillness,
Which oppresses my hurting heart,
And fills my soul with sadness
And with terrible aches and pains.

A strong mood of anguish is controlling me,
A miserable, painful affliction
In the wretchedness of the quiet breeze,
I hear a scream of lamentation.

I hear an echo of thousands of sighs.
The air of the night, how it afflicts me.
It poisons my mind and my soul.
My throat is choked by tears . . .

From My Diary

So-called life, so-called years!
Full of troubles and of pain!
When it rains as though with suffering,
And it constricts and pulls at the heart.

It is called a life, live in poverty,
Suffer from want and from need,
Always tortured, suffer forever,
Suffer, suffer until death! . . .

ביים ים-סוף

מה שקרה לאבות קרה לבנים

עס ברויזען די כוואַליעס.
באַוואַרפען-די סקאַלעס
מיט פּיענע מיט ווייסע אַצינד.
עס שטורעמט דער ים־סוף,
מאַכט בערג פון דאָס וואַסער,
וואָס ווערען געטריבען פון ווינד.

די שבטים אין מחנות,
פאַרציטערט צושראָקען,
זיי שרייען: — „אַ גאָטעניו העלף!"
דאָס וואַסער פון פאָרענט,
דער מצרי פון הינטען,
אַ הונגעריג סטאַדע פון וועלף.

די בעסטע חילות,
גבורים און ריעזען,
פוסגעהער און רייטער אָהן צאָל,
עס הערט זיך דער קלאַנג
פון פערד און כלי־זין
וואָס רוישט ווי אַ דונער אין טאָל.

אַ בת־קול באַפעהלענד
הייסט משה'ן: „געה פאָרווערטס
אין וואַסער פיהר זיי ניט שטעה!"
די שבטים פאַרציטערט,
צוטומעלט, צושראָקען,
שרייט איינער צום צווייטען „דו געה!"

At The Sea of Reeds

[What happened to the Patriarchs happened also to their descendants]

The waves are noisy now.
They are full of scales
And white foam.
The sea of reeds storms.
It makes mountains out of the water,
Which is driven by the wind.

The tribes are in groups.
Frightened, scared,
They scream:—"Oy help, dear God!"
Water is in front of them,
Egyptians are behind them
Like a pack of hungry wolves.

They have the best armies of
Strong men and giants, of
Infantry and cavalry without number.
The sounds
Of horses and weapons
Are noisy as thunder in a valley.

An echo orders
To Moses: "Go forward
In the water; lead them; do not stand still!"
The tribes are shaking,
Disturbed, and frightened.
One calls to the other, "You go!"

דער שבט בנימין,

דער איננסטער פֿון אלע,

אויף קדוש השם לאָזט זיד געהן.

די שבטים אויס קנאה

וואָרפֿען נאָך שטיינער: —

אין זיין חלק דער משכן וועט שטעהן.

—— —— —— —— —— ——

דאָס זעלבע וואָס דאָרטען,

ביים שפּאַלטען דעם ים־סוף,

(וואָס האָט דען בנימין געוואָלט?)

פּאַסירט אויך מיט אלע.

וואָס זוכען אונז העלפֿען: —

זיי קריגען מיט שטיינער באַצאָהלט.

————————————

ליל שמורים

די נאכט איז קיהל,

און אלץ איז שטיל,

ס'הערשט אין גאס א צויבער

אין שטוב איז ריין,

און אלץ איז שעהן

אויפֿגעראַממט און זויבער....

די גרויסע שוהל,

מיט עולם פֿול,

פֿאַרפֿוצט אין נייע קליידער.

און שטיל פֿון קלויז,

מען געהט צו הויז

אָפּריכטען דעם סדר...

The tribe of Benjamin,
The youngest of them all,
Takes it upon himself to be martyred.
The other tribes, jealous,
Throw stones at him:—
A proxy will stand in his place.

———————————————————

The same as what happened over there,
At the parting of the Sea of Reeds,
(What then did Benjamin want?)
Happened to everybody
Who attempted to help us:—
They got paid with stones.

A Night of Protection

The night is cool,
And everything is quiet.
Magic dominates the street.
The rooms are clean
And everything is beautiful,
Washed, and spotless . . . .

The large synagogue is
Full of people
Dressed up in new clothes.
And all of them quietly
Go home from their house of worship
To perform the Passover Seder . . .

ערב פּסח

(זכרונות)

טירען, פענסטער ברייט געעפענט,
און די זון איז ווארעם, ליכטיג
אויסגעוואשען, אויסגע'כשר'ט,
אלעס זויבער, אלעס ציכטיג.

אויסגעקאלעכט, וויים די סטעליע,
אויסגעשמירט מיט געלע ליים
איז די ערדענע פּאדלאגע,
און דאָס הייזעל פון מיין היים.

צוגעגרייט איז אלץ אויף פּסח
פרעהליך יום־טוב'דיג אין שטוב.
אויך די פויגעל זינגען שירה,
אויף דעם גרינעם אלטען דוב.

אויסגעצוואגען שוין די קינדער,
יעדער האָט א נייע קלייד,
און מיין מאמעס זיסער פּנים,
שטראהלט מיט צערטליכקייט און פרייד.

אלעס איז שוין גרייט צום סדר,
עס ליגען מצות אויפ'ן טיש,
אָנגעגאָסען וויין א פלעשעל,
אפגעקאכט שוין אויך די פיש.

מיט די קינדער פונ'ם שטעטעל,
לויף איך אויך צום הויף פון שול.

Passover Eve

(Memories)

Doors and windows are opened wide,
And the sun is warm, light.
Everything is scrubbed and koshered.
Everything is spotless and sparkling.

The ceiling is white-washed.
The dirt floor is
Covered with yellow lime.
This little house is home.

Everything is ready for Passover,
A happy holiday in our home.
The birds sing songs
From the green, old oak-tree.

The children are already bathed.
Everyone has new clothes.
And my mother's sweet face
Shines with tenderness and joy.

Everything is ready for the Seder.
Matzos are on the table.
A bottle of wine has been poured.
The fish is finished cooking.

I run to the synagogue courtyard
With the other children of the *shtetl*.

וואו מען שפּיעלט אין ניס באַצייטענס,
וואו די שמחה איז פאַר פול.

— — — — — — — — — — — — — — —

פאַרשוואונדען זיינען פיעלע יאָהרען,
חברים, גאָט ווייסט וואו איהר זייט!
אין דער איצטיגער מהומה,
פיליכט צו שטאַרבען פאַר דער צייט.
שפּיעלען קינדער אויפ׳ן שול הויף,
זינגט די פויגעל אויפ׳ן בוים?
גאָט ווייסט, וואָס עס איז געוואָרען,
פון מיין אַלטער, ליעבער היים!

ימים נוראים־דיגע מאָטיוון

שוואַרץ און פינסטער, איז דער הימעל
שטיל און רוהיג, איז די נאַכט.
בלויז דער רעגען, קלאַפּט אין פענסטער
וואו איך איינזאַם, זיץ און טראַכט.

עס הערשט אין גאַס, א טויטע שטילקייט,
וועלכע דריקט, מיט וועה מיין האַרץ,
אויך דער רעגען איז ווי מוטנע,
געמישט, מיט מיינע לייד און שמערץ.

און א שווערער, טיעפער טרויער,
קוועהלט מיין זעעלע, וואָס איז מיעד,
און צו גיסט זיך אין מיין קערפּער
קלעמענדיג מיין יעדעם גליעד.

כ׳הער מיין שכן, זינגט „כל נדרי״
שמערצפול ליידענד איז זיין „קול״

We play with nuts there before Passover begins,
Making the happy occasion complete.

————————————————————

Many years have disappeared.
God knows where you are, friends!
In the present tumult,
Maybe it is better to die young.
Are children playing in the courtyard?
Are the birds singing in the trees?
God knows what has become
Of my dear, old home!

———————

Days of Awe[21] Motifs

Black and dark is the sky.
Quiet and still is the night.
Only the rain knocks on the window.
I sit and think by myself.

A deadly quiet controls the street,
Which oppresses my heart with pain.
In addition, the rain is monotonous,
Mixed with my suffering and pain.

And a hard, deep sadness
Tortures my soul, which is tired,
And melts in my body,
Squeezing my every limb.

I hear my neighbor singing "*Kol Nidrei*."[22]
His melody is full of pain and suffering.

---

[21] The Days of Awe are the ten days between Rosh Hashanah and Yom Kippur; they are days of reflection and repentance.—HBF

[22] Sung on Yom Kippur with a heart-rending tune. The prayer releases Jews from vows they were forced to take during the Inquisition.—HBF

פול מיט טרעהרען איז זיין שטימע
יעדער טרעהר א יאמער קוואהל.

ס'נעמט מיך דורך א שטארקער אומעט...
אין דער שטילקייט פון דער נאכט.
ווי פאר'חלש'ט, בלייב איך זיצען.
אין זכרונות, שטארק פארטראכט.

צו א דיכטער

ווי שעהן דו קענסט נאטור באזינגען.
זאג, וואו נעמט זיך ביי דיר מוטה?
ווען די פארבען פון די רויזען
זענען רויט אזוי ווי בלוט?...

ווען עס מבול'ט ווי מיט טרעהרען.
און עס ווארימט ניט קיין שטראהל.
ווען מיט שטילע, טיעפע ליידען
וויינט ביי נאכט די נאכטיגאל?

ווען עס שטעהט דער בוים געזונקען
ווי אז אבל פול מיט שמארץ.
און די צווייגען זאגען קדיש
און דער יאמער דרינגט אין הארץ?

ווען די וועלט איז ברייט פאר אלע.
נאר פאר אידען איז זי שמאל:
ווען די וועלט, די זעלטען שעהנע.
איז פאר אונז א יאמער טאל?...

His voice is full of tears,
Every tear is a source for sorrow.

I become deeply depressed . . . .
I remain sitting in the silence of the night,
In a faint,
Deep in thought and memories.

To A Poet

How beautifully you sing of nature.
Tell me, where do you get the courage?
When the colors of the roses
Are red as blood? . . .

When it floods as though with tears,
And no ray of sunshine gives warmth,
When with quiet, deep suffering
The nightingale cries at night?

When the tree stands sunk
As a mourner full of pain,
And the branches say *kaddish*[23]
And sorrow strikes the heart?

When the world is wide open for everybody,
But closed for Jews:
When the beautiful world
Is a valley of sorrow for us? . . .

---

[23] Mourner's prayer

זכרונות

עס טראגט זיך פון דרום א דונקעלע כמארע.
דער הימעל ווערט שווארץ, ווי אין טרויער פארהילט:
פינסטער די נאכט איז, און שטיל איז דאס שטעטעל...
מיט מורא און אומעט ווערט מיין הארץ אנגעפילט.

* * *

אין שטוב ביי דעם שיין פון א קליינעם ,,קאנאנטשיק".
וואס צאנקט אין א ווינקעל גאנץ דונקעל אין קיך:
זיצט זיך מיין באבע אויף דער הייסער ,,ליזאנקע".
פעדערען פליקט זי פון א טאפ נעבען זיך...

* * *

,,כאדראם" געהען איהרע אלטינקע פינגער.
עס באוועגען זיך שנעל איהרע דארינקע הענט:
און מאכען פאנטאסטיש באוועגענדע שאטענס.
אויף די ווייסע געקאלכטע, יעצט דונקעלע ווענט...

* * *

זיס איז דער שמייכעל פון צוקארטשעטע ליפען.
מיט ליעבע און פריינדשאפט לויכט איהר געשטאלט:
פאר'חלום'ט די מילדע, די אלטינקע אויגען.
נעקנייטשט פונ'ם עלטער, איהר פנים, עס שטראהלט...

* * *

עס לעבט אויף אין זכרון דער אלטיטשקערס יוגענד.
דער מוח וועבט בילדער פון זיסען אמאל...
ס'ווערט דער אלטינקערס הארץ אזוי פרעהלאך.
און שפיגעלט זיך אפ מיט ליעבע אן צאהל...

* * *

נאהענט געטוליעט צום שויס פון מיין באבען.
טרוים איך אלס אינגעל פון דעם וואס וועט זיין...
עס וועבט זיך פאר ביידען, פיעל גליקליכע בילדער.
אין פינסטערען שאטען, פון דונקעלען שיין...

Memories

A gloomy fog is coming from the south.
The sky becomes black, as though wrapped in mourning:
The night is dark, and the *shtetl* is quiet . . .
My heart is filled with sadness and fear.

*   *   *

Back home, by the glimmer of a small candle's end
Which flickers in a very dark corner in the kitchen,
My grandmother sits on a warm bench.
She plucks feathers in a pot next to her . . .

*   *   *

Her old fingers are in motion.
Her thin hands move quickly,
Making fantastic moving shadows
On the whitewashed, now dark, walls . . .

*   *   *

Her pinched lips smile sweetly.
Love and friendship illuminate her figure:
Her old, mild eyes are dreamy.
Wrinkled from age, her face shines . . .

*   *   *

I relive my former youth from my memories.
My mind weaves pictures from the sweet past . . .
Her old heart becomes so happy
And reflects love without measure . . .

*   *   *

Snuggled close to my grandmother's lap,
I dream, as a boy, of the future . . .
Many happy images are woven for both of us
In those black shadows, in the dark glow . . .

אין גארטען פון ראזען

(געזונגען מיט דער מעלאדיע)

"In the Garden of Roses".

קום אריין אין דעם גארטען וואו ס'בליהען די רויזען,
און אטעם דעם זיסען פארפיום...
שטעה אויך אין די שטראהלען פון ליכטיגער זון,
פיעל דעם ריח וואס שוועבט דארט ארום!

דער רייצענדער גארטען פון רויזען,
געקושט פון דער זונען שיין,
זיי שפיגלען אין זיך אפ דיין זעעלע,
זייער פראכט איז אין גאנצען דיין:—

ווייס ווי דיין צארטע נשמה,
רויט ווי דיין ליעבע אהן שיעור...
דו ביזט מיין ראזע מיין פרעכטיגע ראזע,
די שעהנסטע די ליעבסטע ביי מיר!...

געליעבטער די רויזען וואס בליהען אין סאד,
וועלען וועלקענד אמאל פארגעהן,
די צייט מאכט נור שעהנער מיין ליבינקע בלום,
און באגאבט זי מיט אויביגען חן!...

דער רייצענדער גארטען פון רויזען,
געקושט פון דער זונען שיין,
זיי שפיגלען אין זיך אפ דיין זעלע,
זייער פראכט איז אין גאנצען דיין: —

ווייס ווי דיין צארטע נשמה,
רויט ווי דיין ליעבע אהן שיעור!...
דו ביזט מיין ראזע מיין פרעכטיגע ראזע,
די שעהנסטע די ליעבסטע ביי מיר!...

In The Garden of Roses
(Sung to the Melody of)
"In the Garden of Roses".

———————

Come into the garden where the roses bloom,
And breathe the sweet perfume . . .
Stand also in the rays of the shining sun.
Smell the scent that wafts there!

The enticing garden of roses,
Kissed by the sunshine,
Reflects your spirit.
The beauty of the roses is entirely yours: —

White as your tender soul,
Red as your endless love . . .
You are my love, my beautiful rose,
My most beautiful, most beloved! . . .

More beloved are the roses that bloom in secret.
They will not wither.
Time makes my darling rose even prettier,
And bestows her with eternal charm! . . .

The enticing garden of roses,
Kissed by the sunshine,
Reflects your spirit.
The beauty of the roses is entirely yours: —

White as your tender soul,
Red as your endless love! . . .
You are my rose, my beautiful rose,
My most beautiful, most beloved! . . .

לעגיאן מארש

געזונגען מיט דער מעלאָדיע
"Marching Through Georgia".

נעמט א ביקס, א שווערד אין האַנד,
און קומט מיט אונז אצינד.
דער מגן דוד, רופט צו אייך,
רופט יעדען אידיש קינד:—

קומט מיט אונז אין קאמף פאר לאנד
פאר גאולה געהט אין שטרייט.
איהר האָט באזארגט די גאנצע וועלט,
באזארגט אליין זיך היינט!...

כ א ה ר :—
הויבט הויך, די פאָהן,
פון ציון לעגיאן!
אין קאמף פאר לאנד,
שליסט זיך אלע אן!
צייגט ווי טריי איהר זייט צום פאָלק,
טריי דאָס הייליג לאנד,
מארשירט מיט אונז נאָך ציון!...

פיעל לענדער האָט איהר טריי געדיענט,
קיין מיה, קיין געלט געשפארט:
מיט פאגראָמען און פאראכטונג
ט'מען אייך גוט באצאָלט.

געטריבען האָט מען אייך מיט צוואנג
פארגיסען אייער בלוט.
צייגט דער וועלט אז דער גלות ניט
גערויבט האָט אייער מוט...

Military March

Sung to the Melody of
"MarchingThrough Georgia".

Take a rifle or a sword in hand,
And come with us now.
The Mogen David[24] calls to you,
It calls to every Jewish child:—

Join us in the battle for land.
Go fight for redemption.
You cared about the entire world,
Now take care of yourselves! . . .

Chorus:—
>Raise high the flag
>Of the army of Zion!
>In the battle for land,
>Everybody join us!
>Show how devoted you are to your people,
>How devoted to the holy land.
>March with us towards Zion! . . .

You served many lands faithfully,
Without sparing effort and money:
You were well paid
With pogroms and contempt.

You were driven away by force;
They spilled your blood.
Show the world that living in the Diaspora
Has not robbed you of your courage . . .

---

[24] Six-pointed Star of David.

כ א ה ר :—

הויבט הויך, די פאָהן,
פון ציון לעגיאן!
אין קאמף פאר לאנד,
שליסט זיך אלע אָן!
צייגט ווי טריי איהר זייט צום פאָלק,
טריי דאָס הייליג לאנד,
מארשירט מיט אונז נאָך ציון!...

געפינט זיך נאָך א אידיש הארץ,
וואָס פיהלט ניט, מיט אונז מיט?
די נשמה מוז פון אייזען זיין
פון פראָסט און קעלט געשמידט...

אזעלכער האָט קיין עהרע ניט
פון ערב רב ער שטאמט.
ער האָט קיין פאָלק, ער האָט קיין לאנד
פאראכטעט און פארדאמט!...

כ א ה ר :—

הויבט הויך, די פאָהן,
פון ציון לעגיאן!
אין קאמף פאר לאנד,
שליסט זיך אלע אָן!
צייגט ווי טריי איהר זייט צום פאָלק,
טריי דאָס הייליג לאנד,
מארשירט מיט אונז נאָך ציון!...

און ווען די טויב פון פרידען קומט,
פארוואנדעלט אייער שווערד
איין אקער אייזען מאכט דערפון.
באארבייט דאָרט די ערד.

Chorus:—

> Raise high the flag
> Of the army of Zion!
> In the battle for land,
> Everybody join us!
> Show how devoted you are to your people,
> How devoted to the holy land.
> March with us towards Zion! ...

Is there a Jewish heart
That does not sympathize with us?
His soul must be made of iron,
Forged from cold and ice ...

Such have no honor
Whatever his heritage.
He has no people; he has no land.
He is despised and condemned ...

Chorus:—

> Raise high the flag
> Of the army of Zion!
> In the battle for land,
> Everybody join us!
> Show how devoted you are to your people,
> How devoted to the holy land.
> March with us towards Zion! ...

And when the dove of peace comes,
Transform your iron swords
Into ploughshares.
Cultivate the earth.

ווערט תושבים אין דאס נייע לאנד
פארווירקליכט אונזער טרוים:—
זאל פאלעסטינא זיין פאר אייד
און אויך פאר אונז אהיים.

כאהר:—
הויבט הויך, די פאהן.
פון ציון לעגיאן!
אין קאמף פאר לאנד.
שליסט זיך אלע אן!
ציינט ווי טריי איהר זייט צום פאלק.
טריי דאס הייליג לאנד.
מארשירט מיט אונז נאך ציון!...

די גאולה איז געקומען

(צו זינגען „די מיזינקע אויסגעגעבען")

העכער בעסער,
מאכט די רייען גרעסער.
גרוים האט אונז גאט געמאכט.
גליק האט ער אונז געבראכט.
פארשוואונדען ווערט די גלות נאכט.
די גאולה איז געקומען.
די גאולה איז געקומען.

זייט אלע פרעהלאך
דער איד ווערט א מלך.
מיר האבען זוכה געווען
די גאולה איצט צו זעהען
עס איז אם ענדע דאך געשעהן
די נאולה איז געקומען.
די גאולה איז געקומען.

Become settlers in the new land.
Make our dream a reality:—
Let Palestine[25] be
A home for all of us.

Chorus:—

> Raise high the flag
> Of the army of Zion!
> In the battle for land,
> Everybody join us!
> Show how devoted you are to your people,
> How devoted to the holy land.
> March with us towards Zion! . . .

Salvation Has Come

(To the tune of *"Di mezinke oysgegebn"*)[26]

Higher, better,
Make the rows longer.
God made us large.
He gave us joy.
The night of exile has disappeared.
Salvation has come,
Salvation has come.

Everybody, be happy!
The Jew becomes a king.
We are privileged
To see the redemption.
It has finally happened!
Salvation has come,
Salvation has come.

---

[25] Israel did not receive its name until it was granted statehood in 1948. Before then, it was Palestine.

[26] "The youngest child has been married off." This happy tune is sung at weddings in which either the bride or groom is the youngest child, and the last to be married.—HBF

ראובן שמעון
אלע אלע קומען,
זינגען לוסטיג א פרייהייטס ליעד:—
גאָט האָט באפרייט דעם איד,
פרעהלאַך איז דאָס פאָלק אצינד.
די גאולה איז געקומען,
די גאולה איז געקומען.

ישראל'קעל גולם
וועק נאַר, וועק דעם עולם,
שריי נאָר אַז שטאַרק אויף זיי,
וואָס שוויינען זיי וואָס שלאָפען זיי,
זאָל זיך הערען דער געשריי: —
די גאולה איז געקומען,
די גאולה איז געקומען.

חיים איז א מזיק
גאר א גאנצער קאזיק,
אַז עין־הרע זעהט נאָר זעהט,
מיט די „פיער" ווי ער רעט,
אוי א שמחה אוי א פרייד:—
די גאולה איז געקומען,
די גאולה איז געקומען.

באלפורס דעקלאראציע,
און ווילסאָן'ס דעמאָקראציע,
גוטע בשורות אונז געבראכט:—
פאר א פאָלק אונז געמאכט,
הוליעט אידען די גאנצע נאכט.
די גאולה איז געקומען,
די גאולה איז געקומען.

Reuven, Shimon,
Everybody comes.
Sing a song of freedom from your heart:—
God has freed the Jews.
Our people are happy now.
Salvation has come,
Salvation has come.

Yisroel, you golem,
Wake up the crowd.
Scream loudly.
Why are people quiet? Why are they sleeping?
Let us hear the scream:—
Salvation has come,
Salvation has come.

Chaim is a mischievous fellow,
Practically a clown.
Just see, *keyn ahora*,[27]
How he speaks with the "four."[28]
Oh, a celebration! Oh, what joy:—
Salvation has come,
Salvation has come.

Balfour's Declaration[29]
And Wilson's Democracy
Brought us wonderful news:—
They made us a people.
Dance, Jews, a whole night.
Salvation has come,
Salvation has come

---

[27] This saying averts the evil eye.—HBF
[28] Possibly Arthur James Balfour, Baron Rothschild, Chaim Weizmann, and Nahum Sokolow, all important figures in the Balfour Declaration.—HBF
[29] Probably Foreign Secretary Arthur James Balfour, Lord Rothschild, Chaim Weizmann, and Prime Minister David Lloyd George, all important figures in the Balfour Declaration.—HBF

הבחור הזעצער

(אז אפשאצונג)

כ'האב א זעצער שטעה איך אויס.
פון איהם געברענטע צרות: —
מיינע בעסטע ליעדער זעצט ער אויס
אז זיי טויגען אויף כפרות...

* * *

אז „אידיליע" געשאפט ניט לאנג,
איהר האט געהערט דערפון?
שרייב איך דאך אז זי איז „שלאנק."
לאזט ער ארויס דעם „נון"...

* * *

דעם „צדיק" פון „איהר צארטען בליק":
פארבייט ער אויף א „ה"...
פון „העל און קלאהר, אזוי ווי שניי"
ווערט „געלע האר ווי שטרוי!"...

* * *

אזוי איז ער קיין שלעכטער מענש,
פון פיעלע ווערט געשעצט...
נאר זעצען זעצט ער, מעג ער באלד
כאטש ווערען גלייך צוזעצט...

דיפלאמאטישע תורה

זאלסט זיך היטען פון א ליגען,
ניט צו זאגען גאט באהיט:
נאר דעם אמת צו באנוצען,
זאלסטו, קינד מיינס, קיין מאל ניט.

The Young Typesetter

(An Evaluation)

I have a typesetter, I endure
Burning troubles from him:—
My best poems he sets in such a way
That they become worthy only for *kapuros*[30] . . .

* * *

A "little Jew" does not create long,
You heard of such a thing?
I write that she is *"shlank,"*[31]
He leaves out the "n"[32] . . .

* * *

The "ts" from "her 'tsarten'[33] glance":
He changes to an "h"[34] . . .
From "light and clear, like snow,"
Becomes "red hair, like straw!" . . .

* * *

Otherwise he is not a bad person.
He has many values . . .
But as for setting, may he soon
Need all his bones set[35] . . .

Diplomatic Learning

Beware of a lie.
To not say something, God forbid:
But, my child, never, ever
Use the truth.

---

[30] *Toygn oyf kapuros* is good only for the pre-New Year's ceremony in which a Jew swings a chicken over his head, transferring sins onto the chicken; in other words, it is a humorous phrase for "worthless"—HBF.

[31] Slender—HBF.

[32] *Shlak* means a miserable person—HBF.

[33] Tender—HBF.

[34] *Harten* means hard—HBF.

[35] *Tsuzetst*, a play on the word "set," means being beaten to pieces—HBF.

וואָס דו ווילסט

וואס דו ווילסט א דיכטער ווערען?
א בארימטער ליטעראט,
וועל, איך מוז די ווארהייט זאגען,
אויף „שפּאצירען" ביזט א כוואט,
אין דער ריפמע פון די ליעדער,
ליגט א צויבערליכע מאכט,
דיין סאטירע, און די וויטצען,
זיינען גלענצענד גאר א פּראכט,
דאך וואָלט איך דיר בעסער ראטען,
ווייל איך בין מיט דיר באקאנט,
זאָלסט א שניידער בעסער ווערען,
האסט דערצו נאך מער טאלאנט...

מיין מוטער שפּראך

מיין „מוטער שפּראך" ווי האניג זיס
די ווערטער שעהנע קלאנגען
זיי דרינגען אין מיין זעעל אריין,
ווי הימלישע געזאנגען,

* * *

מיין „שווינער מוטער". היט מיך גאט,
איהר מויל קיין מאל געשלאָסען
זי האלט אין שעלטען, טאָג ווי נאכט,
זי איבט איהר „מענה לשון".

* * *

What You Want

What, you want to become a poet,
An esteemed writer?
Well, I must tell the truth.
In "walking" you are bold.
The rhythm of your poems
Has a magical power.
Your satire, and your jokes,
Are beautiful.
Yet, because I know you,
I would advise you
To become a tailor,
Because you have more talent there . . .

———————

My Mother Tongue

My "mother tongue" is sweet as honey.
The beautiful words resound
And enter my soul
Like heavenly songs.

      *   *   *

God, "protect me" from my mother-in-law.
Her mouth is never closed.
She curses day and night.
She exercises her "big mouth".

       *   *   *

א לירישעס געדיכט

(געשיקט צו א פרוי אין יוראפּ)

עס איז נאכט...
איך זיץ, און טרוים פון דיר.
איך זעה דיך איצט
ווי אמאָל, ליעבליך, גוט צו מיר....
איך האלט דיין האנד אין מיין,
דיין ברוסט איז הויך, די טאליע פיין,
דיין בליק זא מילד!...
דיין גאנצעס וועזען פול לעבענס לוסט,
דו נעמסט ארום מיין האלז און קושט
מיר אויס מיין יעדעס גליעד!...

* * *

איך בין גליקליך, און צופריעדען.
וואָס דו שווייגסט און רעדסט קיין ווארט,
וואָס איך קען דיין קוויטש ניט הערען,
ווי דו שעלטסט אין יוראפּ דאָרט.

שלאף, מיין קינד...

(מעלאָדיע „ספּי מלאדענעץ")

(פּאראדיע)

ביי דיין וויגעל, זיצט דיין מאמע,
אין מאָדעם טיעף פארטראכט:
און דיין טאטע, מן־הסתמא,
קומט ערשט האלבע נאכט:
אין א „פּאוקער" שפּיעלט דער טאטע,
פאר גרויס געלטוניו;
ער הערט די גאנצע וועלט אין פּיאטע,
שלאף זשע, זונעניו!...

A Lyrical Poem

(Sent to a Woman in Europe)

It is night . . .
I sit, and I dream of you.
I see you now
Like I used to; loving, good to me . . .
I hold your hand in mine.
Your breasts are high, your figure is fine.
Your glance is so mild! . . .
Your entire presence is full of life,
You put your arms around my neck and kiss
My every limb! . . .

* * *

I am happy and content
That you are silent and do not speak a word,
That I cannot hear your high-pitched screaming
When you are cursing over in Europe.

Sleep, My Child

(Melody: "Sleep, Little Boy" [Polish])
(Parody)

Your mama sits at your carriage
In deep thought about fashion;
And your papa, no doubt,
Does not come home until the middle of the night:
Papa plays poker
For high stakes:
He has no regard for the rest of the world.
Sleep then, little son! . . .

אויפ'ן בוידים, האָט ער „לעטסער",
מאַכט לינקע פּאָליטיק:
באַקאַנט איז ער אין אַלע פּלעצער,
אַלס בלאַפער, — אַנ'אַנטיק!...
פון „שטימען" האָט ער אַ קאַלעקשאַן,
טייער זונעניו!...
מתים וואָוטען ביי עלעקשאַן:
שלאָף זשע ליו־ליו־ליו!...

אין קאַנאַדאַ פּאַיאַצען,
קריגען גוט באַצאָלט:
הענט וואס קענען גוט זיך פּאַטשען,
האָט מען זעהר האָלט!...
און דיין טאַטע, האָט קולאַקעס,
ס'פליהען פּעטש אַזש נו!...
ר'איז פּרעזידענט פון די צבוע'קעס,
שלאָף זשע, זונעניו!...

און ווי אַלע פּראָסטע פּיקערס,
האַנדעלט ער מיט גאָט:...
פאַר'ן נאָז, די אַלטע הויקערס,
פיהרט ער פון'ם שטאָט...
און ער רעדט פון טריף און כשר,
זיסער גאָטעניו!....
ווען ער קען קיין עברי, אסור:
שלאָף זשע, זונעניו!...

סך הכל

דער אמת איז שוין לאַנג באַגראָבען,
פריינדשאַפט איז שוין אויך באַנקראָט:
לעטאַרניש שלאָפט זיך דער געוויסען,
פון אַלע נעטער, נעלט איז גאָט...

In the attic, he has "tenants."
They speak about left-wing politics:
He is well-known everywhere.
As a bluffer—he's a superb rarity! . . .
He has a collection of "ballots,"
Dear little son! . . .
Corpses vote at the election:
Sleep then, lu-lu-lu! . . .

In Canada, clowns
Are well paid:
Hands that can hit well
Are highly prized! . . .
And your father has fists
His slaps are flying! . . .
He is president of the hypocrites.
Sleep then, little son! . . .

And like all base fakers,
He deals with God . . .
The old cripples he leads from the town
By the nose . . .
And he speaks about kosher and non-kosher.
Sweet God! . . .
If he knew no Hebrew, God forbid:
Sleep then, little son! . . .

Summary

The truth has long been buried.
Friendship is already also bankrupt.
Conscience sleeps lethargically.
Out of all the gods, Money is God . . .

איבערזעצונגען

TRANSLATIONS

געלט

געלט, דו ביזט דער אונגעקרוינטער קעניג איבער אלע קעניגע. דו פארלאנגסט מעהר קרבנות ווי די פארצייטיגע געטער. געלט רעדט אויף אלע שפראכען עס איז אויטאקראטיש און אינטערנאציאנאל.

געלט, ווערט געמאכט פון וואסער (סטאק) אויף דער בירזשע און וואלל סט. פון פערפעסטעטע פלייש אין שיקאגא, פון שטאהל און קויהלען אין פענסילוועניע, פון גאלד אין קלאנדייק און פון שוויים, בלוט, מארד, טרערען און עקספלאטאציע אויף דער גאנצער וועלט.

געלט איז די ,,עקסעל גריעז" פון אונזער דעמאראליזירונג און פארדארבענהייט. דו ביזט א ברכה פילייכט פאר יחידים אבער א קללה פאר דער גאנצער וועלט. אלס א מיטעל פון אויסבייט קענסטו קויפען אלעס א חוץ לעבען און צופרידענהייט.

דו קענסט אריינקומען אין אלע פלעצער חוץ אין א ריינע נשמה. געלט איז די מאס און טערמאמעטער מיט וועלכען מיר מעסטען אונזער ערפאלג. עס האט א גוואלדיגען איינפלוס. עס באאיינפלוסט די גערעכטיגקייט, ס'איז שוחד פאר אונזערע פאליטישענס, קארופטירט אונזערע מאראל היטער, פארבלענדעט אונזערע געזעצגעבער און פארפיהרט די גייסטליכע...

געלט איז די ערפינדונג פון דעם אשמדאי נאר ווי אלע ערפינדונגען האבען די צוקונפטיגע אויסבעסערער אזוי עס פארבעסערט און געבראכט צו דער שטופע פון פאלקאמענהייט אז דער טייוועל אליין האט זיך פון דעם אפגעזאגט.

ד א ס ב ו ך איז ניט אזוי מעכטיג ווי דער פ א ק ע ט ב ו ך.

———

Money

Money, you are the uncrowned king of kings. You demand more sacrifices than the ancient gods. Money speaks all languages. It is autocratic and international.

Money is made from water (stocks) on the Stock Exchange and on Wall Street; from rotten meat in Chicago; from iron and coal in Pennsylvania; from gold in the Klondike; and from sweat, blood, murder, tears and exploitation in the entire world.

Money is the axle grease of our demoralization and corruption. It is a blessing for individuals but a curse for the entire world. As a means of exchange, it can buy everything except life and happiness.

It can come into all places except in a pure soul. Money is the measure and thermometer by which we gauge success. It has enormous power. It influences justice, it serves as bribery for our politicians, it corrupts our protectors of morality, it tricks our lawgivers, and it seduces the spiritual . . .

Money is the invention of Asmodeus,[36] but like all inventions, it was improved through the generations. It was brought to such fruition that the Devil himself refused to deal with it.

The pocketbook is mightier than the book.

———————

[36] King of the demons—HBF.

ליעבע

ליעבע איז דאָס אנגענעהמסטע הארץ־קלעמעניש וואָס איז באַקאנט אין דער מעדיצינישער קונסט. דאָס איינציגע הייל־מיטעל אין איהר אויסוואָרצלונג, די איינציגע רפואה איז די אָפּעראציאָן וועלכע איז באַקאנט אלס „הייראַט״...

ווען אדם מיט חוה׳ן האָבען פארלאָזען דעם גן־עדן האָט מען זיי אלס באַלאָהנונג געשענקט די „ליעבע״ דער טייפעל האָט גלייך באַשאַפען די „זעלבסט ליעבע״ און מיר האָבען עס גלייך גענומען פאַר אונזער וועג ווייזערין...

ליעבע ווען עס ווערט ניט אַקאָמפּאַנירט מיט „רעספּעקט״ ווערט עס פערפּאַלגט פון שווארצע פינסטערע שאָטענס פון „אויפערזוכט״. ליעבע פאַר א פרוי איז זעלבסט אָפּפערונג פאַר דעם מאַן, — עגאָאיסטישע פארלאַנגען און א מיראַזש פאַר אלע. די אמת׳ע ליעבע איז דער בעסטער און רייכסטער נדן וואָס א פרוי קען געבען, ווייל עס איז דער גרעסטער געשאַנק וואָס די קאַרגע נאַטור האָט געגעבען דער מענשהייט.

איך ליעב קינדער ווייל אין זייער שמייכעל שפּיגעלט זיך אָפּ די הימלישע אומשולד. איך ליעב פרויען ווייל א פרויען הארץ איז דער נ ע ס ט פ ו ן ר ח מ נ ו ת און די וויגעלע פון סענטימענט. און די מענער גלייך איך פאַר זייער פאַמיליען אַלטרואיזם.

ליעבע, ערנסטע, אמת׳ע, ריינע, אלל־פארגעבענד און זעלבסט אָפּפערענד, דו ביזט געטליך, דו ביזט א הויכע מדרגה פון דעם אויבערמענש, עס איז די מיוזיק פון אונזער נשמה און דער ליכטיגסטער שטערען אויף דעם פארכמאַרעטען הימעל פון לעבען.

ליעבע אלס פארגעניגען ווערט נור דאַן פארגרעסערט ווען מען טיילט עס אין צווייען....

ליעבע איז דער איינציגער קאָמפּאַס וואָס קען פיהרען די הייראַט׳ס שיף אויף די שטורמענדע וועלען פון דעם אָקעאַן פון „לעבען״...

Love

Love is the most agreeable oppressor of the heart known to the art of medicine. The only means of healing is to root it out; the only remedy is to undergo the operation known as "marriage" . . .

When Adam and Eve left the Garden of Eden, they were given "love" as recompense. The devil immediately created "self-love," and we took it at once as our guide! . . .

Love, when it is not accompanied by respect, becomes plagued by dark, black shadows of jealousy. A man sacrifices his egotistical desires and illusions for the love of a woman. True love is the best and richest dowry a woman can give because it is the greatest gift stingy nature gave to humanity.

I love children because their smiles mirror heavenly innocence. I love women because a female heart is a nest of pity as well as a baby carriage of sentiment. And I like men for their altruism to their families.

Love that is serious, true, pure, all-forgiving, and self-sacrificing is the music of our souls and the brightest star on the cloudy sky of life . . .

Love as pleasure becomes bigger when it is divided in half.

Love is the only compass that can lead the marriage ship on the stormy waves of the ocean of "life" . . .

דיינע שונאים

(גערדאנקען און איינדריקע)

קענסט ניט האבען קיין ערפאלג אין לעבען, ניט האבענדיג קיין שונאים, פונקט ווי דו קענסט ניט האלטען א שטארקע פאזיציע ניט שאפענדיג קיין אפאזיציאן...

ווען דו ביזט גערעכט פאר אלע, מוזטו אליין זיין אומגערעכט פאר איינינע... א מיינונג איז ווי א היטעל, עס קען ניט זיין איין מאס און זאל קענען אלעמען גלייך פאסען, די מאראל ווערט ניט אימער גערעגולירט פון פארשטאנד, עס ווערט אויך דיקטירט פון אומשטענדען אין וועלכע מיר געפינען זיך. די איינציגע זאך איז לעבען פאר א דענקענדען מענשען איז צו טאן אלעס וואס דער שכל דיקטירט און דער געוויסען ערלויבט.

א מענש וועלכער איז נוצבאר קען ניט זיין פריי פון זארג: — יעדער מענש וועלכער איז היסטאריש פארצייכענט און איז געוואר־רען באריהמט נאך זיין טויט האט דערפאר, פאר זיין אומשטערב־ליכקייט, באצאהלט אין לעבען מיט זיין פריערען רוהע און אפטמאל מיט זיין פרייהייט...

וואס גרעסער דער מענש אליין גרעסער זיינען די אפער וועלכע ער שענקט דער מענשהייט אויף דעם מזבח פון פראגרעס. וואס ברייטער די וועלט אליין וויכטיגער גרעסער די נוצבארקייט, אליין גרעסער די פאראנטווארטליכקייט, אליין שטארקער דער מלחמת הקיום אליין שטארקער ווערט ער באמבארדירט פון זיינע פיינד מיט דעם גיפט פון שנאת־חנם קנאה און האס...

אבער זא לאנג דער געוויסען שעהמט זיך ניט מיט דיר, און ער איז דיין פריינד, קימער זיך ניט וועגען דיינע שונאים...

מיין צואה

מיינע פריינד ווען איך וועל אייך פארלאזען, זאלט איהר ניט מאכען נאך מיר קיינע הספדים, איהר קענט מיך נאך לויבען נאך׳ן

Your Enemies

(Thoughts and Impressions)

You cannot have success in life without having enemies, just as you cannot hold a strong position without creating any opposition . . .

Even when everybody says you are correct, you will still be incorrect to a few . . . An opinion is like a hat: it cannot be one size and fit everybody the same way. The understanding does not always regulate morality. It is also shaped by the circumstances in which we find ourselves. A thinking person should do everything common sense dictates and conscience permits.

A person who is useful cannot be free of worries:—Every notable person who became famous after death paid with his joy, peace, and often with his freedom while he lived . . .

The greater the person, the greater are the sacrifices he grants to humanity on the altar of progress. The wider his world, the more important is his usefulness. As his responsibilities grow, and he has to fight harder to exist, his enemies will bombard him even more with their poison of causeless hatred, jealousy, and disgust . . .

But as long as your conscience is not ashamed of you, and is your friend, do not concern yourself with your enemies . . .

My Will

Friends, when I will leave you, do not hold eulogies for me. You can praise me after

טויט פאר א זאך וואס איך האב זיך דערמיט געשעמט ווען איך האב געלעבט...

ברענגט ניט קיין בלומען צו פארצירען מיין קבר. איך גלויב ניט אז עס איז דא גענוג בלומען צו פארדעקען יענע גרויסע פעה־לערען און אויך עולות וואס איך בין באגאנגען ווען איך האב גע־לעבט.

שטעלט אוועק אן איינפאכען גרויען שטיין אלס מצבה מיט דער פאלגענדער אויפשריפט: — „זיין גאנצען לעבען איז ער גע־ווען א טרוימער ער האט געליעבט אלעם וואס איז ניי און לעב־האפט און האט געהאסט דאס אלטע אפגעלעבטע. און צופוילטע. ער האט ליעב געהאט די מענשהייט דעם כלל אבוואהל ער האט גע־זעהען די חסרונות פון דעם יחיד... ער איז אימער געווען געגען דעם שטראם פון דער אלגעמיינער מיינונג און איז געווען כמעט אזוי אונפאפולער ווי דער אמת״...

אויב די צוקונפטיגע דורות וועלען אייך פרעגען די באדייטונג פון דיזער אויפשריפט אויף מיין מצבה, זאלט איהר זיי זאגען: — ער איז געווען א מאדערנער פילאזאף געבארען געווארען פאר דער צייט... און דערפאר האט ער זיך ארומגעטראגען מיט א וואונד אין הארצען און מיט טרעהרען אין די אויגען. ער פלעגט אימער זא־גען: — אויב פרייהייט מוז מען געווינען דורך בלוט פארגיסונג און מענשליכע קרבנות, דאן וויל איך עס ניט!״ ער האט ערקלעהרט אז: „אויב פראגרעס מיינט מלחמה, האס שטרייטיגקייטען, הונגער, ליידען נויט, עלענד און דרוק דאן צום טייפעל מיט אזא פראג־רעס!״...

פארגעסט ניט דערמאנען אז עס איז געווען א צייט ווען דאס לעבען איז געווען א מיש־מאש: — פרייהייט איז געווען אין קיי־טען, גערעכטיגקייט איז געווען בלינד, און פארדארבענהייט און חוצפה זיינען געווען די אלל וועלטליכע הערשער. ער האט באַ־טראכט דאס לעבען אלס א פארשטיקטער זיפץ אדער דער שמייכעל פון א שווינדזיכטיגען. די עקזיסטענץ איז פאר איהם געווען א טראפען בלוט, און א פונק פון פרייד א שרעקליכע קללה און א שטילע ברכה א ווינקעל פון גיהנום און א שטראהל גלימער פון הי־

I die for things that I was known to do when I lived . . .

Do not bring flowers to decorate my grave. I believe there are not enough flowers to cover up all those huge mistakes and sins I committed while I was alive.

Use a simple gray stone as a monument. Use the following text:—"He was a dreamer his whole life. He loved everything that was new and lively, and hated everything worn-out and rotten. He loved humanity, even though he saw the errors of the individual. He always went against the stream of general opinion, and he was almost as unpopular as truth" . . .

If the future generations wish to ask you the meaning of this text on my monument, tell them:—He was a modern philosopher born ahead of his time, which is why he walked around with a wound in his heart and tears in his eyes. He always used to say, "If freedom must be won through spilling blood and sacrificing humans, then I do not want it!" He explained that "If progress means war, hate, quarrels, hunger, suffering, need, loneliness, and oppression, then to the devil with progress!" . . .

Do not forget to remind them that this was during a time when life was a mishmash:—freedom was in chains, justice was blind, and corruption and chutzpah were rulers of the world. He thought of life as a muffled sigh or as the smile of a person with consumption. Existence was for him a drop of blood and a spark of joy, a terrible curse and a silent blessing, a corner of hell and a glimmer from

מעל, א שטראהל פון זונענשיין אין דער פינסטער פון טיעפען אפ־גרונד...

ער האט געבראנדמארקט די גאנצע וועלט אלס שקלאפען און האט זיי געזאגט אז זיי ערנידערען זיך וואס זיי שטאלצירען מיט זייער שקלאפעריי...

ער איז געווען זעהר עהרליך און ערנסט אבער די וועלט האט איהם געהאלטען פאר משוגע.

אייפערזוכט

אייפערזוכט איז דער קבר פון ליעבע און דאס געבורט און וויגעלע פון זעלבסט ליעבע. ס'איז דער סוף פון א י י נ ב י ל ד ו נ ג. עס איז דער נעסט פון צווייפעל און דאס פארלוסט פון זעלבסט שע־צונג. — ווייל אייפערזוכט איז די אנערקענונג פון קליינקייט און נידעריגקייט...

דער צווייפעל פון אויפערזוכט איז א באליידיגונג פאר דעם צווייפלער. ווייל עס איז ניט מעהר ווי איין אפשפיגלונג פון זיינע־נע פרימיטיווע אינסטינקטען און די העסליכע אפשיין פון זיין קליי־נער נשמה.

אויפערזוכט פארוואנדעלט דעם הערליכען גלויבען אויף דעם שרעקליכען פארדאכט. די זיסקייט פון ליעבע אויף דעם ביטערען האס. דאס נאבעלקייט פון מענש אויף דער ווילדקייט פון דער חיה. און דעם גן־עדן פון לעבען איז א שרעקליכען גיהנום פון שמערץ און וועה.

אויפערזוכט איז דאס בעסטע שלאף געטראנק אום צו פאר־שלעפערען דעם גראדען שכל און פארדונקעלען דעם פארשטאנד מיט איין עמוד־ענן פון שרעקליכער פארצווייפלונג.

ליעבע

ליעבע איז דאס אייננעמסטע הארץ קלאפעניש וואס איז באקאנט אין דער מעדיצינישער וועלט. דאס איינציגע היילמיטעל. די איינציגע רפואה איז די אפעראציאן וואס איז באוואוסט אלס. — הייראט...

heaven, a ray of sunshine in the darkness of the deepest abyss . . .

He branded everyone in the entire world as slaves, and he told them that "they were demeaning themselves by being proud of their slavery" . . .

He was very honest and earnest, but the world thought he was crazy.

Jealousy

Jealousy is the grave of love and the birth of self-love. It is the end of imagination. It is the nest of doubt and the loss of self-respect.—Because jealousy acknowledges smallness and debasement . . .

Jealous doubt is an insult to the doubter because it is no more than a mirror of his primitive instincts and a hateful reflection of his small soul.

Jealousy wounds beautiful beliefs with terrible thoughts, and the sweetness of love with bitter hate. It changes the nobility of a person in to the wildness of a beast, and the paradise of life into a terrible hell of pain and woe.

Jealousy is the best sleeping potion to make the intellect drowsy and to darken the understanding with a pillar of cloud of terrible doubt.

Love[37]

Love is the most agreeable oppressor of the heart known to the art of medicine. The only means of healing is to root it out; the only remedy is to undergo the operation known as—marriage . . .

---

[37] This essay is almost identical to his "Love" translation on page 72. The punctuation is improved; his use of commas in paragraph 3 clarifies and changes the meaning of that paragraph—HBF.

ווען אדם מיט חוה'ן האבען פארלאזען דעם גן־עדן האט מען זיי אלס באלאהנונג געשענקט די ליעבע. דער טייפעל האט גלייך באשאפען די זעלבסט ליעבע, און מיר האבען עס גלייך גענומען פאר'ן במקום.

ליעבע ווען עס ווערט ניט נאכגעפאלגט מיט „רעספעקט" דאן ווערט עס פארפאלגט פון שווארץ פינסטערע שאטענס פון אייפערזוכט... ליעבע פאר א פרוי איז זעלבסט אפפערונג, פאר דעם מאן גאנץ אפט בלויז איין עגאיסטישער פארלאנג. די אמת'ע ליע־בע איז דער בעסטער און רייכסטער נדן וואס א פרוי קען געבען. ווייל עס איז דאס גרעסטע געשאנק וואס די קארגע נאטור האט גע־געבען דער מענשהייט.

איך ליב קינדער, ווייל אין זייער שמייכעל שפיגעלט זיך אפ די הימלישע אומשולד. איך ליעב פרויען ווייל א פרויען הארץ איז דער נעסט פון רחמנות און דאס וויגעלע פון סענטימענט און די מענער ליעב איך פאר זייער פאמיליען זעלבסטאפפערונג.

ליעבע, ערנסטע, אמת'ע ריינע אלל פארגעבענד און קרבנות פעהיג. אזא ליעבע איז געטליך. עס איז די הויכע מדרגה פון גע־פיהל פון איין אויבערמענש. אזא ליעבע איז די מוזיק פון אונזער נשמה. ס'איז דער ליכטיגסטער שטערען אויף דעם כמארנעם הימעל פון לעבען.

ליעבע איז אזא זאך וואס ווערט פארגרעסערט ווען מען טיילט עס אין צווייען...

ליעבע איז דער איינציגער קאמפאס וואס קען פיהרען א פאר פאלק בשלום אויף די שטורמדיגע וואלען פון דעם אקעאן — דאס לעבען.

---

*) דיזע ארטיקלען זיינען איבערזעצט פון דאס ענגלישע ביכעל „רייוווינגס אף א קרייזי פילאסאפער" פארפאסט פון דעם זעלבען שרייבער.

When Adam and Eve left the Garden of Eden, they were given love as recompense. The devil immediately created self-love, and we took it at once as our guide.

Love, when it is not accompanied by "respect," becomes plagued by dark, black shadows of jealousy. Love, for a woman, is self-sacrifice; for a man, it is often only an egotistical desire. True love is the best and richest dowry a woman can give because it is the greatest gift stingy nature gave to humanity.

I love children because their smiles mirror heavenly innocence. I love women because a female heart is a nest of pity as well as a carriage of sentiment. And I like men for their altruism to their families.

Love that is serious, true, pure, all-forgiving, and self-sacrificing is the music of our souls and the brightest star on the cloudy sky of life . . .

Love as pleasure becomes bigger when it is divided in half . . .

Love is—the only compass that can lead the marriage ship on the stormy waves of the ocean of life.

---

* These articles were translated from the English booklet, *Ravings of a Crazy Philosopher*, published by the same author.

ערצעהלונגען

STORIES

צו דער מאמע אין גן-עדן

(מעשה׳לע)

א נידעריג שטיבעל פון קלעצער, ארומגעשמירט מיט ליים, איז געשטאנען אונטער׳ן בארג אביסעל אן א זייט פון דעם שמאלען שטויביגען דארף־וועג, וועלכער האט זיך געשליינגעלט פון בארג אין טאהל.

א שעהנער זומער טאג. די זון ווארפט איהרע שטראהלען אויף דעם וועג, אויף די גראז, וואס געלבט זיך און וועלקט פון היץ, און שפיעלט זיך אפ פארביג אין די צובראכענע שויבען פון די פענסטער פון דעם איינזאמען שטיבעלע...

צוויי קליינע קינדער, א אינגעלע און א מיידעלע, פארוויינטע, צוגעשפארט איינע צו די אנדערע, אויף דעם איינגעפאלענעם שוועל.

— „זיי האבען זי אוועקגעפיהרט אין א קאסטען″, האט דאס אינגעל געזאגט, „איך האב געפרעגט דעם גראבען מאן מיט דער גרויסער בארד: וואוהין נעמט איהר מיין מאמען? האט ער געזאגט אין גן־עדן. — וואו דיינקסטו איז דער גן־עדן?″....

— דאס מיידעלע האט גענומען שטארקער צו וויינען: — „נו מיר געהן אהין, איך וויל צו דער מאמען!″

דאס אינגעל איז א ווײלע געשטאנען אומענטשלאסען, און אננעמענדיג דאס שוועסטערל פאר׳ן האנד האט ער שטיל געזאגט: — „קום נו!″

ארומקוקענדיג זיך יעדע ווײלע, זיינען זיי שטיל אוועק צום וועג און זיך געלאזט געהן אין טאהל. די זון איז געשטיגען העכער און האט מיט איהרע שטראהלען געבראטען זייערע יונגע געזיכטער. און דער הייסער זאמד האט זיי געברענט די פיס...

— „מ׳האט זי אוועקגעפיהרט מיט דעם וועג″, האט דאס אינגעל געזאגט, „איך האב אליין געזעהען. דאס מוז זיין דער וועג צום גן־עדן, אבער פאר וואס זעהט מען ניט קיינעם געהן אדער פאהרען?...

— „איך בין מיער!″ האט דאס מיידעלע איהם דארויף נעענטפערט, און האט זיך אוועקגעזעצט אויף די גראז ביים וועג, און

To Mother In Paradise
(Short Story)

A low dwelling of blocks, smeared with lime, stood under the mountain, a little to the side of the narrow, dusty, village road, which snaked from the mountain to the valley.

It was a nice summer day. The sun threw its rays on the road and on the grass, which had yellowed and withered from heat. The rays were colorfully reflected in the broken windowpanes of the lonely house . . .

Two small crying children, a little boy and a little girl, pressed against each other on the sunken doorstep.

—"They took her out in a box," said the little boy. "I asked the fat man with the long beard where he was taking our mama? He said, 'To Paradise.'—Where do you think paradise is?" . . .

The little girl began to cry more:—"Let's go there.—I want to go to Mama!"

—The boy stood a while at a loss. Taking his sister's hand, he quietly said:—"Come with me!"

Looking around themselves every few minutes, they quietly went onto the road leading to the valley. The sun climbed higher. Its rays roasted their young faces, and the hot sand burned their feet . . .

—"She was carried away on this road," said the boy, "I saw it myself . . . This must be the way to paradise, but why do we not see anybody walking or riding?" . . .

—"I am tired!" answered the little girl. She sat down on the grass near the path and

האט זיך צעוויינט.

דאָס אינגעל איז געשטאַנען א ווײַלע און ענדליך האָט ער געזאָגט: — „עס מוז שוין זײַן גאָר נאָהענט. און ווען מיר וועלן אהין קומען, וועלן מיר געפינען אונזער מאמע און אפשר וועט זי ארויסגעהן אביסעל אנטקעגען״.

דער געדאַנק אז זי וועט זעהען אין גיכען איהר מאמע, האָט זי אפגעפרישט. זי האָט זיך אויפגעהויבען און זיי זײַנען אוועק ווײַ־טער.

די זון איז אלץ געוואָרען נידעריגער, ביז זי האָט זיך אין גאַנ־צען באהאַלטען הינטער דעם בארג. דאָס אינגעלע האָט אביסעל אונטערגעהונקען, זי האָט זיך קוים געשלעפּט און דאָך זײַנען זיי אלץ געגאַנגען, ביז דער וועג האָט זיך אביסעל פארקרימט און האָט זיי געבראַכט נאָהענט צו א ברעג טײַך. דער ברעג איז געווען באַ־וואַקסען מיט קליינע בוימלאַך. און פון וואַסער האָט זיך געהערט דער זעלטענער ריח פון וואַסער ליליען און ווילדע רויזען. א קליין שיפעל איז געווען צוגעבונדען צו א בוים. פארשידענע פייערען, פון די שיפלאַך וועלכע זײַנען געווען אויפ׳ן טײַך, האָבען געפינקעלט, געטאַנצט אין דעם קלאָהרען וואַסער.

דאָס אינגעל האָט א טאַנץ געטאָן פאַר שמחה. „דאָרטען, זעהסט! דאָרטען איז דער גן־עדן! איך בין זיכער אז עס איז דאָר־טען, די מאמע האָט מיר אלע מאָל געזאָגט, אז אין גן־עדן איז ליכ־טיג און גוט... זעהסט, דאָרטען האַלט אימיצער א לאַמטערן? דאָס איז די מאמע, זי פלעגט שטענדיג האַלטען א לאַמטערן ווען איך פלעג ארויסגעהן אין דער פינסטער. עס איז שוין גאָר נאָהענט, קום מיר וועלען אַרײַן אין שיפעל און פאָהרען צו איהר״.

— „עס איז אבער אזוי פינסטער הינטער די בוימער. איך האָב מורא!״ האָט זי געזאָגט.

— „קום דו נאַר, וואָס האָסטו מורא? איך בין דאָך מיט דיר!״ ער האָט זי אַרײַנגעזעצט אין שיפעל, האָט אפגעבונדען די שטריק און איז אליין אויך אַרײַנגעשפּרונגען. דאָס שיפעל האָט זיך לאַנגזאַם גענומען ריעגען און שווימען אלץ ווײַטער פון ברעג מיט

cried.

The little boy stood awhile and finally said: "It must be very near, and when we will get there, we will find our mama, and maybe she will come and greet us."

The thought that she would soon see her mama refreshed her. She got up, and they walked further.

The sun descended more and more, until it was totally hidden behind the mountain. The little boy was limping a bit, the girl dragged herself around, but still they continued walking until the road became crooked and brought them near the shore of a river. The shore was overgrown with small trees. They heard the sound of the seldom-heard spirit of the water lilies and wild roses from the water. A small boat was tied to a tree. Assorted fires from the boats on the river twinkled and danced in the clear water.

The little boy danced for joy. "There, you see! There is paradise! I am certain that it is there. Mama always used to tell me that paradise is bright and good . . . Do you see somebody holding a lantern? That is our mama. She always used to hold a lantern when I would go out in the dark. It is very nearby. Come, we will take the boat to her."

—"It is so dark behind the trees. I am scared!" said the girl.

—"Come, fool, what are you afraid of? I am with you!" He seated her in the boat, untied the rope, and jumped in himself. The boat slowly began to sway and drift further from the shore with

דעם שטראם, ער האט זי ארומגענומען, און אנגעשפארט איהר קאפּ צו זיין ברוסט...

— „שלאף!” האט ער געזאגט, — „איך וועל דיך אויפוועקען ווען מיר וועלען אהין אנקומען...”

פלוצלונג האט ער דערפיהלט, אז זיינע פיס זיינען נאס. ער האט זיך איינגעבויגען און ער האט דערזעהען, אז דאס שיפעל איז פול מיט וואסער, עס מאכט ניט אוים האט ער זיך געטראכט. מיר וועלען שוין זיין באלד דארטען.

פלוצלונג אין שאטען פון דעם שיפעל האט ער דערזעהען, ווי די מאמע זיצט, און מיט א שמייכעל ווינקט צו איהם. מיט א געשריי פון פרייד: „מאמע! מאמעניו!” האט ער זיך א ווארף געטאן צו איהר... — — — — — — — — — — — — — —

דאס שיפעל האט א ציטער געטאן. דאס וואסער האט זיך האסטיג א לאז געטאן, האט אנגעפילט דאס שיפעל, וועלכע איז מיט א קרעכץ ארונטער געזונקען אין וואסער...

ווען די לבנה איז ארוים פון א געדיכטען וואלקען, איז אלץ אויפ'ן וואסער געווען שטיל און רוהיג...

די צוויי יתומים'לאך האבען געפונען זייער מאמע אין גן־עדן...

יאנקעל ווערט א קאנאדיען

— „קריך אביסעל שנעלער!” — דו „דייגא, וואס שלעפּסטו זיך דארטען ווי א לאבסטער?!...”

יאנקעל האט דערפילט דעם דורכדרינגענדען בליק פון זיין איירישען „פארמאן”, געריכטעט אויף איהם, ווען ער האט מיט אזא פאראכטונג איהם אנגערופען ד י י ג א. ער האט טרויעריג א שאקעל געטאן מיט'ן קאפּ און מיט א רחמנות פנים אונטערטעניג געענטפערט: — „מי נא דייגא מיסטער מעלאין, אי איז א ראשעין”.

די אונטערטעניגקייט האט נאך מעהר גערייצט דעם „פארמאן” וועלכער האט מיט א ווילדען כעס אין זיין שטארקער באסאווער שטימע אויסגעשריען: — טא העל וויט יו! — ווער פרעגט דיך ווער דו ביזט? געה ארבייטען!”

the stream. The boy put his arms around his sister and pressed her head to his breast . . .

—"Sleep!" he said.—"I will wake you when we get there . . ."

Suddenly, he felt that his feet were wet. He bent over and saw that the boat was full of water. He made nothing of it. He thought the trip would soon be over.

Suddenly, in the shadow of the ship, he saw his Mama sitting and winking and smiling at him. He shouted joyfully: "Mama! Dearest Mama!" He threw himself at her . . . — — — — — — — — — — — — — — — —

The little boat shook. The water quickly began to fill it up. It groaned and sank in the water . . .

When the moon came out of the thick clouds, everything on the water was quiet and still . . .

The two orphans had found their mother in paradise . . .

Yankl Becomes A Canadian

—"Move faster you dago!—Why are you moving as slow as a lobster?! . . ."

Yankl felt the penetrating look of his Irish foreman directed upon him. When the foreman pointedly called him dago, Yankl sadly shook his head. With his kind face, he muttered under his breath:—"Me no dago, Mr. Maloney. I is a Russian."

The mumbling made the foreman even angrier. He yelled out with his strong bossy voice, "To hell with you:—Who asks you who you are? Get to work!"

יאנקעל האט זיך האסטיג גענומען צו דער ארבייט, האט הויך פארוואָרפען מיט דער „פיק". און טיעף אין זיין מוח האט זיך גע־נומען פלאָנטערען:

— אי איז ער איין אנטיסעמיט. — אי איז ער א שונא ישראל! שוין א יאהר אז ער, יאנקעל, ארבייט פאר דער שטאט אלס איינ־פאכער „לייבארער" און דער איירישער איז דער ערגסטער פארמאן וואס ער האט געהאט. די וויסטע אמעריקא, מ'הארעוועט ווי איין אייזעל און קוים, קוים מען מאכט א לעבען... זיין חנה'לע וועט שוין אין גיכען ווערען פערצעהן יאהר און זי וועט שוין באלד ענדיגען סקוהל וועט זי אפשר צו העלפען. משה'לע איז ערשט דרייצעהן און ער איז מיט חנה'לען אין דעם זעלבען קלאס. א גוואלדיגער מתמיד האט אויף זיך א גאונישע קאפ. זיין משה'לע וועט זיין אמאל א לייט. אבער מען דארף צו זיי האבען אזוי פיעל. אט ערשט נעכ־טען האט משה'לע געבעטען א דאלאר. פאר עפעס א פאר שיך עקסטרא אויף צו שפילען באל. ער האט עס קוים אויסגעוויינט. און חנה'לע די קארגע. אויסגערעכענטע חנה'לע האט איהם אויס־געהאָלפען, זי האט געזאָגט אז ער מוז עס האבען. ווייל ער איז דער קאפיטאן פון זיין סקוהל. און פייגעלע זיין אינגסטע, ערשט זעקס יאהר לעזט ענגליש ווי א וואסער...! ביי דעם געדאנק פון פייגעלען ווערט יאנקעל עפעס אנגעפיהלט מיט אזא צערטליכקייט אז זיין בליק פארלירט דעם כעס און ווערט מילד און צערטליך. פייגעלע! יא א טייערער מלאך'ל איז זיין פייגעלע... און יאנקעל פארגעסט דעם פארמאן דעם רשע און פארלירט אפילו דעם האס צו אמעריקא.

* * *

אין אווענט ווען יאנקעל איז געקומען אהיים, זיינען איהם די קינדער באפאלען מיט א שמחה אז מארגען איז „האלידעי" פול מיט התלהבות האבען זיי איהם דערצעהלט אז מארגען צעהן אזיי־גער אין דער פריה וועט ביי זיי אין סקוהל זיין איין „ענטערטיינ־מענט" און „פוט־באל גיים". זיי האבען איהם דערצעהלט פון פלעגס, יוניאן דזשעק, באל, סאנגס, ספיטשעס. ער האט געוואוסט. אז מארגען איז א יום־טוב, אז ער וועט ניט דארפען מארגען אר־

Yankl quickly went to work and raised his pick up high, but he began to formulate dark thoughts:

—"Oy, he is an anti-Semite. —Oy, he is an enemy of our people!" Yankl had been working for the state as a simple laborer for the past year. This Irishman was the worst foreman he ever had. In far away America, he thought, one works like a donkey and barely, barely, ekes out a living. His Chanele will soon turn fourteen and be finished with school, so maybe she will help out. Moyshele is just thirteen, but he is in the same class as Chanele. A diligent genius, his Moyshele will become someone to respect. But a parent needs so much money for his family. Only yesterday, Moyshele asked for $1 for a pair of shoes—just for playing ball. He simply announced it. Chanele, the thrifty one, the one who keeps strict accounts for everything, helped her brother out. She said he needed to have them because he is the captain in school. And when Yankl thinks about his youngest child, Faygele, who at six already reads English fluently, he fills up with so much tenderness that he forgets his anger. His Faygele is a dear little angel. Thoughts of her make Yankl stop thinking about the evil foreman, and he loses his hatred for America.

*   *   *

In the evening, when Yankl came home, the children fell on him with their exciting news: tomorrow is a holiday. They eagerly told him that an "entertainment" was scheduled at 10:00 a.m. in school, to be followed by a football game. They talked about flags, the Union Jack, ball, songs, and speeches. Yankl knew that he would not have to

בייטען און וועט זיך קענען אביסעל אויסרוהען און ווען די ב[illegible]נדער האבען איהם געבעטען. ער זאל געהן צום סקול קאנצערט. האט ער פריהער ענטזאגט, אבער ווען משה׳לע האט איהם ערקלעהרט. אז דער אריינגאנג איז פריי, עס דארף קיין געלט ניט קאסטען. האט ער נאכגעגעבען און האט זיי צוגעזאגט אז ער וועט מארגען געהן מיט זיי אין סקוהל.

ארום אכט אזייגער אין דער פריה האט ער זיך אויפגעכאפט פון דעם טומעל און ליארם פון די קינדער. וועלכע האבען געמאכט א גאנצען יריד. ער איז נאך אביסעל געלעגען אין בעט און אויסגעגלייכט די מיעדע גליעדער. אבער איינשלאפען האט ער שוין מעהר ניט געקענט. ארום האלב נאך ניין איז ער שוין געווען פארפוצט מיט א שטייפען קאפעליוש. וועלכען ער האט געקויפט אין ראטערדאם, נאך איידער ער האט זיך געזעצט אויפ׳ן שיף וואס איז געפאהרען קיין קענעדא. און איז געווען גרייט צו געהן מיט די קינדער אין סקיהל.

ווען יאנקעל איז צוגעקומען נאהענט, צו דעם גרויסען מויער האט זיך זיין הארץ גענומען צאפלען און „טיאכקען״. ער איז ארויפגעגאנגען די ערשטע טרעפ. און איז געבליבען שטעהן אונענטשלאסען. צי זאל ער געהן ווייטער אדער מאכען א „השיבנו נאזאד״: אזוי ריין, ציכטיג און אזוי גוואלדאוונע גרויס... איידער ער האט צייט געהאט קומען צו א באשלוס, איז צו איהם צוגעגאנגען א יונגע שעהנע פרוי, א פנים א לעהרערקע, און באמערקענדיג זיין אונענטשלאסענהייט, האט זי איהם מיט א פריינדליכען שמייכעל געזאגט: — קומט גלייך ארויף! מיר האבען נאך ניט אנגעפאנגען. מיר ווארטען ביז אלע עלטערען פון די קינדער וועלען קומען און זיך צו זעצען אויף די פלעצער״.

יאנקעל אליין האט ניט געוואוסט, ווי אזוי עס איז געשען. נאר א ווילע שפעטער איז ער געזעסען אין א פארפוצטען און דעקארירטען גרויסען זאל מיט נאך פיעל אנדערע ערוואקסענע מענשען. עפעס א געקאלירטער פארהאנג האט אפגעצאמט דעם אויבען אז פון וואנען עס האבען זיך געהערט לוסטיגע, פרעהליכע, קינדערשע שטימעלאך. א יונגע פרוי איז געזעסען נעבען א פיאנא. האט גע־

work because of the holiday. He was looking forward to resting. When the children asked him to go to the school concert, he refused at first, but when Moyshele explained that the entrance was free, that it did not cost any money, he gave in. He promised that he would go with them to school the next day.

The happy noise and tumult of the children had Yankl up by 8:00 a.m. He lay in bed another little while and straightened out his tired limbs, but he couldn't go back to sleep. By 9:30 a.m., he was already dressed up, wearing a stiff cap that he had bought in Rotterdam before he had boarded the ship sailing to Canada. He was ready to go to school with the children.

When Yankl came close to the big school wall, his heart began to tremble and throb. He ascended the first few steps and then remained standing uncertainly. He could not decide whether he should go further or turn around. The building was so spotlessly clean and so huge. Before he had time to make up his mind, a pretty young woman, evidently a teacher, noted his indecisiveness. With a friendly smile, she welcomed him. "Come right in! We have not yet begun. We are waiting for all the parents to arrive and sit in their seats."

Yankl himself did not know how it happened, but a short while later he was sitting in a decorated huge hall with many other grown-ups. A colored curtain fenced off the front from which the voices of healthy, happy children were heard. A young woman sat near a piano,

בלעטערט די נאָטעז און געפיהרט מיט איין האַנד איבער די קלאַוויי־
שעז.

יאַנקעל האָט נאָך קיין צייט ניט געהאַט זיך ריכטיג אַרומצו־
זעהען, ווען מיט אַמאָל איז געוואָרען איין זאַאַל שטיל. דער שושקען
האָט זיך אויפגעהערט, און ער האָט דערהערט ווי אַ מאַן רעדט עפּעס
ענגליש. ער האָט נאָר אַזוי פיעל געקענט פאַרשטעהן, אַז דער מאַן
דערצעהלט וואָס פאַר אַ יום־טוב דאָס איז. ער האָט ניט לאַנג גע־
רעדט, אָבער ס'איז משמעות דעם עולם געפעלען געוואָרען. ווייל
מ'האָט איהם שטאַרק אַפּלאָדירט.

עס האָט זיך פון ערגעץ דערהערט אַ שטימע: „מאַרק טיים!"
און פון הינטערן פאָרהאַנג האָבען די קינדערלאַך גענומען שאַרען
מיט די פיס, אַלע אין טאַקט, פּונקט ווי אַ ראָטע סאָלדאַטען אויף אַ
„סמאַטר". דעם פאָרהאַנג האָט מען אָפּגעשאַרט, און די קינדער.
אין פאַרלאַך, האָבען אַרויסגעמאַרשירט מיט פאָהנען. פּונקט ווי
שמחת תורה, להבדיל, צו הקפות... דאָס ערשטע פּאָרעל איז געווען
דעם פאָרמאַנס 15 יאָהריגער „באַי", וועלכער האָט געטראָגען אַ
גרויסע קאַנאַדישע פאָהן. לעבען איהם איז געגאַנגען זיין חנה'לע.
איהרע שוואַרצע געקרויזטע האָר, פאַרפלאָכטען אין לאַנגע צוויי
צעפּ און איבערגעבונדען מיט אַ רויטער סטענגע, האָבען זיך
שטאַרק געוואָרפען אין די אויגען אין פאַרגלייך מיט די רויטע האָר
פון מאַלאַנים „באַי"... חנה'לע איז געווען אָנגעטאָן אין אַ ריינער
ווייסער קליידעל ווייסע שיך און זאָקען. מיט אַ צניעות'דיגע פאַרב
אין די באַקען מיט אַ פּייערל פון ענטהוזיאַזם אין איהרע שעהנע
שוואַרצע אויגען און מיט אַ שטראַהלענדעם געזיכט האָט זי אויס־
געזעהען אַזוי שעהן, אַז עס האָט זיך איהם געדאַכט אַז אַלע בליקען
זיינען געריכטעט אויף זיין שעהנער טאָכטער. און מיט שטאָלץ האָט
ער געהערט דעם שטילען מורמעל, וואָס איז דורכגעגאַנגען איז האָל
פון פילע מענשען וועלכע האָבען זיך ניט געקענט איינהאַלטען און
האָבען שטיל אַרויסגעשעפּטשעט זייער באַוואונדערונג מיט די ווער־
טער: „וואַט אַ ביוטי"! „וואָס פאַר אַ זעלטענע שעהנהייט!"

אַ דונער פון אַפּלאָדיסמענטען האָט אויסגעבראָכען. ווען די
קינדער האָבען געענדיגט, און מ'האָט פאַרצויגען דעם פאָרהאַנג...

fingering the notes, and leading with one hand over the keys.

Yankl did not yet have time to look around, when all of a sudden, it became quiet in the auditorium. The whispering stopped. He heard a man speaking in English. He understood that the man was explaining the holiday. The speech was not long, but apparently, it pleased the applauding audience

From somewhere he heard a voice dictating, "Mark time!" Behind the curtain, the children began to shuffle their feet, all to the beat, as though they were a company of soldiers on review. The curtain was raised. The children, in pairs, marched out with flags, just like on Simchas Torah.[38] The first couple consisted of the foreman's fifteen-year-old son, who carried a large Canadian flag, and Yankl's daughter Chanele, who was right next to him. Her crowned black hair, woven into two long braids tied up with red ribbons, was a sight to behold in comparison with the red hair of Maloney's boy. Chanele was dressed in a clean white dress, white shoes, and socks. With innocent color in her cheeks, a fire of enthusiasm in her pretty black eyes, and her radiant face, she looked so pretty that Yankl imagined that all eyes were on his daughter. With pride, he heard the quiet murmur going through the auditorium from all the people who could not keep it in. "What a beauty! What an exceptional beauty!"

A thunderclap of applause broke out. When the children finished, the curtain was closed . . .

---

[38] Joyous Jewish holiday when children wave flags and march behind the Torah—HBF.

א ווײַלע שפּעטער האָט מען אָפּגערוקט דעם פאָרהאַנג און זײַן חנה׳לע איז געשטאַנען און האָט געזונגען עפּעס אַן ענגליש ליעדעל.

אַז זי האָט אָפּגעזונגען האָבן אַלע אָפּלאָדירט און מיט גרויס באַגײַסטערונג געשריען: — „קאַפּלאַנסקי! קאַפּלאַנסקי!״ און מען האָט אַזוי לאַנג געשריען ביז זײַן חנה׳לע האָט זיך געמוזט נאָך אַמאָל צייגען, אַ שעמעוודיגע מיט רויטינקע בעקעלאַך פאַר׳ן עולם און זיך פאַרנייגען.

די איבעריגע פּראָגראַם האָט איהם ניט אינטערעסירט ביז וואַנען מ׳האָט אַנאַנסירט אַז אויפ׳ן סקוהל הויף וועט מען גלייך שפּילען באַל...

ער האָט געזעהען, זײַן משה׳לע איז עפּעס געלאָפען מיט אַ גרויסען לעדערנעם באַל, און נאָך איהם אַנדערע קינדער. ער האָט גענומען באַטראַכטען זײַן משה׳לען עפּעס איז ער געווען אָנגעטאָן אין קורצע הויזען און אַ בלאָען „סוועטער״. אויף וועלכען עס איז געווען אויסגענעהט עפּעס אין ענגליש.

אַט האָט ער אַ בריקע געטאָן דעם באַל, און ווי אַ הירש געננומען לויפען איבעראַל איז ער געווען דער ערשטער. ער האָט אויך באַמערקט אַז די קינדער פאָלגען איהם ווען ער שרײַט עפּעס אויס. און ער האָט זיך דערמאָנט, אַז חנה׳לע האָט געזאָגט, אַז משה׳לע איז דער קאַפּיטאַן. ער האָט ניט פאַרשטאַנען, וואָס דאָ קומט פאָר. עפּעס יעדער איינער לויפט נאָך דעם באַל און ווען ער קריגט איהם בריקעט ער איהם אַוועק. ער׳ט אָבער געזעהען משה׳לע איז דער אָנפיהרער, איז איבעראַל און איז כמעט אימער דער ערשטער. און ווען זײַן משה׳לע האָט אַרײַנגעבריקעט דעם באַל עטליכע מאָל צווישען צוויי סלופּעס האָבען אַלע, דער גאַנצער עולם מיט התפּעלות באַגײַסטערט געשריען און געליאַרימט מיט צופריעדענהייט: „קאַפּלאַנסקי! קאַפּלאַנסקי!״ פּונקט ווי ער וואָלט געווען אַ גובערנאַטאָר אָדער טאַקי אַ קאַפּיטאַן, וואָס האָלט מלחמה און איז מנצח און געווינט אַ שלאַכט.

אַ שאַרפער פּייף. און ווען דער עולם איז געוואָרען שטיל האָט עפּעס איינער דורך אַ טרובע אַנאַנסירט אַז קאַפּלאַנסקי האָט געוואונען מיט פינף קעגען צוויי...

A little while later, the curtain was pushed aside, and his Chanele was standing and singing a song in English. When she ended, everybody clapped and screamed out passionately, "Kaplanski! Kaplanski!" until his Chanele shyly reappeared with flushed cheeks. She curtsied.

The rest of the program did not interest him until he heard an announcement that there would be a ball game in the school courtyard . . .

He saw his Moyshele run with a large leather ball and other children running after him. He noted that his Moyshele was dressed in shorts and a blue sweater, on which something was embroidered in English.

Moyshele gave the ball a kick and began to run like a deer. He was the first everywhere. Yankl also noticed that the children obeyed him when he screamed out. He remembered that Chanele had said that Moyshele was the captain. He did not understand the game. Every boy was running after the ball, but when he got it, he kicked it away. He saw, though, that Moyshele was the leader. He was everywhere, and he was almost always first. And when his Moyshele kicked the ball up high between two posts several times, the crowd began to scream with joy, "Kaplanski! Kaplanski!" as though he were a governor or an actual captain in war who had won a battle.

A sharp whistle. When the crowd quieted down, somebody announced through a loudspeaker that Kaplanski won five against two . . .

אימיצער האָט אויסגעשריען: — וואָס איז דער מעהר מיט קאַפּלאַנסקי?!

און אלע האָבען געשריען: — „הי איז אלל רייט!"

זיין פאָטער הארץ איז געווען איבערפילט מיט צופרידענהייט. זיין זון, זיין משה'לע, זיין בן יחיד'ל... געהענדיג אזוי פארטיעפּט און גליקליך האָט ער זיך אָנגעשטויסען מיט זיין פּאַרמאַן. וועלכער איז געשטאַנען, רויבערענדיג א גראָבען סיגאר און גערעדט מיט עפּעס א הויכען, גראָב בייכיגען און פעסט געבויטען ענגלישמאַן.

— ביי גאָש, לוק! האָט מאַלאַני געזאָגט מיט א גוטמוטהיגען שמייכעל: „אָט איז איינער פון מיינע דייגאָס!"

יאַנקעלעס אויסגעבויגענער רוקען האָט זיך אויסגעגלייכט ער האָט אָפּגעמאָסטען זיין איירישען פּאָרמאַן מיט א פאַרעכטליכען בליק, און שטאָלץ, קוקענדיג זיין פּאָרמאַן גלייך אין די אויגען האָט ער שטאָלץ אויסגעשריען: —

— „טאַ העל מיט יו! מי נאַ דייגאָ, מי קאַנאַדיען!"

א גאַסט אויף חנוכה

(א בילד)

דייוו דאַרפמאַן, האָט אָנגעצונדען דאָס ערשטע ליכטעל און אויף ניך אָפּגעזאָגט די „הנרות הללו," ער האָט געדאַרפט פאָהרען צום באָהן און האָט זיך אויף שנעל געגומען פארטיג מאַכען צום וועג.

ער האָט אָנגעטאָן א גרויסען פעלץ, האָט זיך גוט פאַרגאַר־טעלט. האָט אַרומגעוויקעלט זיין געזיכט מיט א גרויסער וואָלע־נער פאַטשיילע, האָט אַראָפּגענומען פון שטריק די וואָלענע הענ־טשיקעס, וואָס האָבען זיך געטריקענט איבער'ן אויווען. און האָט שוין געוואָלט אַרויסגעהן.

„דייוו! פאַרגעס ניט מיטצונעמען א פּאָר קאַלדרעס, און זאָלסט איהם גוט אַרומוויקלען, וואָרים ער וועט נאָך דערפראַהרען ווערען" — האָט איהם זיין ווייב'ס שטימע דערמאָנט פון צווייטען צי־מער.

A person yelled out:—"What's the matter with Kaplanski?!"

And everybody answered:—"He's all right!"

Yankl's fatherly heart was overflowing with joy thinking of his only son, his Moyshele. He was so overwhelmed by his happiness that he bumped into his foreman, who was smoking a fat cigar and speaking with a tall, big-bellied, and muscular Englishman

—"By gosh, look!" said Maloney with a good-humored smile. "Here is one of my dagoes!"

Yankl straightened up his bent back. He measured up his Irish foreman with a contemptible look. Staring directly into the foreman's eyes, Yankl proudly screamed out:—

—"The hell with you! Me no dago, me Canadian!"

A Guest For Chanuka

(A Portrait)

Dave Dorfman lit the first candle and quickly chanted the blessings. He was in a hurry to drive his sled to the train station.

He put on a large fur and tied his coat up well. He wrapped his face in a large woolen kerchief. His woolen gloves were drying on a rope hanging over the oven. He took them down and started to set out immediately.

"Dave! Don't forget to take a couple of blankets with you. Wrap him up well, because he might freeze to death," his wife's voice reminded him from the next room.

פּעסיל! געה דערלאַנג מיר די קאַלדרעס, גוט וואָס זי האָט אונז דערמאָנט, אז ניט וואָלט איך דיר געבראכט א פארפרארענעם חתן.

פּעסיל וועלכע איז געזעסען און האָט גענייהט האָט זיך האַסטיג אויפגעהויבען און האָט ארויסגעטראגען פון שלאָף צימער צוויי קאַלדרעס און א גרויסע פאטשיילע.

— זאָל ער זיך נאָר גוט ארומוויקלען. אין דרויסען איז מסוכן. אזא פראָסט מיט א ווינט, און דער וועג וועט אויך זיין שטארק פארשנעעט, עס וועט דיר נעהמען היינט לענגער צו פאָהרען ווי אלע מאָל״... האָט פּעסיל איהם געזאָגט.

— איך וועל עס מאכען אזוי גיך ווי איך וועל נאָר קאָנען. אבי נאָר דער צוג זאָל זיך ניט פארשפּעטיגען. וועל איך זיין שנעל אהיים.

— איך וועל ווארטען ביז איהר וועט קומען דו וועסט געווים וועלען א גלאז־טעה — און איך דארף נאָך אויפנייען די בלוזע.

— אלל־רייט!

זי איז געבליבען זיצען ביי דער מאשין א צייט איז זי געזעסען פארטיפט אין איהרע גדאנקען ביז דער זייגער האָט געשלאָגען זיבען, זי האָט האסטיג א דרעה געטאָן דאָס רעדעל פון מאשין און האָט זיך גענומען צו איהר געניי.

איהרע גדאנקען זיינען געווען אין איינקלאנג מיט דעם רעדעל פון מאשין, אויך זיי זיינען געלאָפען שנעל אין איהר מוח, יאָגענדיג איינע די אנדערע, און מאָהלענדיג איהר בילדער פון דער פארגאנגענהייט, איהר הארץ האָט זיך געשראָקען פאר דער צוקונפט.

— „ער וועט שוין באלד אָנקומען. נאָך א דריי פערטעל שעה!״ דאָס רעדעל דרעהט זיך שנעלער, און איהר גדאנק פיהרט זי צוריק מיט צוויי יאָהר, ווען זי איז אָנגעקומען א גרינע מיידעל, צו איהרע פריינד, מ׳האָט זי אמת ניט געלאָזט געהן ארבייטען. עס האָט איי־קיין זאך ניט געפעהלט, אבער ווי אונטערוואָרפען זי איז. וואָסערע ערנידערונגען זי האָט געדארפט ליידען אין דיזען לאנד פון גלייכהייט און זעלבסטשטענדיגקייט: — פאר די עלטערע קרובים צו אריסטאקראטיש און צו פריי, פאר די יונגערע — צו קליין שטע־

"Pessl! Go and bring me the blankets. It is good that she is reminding me. If not, I would bring you a frozen bridegroom."

Pessl, who was sitting and sewing, hastily rose and carried out two blankets and a large kerchief from the bedroom.

"He should wrap himself up well. Outside it is dangerous. Such cold and wind! The road will be covered with snow. It will take you longer to travel today than all other time", Pessl told him.

"I will make it as quickly as I can. As long as the train will not be late, I will be home soon."

"I will wait until you come. You will certainly want a glass of tea—and I still need to sew my blouse."

"All right!"

She remained sitting by the sewing machine for a while, deep in her thoughts. Seven o'clock, she quickly turned the wheel of the machine, and she began sewing.

Her thoughts seemed to run on the wheel of the machine, quickly, one rushing the other, painting pictures of the past. Her heart was frightened of the future.

"He will soon arrive. Another three-quarters of an hour!" She turned the wheel more quickly. Her thoughts led her back to two years ago, when she first arrived, a green immigrant. Her family absolutely did not allow her to go to work. They provided everything she needed, but she became their subject. She remembered the experiences she had to suffer in this land of equality and independence: her older relatives thought she acted too aristocratically and too freely, while the younger ones found her to be too

טעלדיג. איהר נאָמען פּעסיע־טויבעניו, ווי די מאַמע פּלעגט זי רו־פען איז דאָ געוואָרען פּעסיל. פאַר די קרובים, און מיס פּירל פאַר איהרע באַקאַנטע. אוןביידע נעמען האָבען ניט געפּונען קיין צערט־ליכען ווידער קלאַנג אין איהר יונגען האַרץ זי האָט ביידע נעמען געהאַסט...

אַה, ווען איינער זאָל זי אַרופטאָן פּעסיע־טויבעניו! ווי גליק־ליך זי וואָלט געווען. עס וואָלט איהר דערמאַנט אַזוי פיעל. אַזוי פיעל!...

דער פּאָדים פון מאַשין רייסט זיך איבער, דאָס רעדעל שטעלט זיך אָפּ, און איהרע געדאַנקען בלייבען ווי אָפּגעהאַקט. זי טוט אַ קוק ווידער אויפ׳ן זייגער, וועלכער הענגט אויפ׳ן וואַנד געגען אי־בער דער מאַשין, ציהט אַריין דאָס פּאָדים, טוט אַ דרעה דאָס רע־דעל, אין לאָזט זיך ווידער אַוועק אין מיש־מאַש פון איהרע אי.ע־נע געדאַנקען. זי דערמאָנט זיך אָן דאָס ערשטע מאָל, וואָס ער האָט זי געזעהען, ווי זי איז געשטאַנען ביים וואַש טאָפּ און האָט געוואַ־שען וועש, ווי זי האָט זיך פאַרשעמט און איז רויט געוואָרען. ווען זי האָט באַמערקט זיין בליק.

ער האָט אָפט גענומען אַריינגעהן צו זיי, און ער האָט איהר געמאַכט אַ פאָרשלאַג זיי זיינען געוואָרען חתן כלה. זי האָט פאַר־לאָזען איהרע שטאָט קרובים און איז געקומען צו איהר פּעטער אין דאָרף, און איצט קומט ער אויך צו גאַסט אין דאָרף און עס איז באַשלאָסען ביי זיי אַז די חתונה וועט זיין נאָך די וואָך... זי קען זיך ניט אָפּגעבען קיין רעכנונג, אויב זי האָט איהם טאַקע ליעב. אַמאָל דענקט זי, אַז ער איז צו אומוויסענד, ער איז צו עגאָאיסטיש און זעהר קאַרג. אָבער זי טראַכט וועגען איהם מעהר ווי פון אַלע איבעריגע יונגע לייט, וועלכע האָבען זיך גע׳שדכנ׳ט צו איהר. און ווען זי וועט חתונה האָבען וועט זי פּטור ווערען פון אַלע איהרע בעלי בתים, זי וועט ניט דאַרפען זיין אָפּהענגיג, זי וועט ווערען אַליין אַ בעל הבית׳טע, וועט האָבען אַ הויז, אַן אייגענע היים...

דאָך עטוואָס שרעקט זי. אַן אומפאַרשטענדליכער צוויפעל. פאַרדונקעלט איהר פרייד, עפּעס שושקעט איהר אין אויער און רופט אַרויס אַ חשד וואָס קלעמט זי ביים האַרצען. — זי וואָלט

unsophisticated. Her name, Pesye-Toybenyu, which her mother used to call her, became Pessl here for her relatives, and the ugly Pirl for her acquaintances. Neither one of those names found a tender echo in her young heart. She hated them both . . .

Ah, if somebody would call her "Pesye-Toybenyu," how happy she would be. It would bring back so many memories, so many! . . .

The thread in the machine broke, the wheel stopped, and her thoughts were cut off. She looked again at the clock, hanging on the wall across from the machine. She pulled the thread, gave the wheel a turn, and went back to the mishmash of her own thoughts. She remembered the first time he saw her. She was standing by the basin washing dirty laundry. She was embarrassed and turned red when she noticed his gaze.

He began to visit them often, and he suggested they become engaged. She left the city and her relatives, and she went to her uncle in the village. He visited there also, and they decided to get married the following week.

She does not know if she actually loves him. Sometimes she thinks that he is not knowledgeable enough, that he is too selfish, and that he is very stingy. But she thinks more of him than of all the other young men who want to marry her. Furthermore, after she will get married she will no longer have all her relatives bossing her around. She would not have to be dependent; she herself will become a manager of her own household; she will have a house, her own home . . .

Yet something is frightening her. A mysterious doubt darkened her joy. Something was whispering in her ear, calling forth a suspicion that clams up her heart. She

וועלען אויפהויבען דעם פארהאנג, פון צוקונפט, וואס פארדעקט פון איהר, איהר מזל, און עס רייסען זיך אויס ניט ווילענדיג די ווערטער: — „ערגער קען דאך ניט זיין, ווי גאט וועט געבען, ווי מיין מזל וועט אויסטראגען!״

דער זייגער טוט ווי א ציטער און הויבט אן שלאגען איינס. צוויי, דריי, זי כאפט זיך אויף פון בענקעל, ברענגט אין ארדנונג אלעס אויף דער מאשין, לויפט צו צום שפיגעל און גלעט צו איהרע האר, די האנד איהרע ציטערט, זי הערט ווי דער שליטען האט זיך אפגעשטעלט לעבען טיר.

זיי זיינען שוין דא! מ׳דארף מאכען שנעל א גלאז טהע. און איהר הארץ קלאפט גלייך מיט׳ן זייגער טיק־טאק, טיק־טאק...

חוה׳ס אן אייניקעל.

ביי א טישעל מיט אייז קריעם, זיצען א יונגע־פארעל. זי א זעלטען שעהן מיידעל, שווארצע האר, שווארצע אויגען א ווייסער פנים גערייטעלט מיט דער פארב פון פרייד, א שולמית.

ער — אן אינטעליגענטער בחור׳ל א מין רוסיש־אידישער סטודענט. זוכט זי פאראינטערעסירען. ער רעדט שעהן, פון אידעאלען פון ליטעראטור, זיין שפראך איז שעהן, זיין שטימע איינגענעהם, מ׳זעהט, דער בחור׳ל זוכט איהר צו געפעלען און ער קאקעטירט מיט זיין שכל, מיט זיין לאגיק, מיט שעהנע פראזען און מיט זיין קענטניס.

זי האט געענדיגט איהר „אייז־קריעם״ און האט א געגעץ געטאן. ניט פארזוכענדיג צו באהאלטען עס. ער איז געבליבען שווייגענד, א וויילע, ניט וויסענדיג וואס ווייטער אנפאנגען צו רעדען.

„יו מאסט בי טייערד?״ האט ער מילד און מיט סימפאטיע נעפרעגט, אלץ וועלענדיג איהר צו געפעלען.

— „ניין, האט זי געענטפערט. איך בין פאראינטערעסירט אין דער גרינער „וואואל דרעסס״ וואס יענע מיידעל טראגט. „איז׳נט איט לאוולי? איט׳ס וואנדערפול!...״

wants to lift the curtain covering the future, the curtain covering her luck. Reluctantly, she blurted out: "It cannot be worse. My luck will be the way God wills it."

The clock shakes and strikes one, two, and three. She stands up from her chair, organizes everything on the machine, runs to the mirror, and pats her hair. Her hands tremble. She hears how the sled has stopped near the door.

They had arrived! She needs to make tea at once. Her heart beats in unison with the clock: ticktock, ticktock . . .

Eve's Granddaughter

A young couple is sitting at a table, having *ice cream*.[39] She is an extraordinarily pretty girl, with black hair, black eyes, a fair complexion reddened with the dye of joy; she is a Shulamis.[40]

He—an intelligent young man, a kind of Russian-Jewish student. He is trying to win her attention. He speaks well, and he discusses ideals derived from literature. His language is refined; his voice is pleasant. It is clear that the young man is trying to impress the young lady. He flirts, using his intelligence, logic, and knowledge in beautifully crafted phrases.

She finished her *"ice cream"* and yawned. She did not even try to hide it. He remained silent for a while, not knowing what to speak about next.

"You must be tired?" he mildly and sympathetically asked, always trying to please her. "No," she answered, "I am interested in the green *'wool dress'* that other girl is wearing. *Isn't it lovely? It's wonderful! . . ."*

---

[39]   All words in italics are English words written with Yiddish characters.

[40]   Shulamis is the "black and comely" princess in the *Song of Songs* of the Old Testament.

ער און זי

לעצטען יאהר אין אנפאנג זומער. ווען דער וואלד האט זיך געגרינט, און דאס פעלד איז געווען פארציערט מיט פיעל פארביגע בלומען, האבען זיי זיך באגעגענט.

בלויז ער און זי. הינטער זיי אין דעם שאטען פון צופריעדענהייט, האט זיי נאכגעפאלגט דאס גליק.

ליהליך איבער גליקליך זיינען זיי געווען און זיי האבען באשלאסען זיך פאראייניגען און געהן צוזאמען אויף דעם לעבענס וועג. געפיהרט פון צופרידענהייט און גליק.

זיי האבען געלאזט דאס גליק געהן פאראויס. דאס גליק איז אבער געגאנגען צו שנעל און זיי האבען איהם גענומען נאכיאגען. אין דעם לויף האבען זיי צופרידענהייט געלאזען הינטער זיך און דאס גליק פאראויס און גאנץ ווייט.

און זיי זיינען פארבליבען אליין בלויז ער און זי...

נעבאך בלינד

זי איז וואונדערבאר שעהן גראציעז און חנ'עוודיג, זי קען באצויבערען יעדען מאנספערשוין מיט איהר רירעוודיגקייט און איהר לאגישען פארשטאנד. איהר שטימע, איז זיס, אנגענעהם און קלינגענד, ווי דער קלאנג פון א זילבער קלאהרער טייכעלע וואס פאלט אין גרינעם טאהל.

ס'איז שווער צו באגרייפען אז זי איז נעבאך אזוי געשטראפט. זי איז אזוי ליעבענסווירדיג, אזוי לעבעדיג. פרעהלאך צופריעדען און גליקליך. ווען איהר קוקט אריין אין איהרע גרויסע שווארצע אויגען וואלט איהר אין קיין פאל ניט געגלויבט אז די זעלטען שעהנע אויגען, פון וועלכע עס שפיגעלט זיך אפ די שעהנקייט פון איהר צארטער נשמה, האבען ניט קיין זעה קראפט.

זי איז אבער שטארק בלינד. איך ווייס עס באשטימט.

זי קען מיך, נ י ט   א נ ז ע ה ע ן.

He and She

They met last year, in the beginning of summer, when the forest had turned green, and many colorful flowers divided the field.

Only he and she. Behind them, in the shadow of their happiness, luck followed.

They were ecstatic. They decided to unite and travel on life's road together, led by happiness and luck.

They let luck go in front. Luck, however, went too quickly, and they had to chase it. While racing after luck, they left happiness behind. Luck was very far ahead of them.

Thus, they remained alone, only he and she . . .

Blind, Poor Thing

She is astonishingly beautiful, gracious, and charming. She can enchant every male with her sensitivity and her logical point of view. Her voice is sweet and welcome; it tinkles like the chime of a silvery clear stream falling in a green valley.

It is difficult to comprehend that she has been so punished, the poor thing. She is so worthy of love, so lively, so joyfully happy and successful. When you look into her large black eyes, you would never believe that these extraordinarily pretty eyes, in which the beauty of her tender soul is reflected, do not have the power to see.

Nevertheless, she is completely blind. I know it for a fact.

She understands me, without having seen me.

דער לעצטער בלוט שטורץ

דונקעל, טרויעריג און פרעסענד איז געווען די שטילקייט, וואָס האָט געהערשט אין טויטען צימער. עס האָט זיך בלויז געהערט דער שטילער קלאַפּען פון דעם זייגער, וואָס איז געשטאַנען אויפ'ן טישעל, לעבען פארשידענע רפואות פלעשלאך און אויך דער אטהעם פון דעם שטארבענדען, וועלכער איז געוואָרען אלץ שווערער, הייזעריגער און שמערצליכער.

אלע אין צימער האָבען געפיהלט, אז זיי זיינען נאָהענט צום טויט, דער לעצטער בלוט שטורץ האָט ניט נאָר איבערצייגט די געאיבטע „נוירס", אז דער סוף איז נאָהענט. נאָר אויך אלע שטוב מענשען האָבען עס געוואוסט.

די מעלאנכאליע וועלכע האָט זיי אלעמען ארומגענומען איז געווען פריי פון שרעק. די לאנגע קריינק פון דעם שטארבענדען האָט זיי אלעמען צו א געוויסער שטופע פארבארייטעט. עס האָט געפעהלט יענע פיבערישע אומבאוואוסטהייט, וואָס האָפט געגען צווייפעל. עס האָט געפעהלט יענער קאמפף פון די לעבעדיגע, וואָס קומט פאָר אין צייט פון א קריזיס אין יעדען קראַנקען צימער. ווען די האָפנונג שטארבט אפ ביי די לעבעדיגע מיט דעם לעצטען אטהעם פון דעם קראנקען. אין דער אומבאוואוסטהייט אין דעם צווייפעל שטראלט דער האָפען און באלייכט דעם קראנקען צימער.

אזא קראנקען צימער האָט נאָך אין זיך א פונק לעבען, אזא שמערץ לעבט מען דורך מען פיהלט עס... אזא וועה איז נאָך א לעבעדיגער ספאזם פון שמערץ... אזא געפיהל האָט די פרוי פון דעם שטארבענדען ניט געקענט פיהלען... עס איז געווען א טויטער געפיהל, זי האָט ניט געהאָפט און זי האָט זיך ניט געשראָקען, נאָר אלעס איז געווען שווארץ, דונקעל, שווער, שטיקענד. דער מוח פוסט דאָס הארץ לעדיג און ווי עפעס א קאלטע אייז קאלטע האנד שטיקט פאר'ן האלז...

זי האָט ניט געפיהלט קיין שמערץ, קיין וועה, יעדער אבר שווער, ווי אָנגעגאָסען מיט בליי. און עס דאכט זיך איהר, אז

The Last Hemorrhage

The silence governing the room of death was dark, mournful, and oppressive. The quiet ticking of the clock, standing on the table near assorted bottles of medicine, and the breathing of the dying person, which was becoming more labored, more hoarse, and more painful, were the only sounds that could be heard.

Everybody in the room felt that death was near. The last hemorrhage did not yet convince the experienced "nurse"[41] that death was near, but all the others in the room knew it.

The melancholy enveloping all of them was free of fear. The long sickness of the dying man had prepared them all to a certain degree. The feverish unconscious, which hopes against doubt, was no longer present. The struggle of the living, which takes place in times of crisis in every sickroom, when hope dies with the last breath of the dying person, was missing. In the unconscious, hope shines through despair and lights up the sick room.

Such a sick room still has a spark of life in it. Those in the room can experience the pain, feel it . . . Such an ache is still a living spasm of pain . . . The wife of the dying man could not feel the pain . . . Her feelings were dead. She had no hope, and she was not frightened, but everything was black, dark, heavy, suffocating. Her mind was vacant; her heart was empty. She felt as though an ice-cold hand were choking her by the throat . . .

She did not feel pain. She felt no anguish. Every limb felt heavy, as though filled with lead, and she thought that

---

[41] English word written in Yiddish letters. —HBF

זי איז דאָס טויט, און זי וואַרט קאַלטבלוטיג מען זאָל קומען זי באַגראָבען... זי איז אָבער ביי איהר פולען פאַרשטאַנד נאָר אַלע געפילען. אַלע חושים זיינען טויט.

זי הערט ווי דער זייגער שלאָגט דריי, עפּעס שלאָגט דער זייגער היינט צו לאַנגזאַם, איינס, צוויי, דריי... זי הערט זיך צו לאַנגזאַם ווי עס טיק־טאַק׳ט דער זייגער פּונקט ווי ער וואָלט געצעהלט יעדע סעקונדע...

דער שווינדזיכטיגער קראַנקער ליעגט מיט האַלב צוגעמאַכטע אויגען, ער פיהלט זיך איצט לייכטער, ווי אַלע מאָל. דער וועהטאָג און שאַרפע שמערץ, וועלכע ער האָט געפיהלט די לעצטע וואָך איז אין גאַנצען פאַרשוואונדען, ער פיהלט זיך אַביסעל שוואַך, מיעד אָבער דער מוח איז קלאָהר, און ער וויים אויך אַז זיינע מינוטען זיינען געצעהלטע.

דער געדאַנק פון טויט אָבער מאַכט אויף איהם ניט קיין שטאַרקע ווירקונג, ער איז גאַנץ גלייכגילטיג... ער טראַכט ניט ווי וועגען זיין אייגענעם טויט, נאָר ווי פון אַ ווילד פרעמדען מענשען.

זיין בליק שטעלט זיך אָפּ אויף זיין פרוי און ער באַמערקט אַ רויטען בלוט פלעק אויף איהר ווייסער בלוזע — דאָס איז זיין בלוט, ער האָט עס פאַרשפּריצט ווען ער האָט געהאַט דעם לעצטען בלוט שטורץ.

—"טהו עס אויס"! "דאָס בלוט — זאָל ניט זיין אויף דיר!" האָט ער קוים, קוים אַרויסגערעדט. "איך וויל דיך זעהען ריין... ניט פאַרפלעקט...

די אָנשטרענגונג האָט איהם שטאַרק אָפּגעשוואַכט און ער האָט מאַכטלאָז צוגעמאַכט די אויגען.

זי האָט געווענדעט איהר בליק צו דער בלוזע און דערזעהענדיג דעם רויטען פלעק האָט זי אַ שוידער געטאָן. איז שנעל אַרויסגעגאַנגען פון צימער און, נאָך געהענדיג גענומען עס פון זיך אַראָפּרייסען.

ווען זי איז געקומען צוריק האָט ער ווידער געעפענט די אויגען און ער האָט זי באַגעגענט מיט אַ שמייכעל.

death

she was dead, that she was waiting, cold-bloodedly, for burial . . . She understood everything, but all her feelings, all her senses were dead.

She hears the clock striking three. Time is passing today, too slowly: one, two, three . . . She listens how the clock tick-tocks as though it were counting every second . . .

The dizzy, dying person lies with half-closed eyes. He feels lighter now than he ever did before. The aches and the sharp pains, which he had felt the past week, are gone entirely. He feels a little weak and tired, but his mind is clear. He is aware that his minutes are numbered.

The thought of death, however, does not affect him deeply. He is quite apathetic . . . He does not think the death will be his own, but a wild stranger's.

His glance stops on his wife. He notes a drop of red blood on her white blouse—that is his blood. It had spurt out during his last hemorrhage.

—"Take it off! Blood should not be on you!" He could barely speak. "I want to see you clean . . . not stained" . . .

The effort weakened him greatly and he closed his eyes from lack of strength.

She turned to look at her blouse. Seeing the red stain, she shuddered. She quickly left the room. While walking, she started to tear it off.

When she returned, he opened his eyes again and greeted her with a smile.

— ״יעצט קען איך דיך זעהען ווי דו ביזט: — רײן אונ־שולדיג, גוט!...

זײן יעדעס וואָרט האָט זי געשטאָכען, זי האָט געפיהלט א שריצקליכען וועה, א געוואלדיגע חרטה. דער געוויסען האָט זי איצט גענומען פּלאָגען, זי האָט זיך דערמאָנט ווי אַפט זי האָט אויף איהם געבעטען דעם טויט, און ווי זי האָט זיך ניט געקענט באהערשען און האָט געגען איהם אזוי שרעקליך געזינדיגט... זײנע רייד, זײן שמייכעל, זײנע צוצויגענע קוים אַרויסגערעדטע הייזעריגע ווערטער האָבען זי געבראַכט צום לעבען. האָט זי אַרויסגעשלעפּט פון דער לעטארגישער מעלאַנכאליע אין וועלכער זי איז געוועזן פארזונקען די לעצטע צייט. און זי האָט אויסגע־בראָכען אין א היסטערישען געוויין...

ליעבע

ער האָט זיך ליעב. דעם גאַנצען טאָג ארבייט ער שווער אום זיך צו ערנעהרען. זײן גאַנצען פארדינסט פארשווענדעט ער אויף זיך. ער קויפט זיך שעהנע מלבושים ווייל ער וויל זיך זעהען איז שעהנע קליידער, עס איז פאר איהם קיין זאך ניט שווער צו טאָן. ער קען אפּשטעהן עטליכע מינוטען לעבען שפּיגעל און קלייבען הנאה, באַטראַכטענדיג ווי שעהן ער קוקט אויס. זײנע אָווענטען פאַרברענגט ער מיט זיך אליין און ער איז שטאַרק צופריעדען מיט זײן אײגענער געזעלשאַפט. ער דיסקוטירט ניט, קריגט זיך ניט מיט זיך אליין, און קריטיקירט זיך ניט. ער זוכט זיך אליין צו געפעלען, מיט דעם גרעסטען פארגעניגען ערפילט ער זײן קלענס־טען פאַרלאַנג.

ער האָט זיך באמת ליעב...

ער איז אבער איינזאַם, ווייל ער קען ניט געפינען א צווייטע פערזאָן וואָס זאָל איהם אזוי ליעב האָבען, ווי ער האָט זיך אליין ליעב.

—"Now I can see you as you are: —clean innocent, good! . . .

Every word pierced her; she felt a terrible pain, enormous regret. Her conscience began to plague her. She remembered how often she had wished him dead, how she could not control herself, and how she had sinned so horribly against him . . . His speech, his smile, his drawn-out, barely audible, hoarse words brought her to reality. She snapped out of the lethargic melancholy in which she had been sunk lately. And she began to weep uncontrollably . . .

Love

He loves himself. He works hard a whole day in order to support himself. He squanders his entire earnings on himself. He buys himself attractive wardrobes because he loves to admire himself in beautiful clothes. Nothing is too difficult for him to do for himself. He can stand many minutes in front of the mirror with real pleasure, thinking of how handsome he looks. He spends his evenings by himself, and he is extremely happy with his own company. He does not argue or fight with himself, and he does not criticize himself. He only wants to please himself. He joyfully fulfills his every desire.

He is truly in love with himself . . .

He is, however, alone; he cannot find another person who would love him as much as he loves himself.

———————

ESSAYS[42]

Joseph J. Goodman

(Little guy—third from right)

---

[42] Original page was blank. Titled "Essays" by HBF.

אידישע עסטהעטיק

די דעפינאציאָן, די באדייטונג פון דעם וואָרט „עסטהעטיק״ לויט נאָך וועבסטער, מיינט: די פילאָזאָפיע פון שעהנקייט. דאָס געפיהל. דער גוסט פון דעם מענשען. וואָס שאצט־אָפּ די שעהנקייט אין ליטעראטור, דראמא, קונסט, מיוזיק און נאטור.

ס׳דוכט זיך, אין פלוג, אז עס קען ניט זיין קיין באזונדערע. קיין ספּעציפיש פארשידענע אידישע מיינונג וועגען שעהנקייט. עס דוכט זיך אז עס קען ניט זיין קיין אפּגעזונדערטע אידישע עסטהעטיק.

ווען מיר קוקען זיך אבער צו נעהענטער, ווען מיר דרינגען אריין אין דעם לעבען, זעהען מיר אז דער עסטעטישער געפיהל, איז ניט נאָר פארשידען אין נאציאָנען נאָר צו א געוויסער שטופע אויך ביי יחידים.

דער רוסישער זאגט: — „נא וקוס אי נא צוועט טאווארישטשא ניעט״ — אויף גוסט און קאָליר איז שווער צו קריגען א חבר. צוויי מענשען קענען ניט האָבען דעם זעלבען גוסט וואָס איינעם געפעלט קען דער צווייטער האסען.

אלזא די אבשאצונג פון שעהנקייט קען זיין פארשידען. איינער קען אידעאליזירען א בלאנדינקע ווען דער צווייטער זאָל פארגעטערען א ברונעטען — די זעלבע זאך איז אויך אין ליטעראטור, דראמא, אין קונסט און מיוזיק, די אפּשאצונג קען זיין פארשידען לויט נאָך דעם כאראקטער, אינטעליגענץ, און באגריעף פון דעם מענשען...

וויבאלד אז עס קען זיין אז מענשען זאָלען זיך ניט אייניגען אין דעם באגריעף; זא לאנג יחידים קענען האָבען פארשידענע עסטעטישע געפילען מוזען מיר זאָגען אז פארשידענע נאציאָנען, מיט פארשידענע קולטורען, אייגענארטיגע כאראקטערע און טעמפּעראמענטען, זאָלען אלס נאציאָן האָבען אלס קלאס, אן אלגעמיינעם כאראקטעריסטישען באגריעף פון עסטהעטיק. וועלכער זאָל זיין גאנץ פארשידען, זאָל זיין איינשטימינג און אין אקקארד (אין איינקלאנג) מיט זייער קולטורעלען און נאציאנאלען לעבען.

Jewish Aesthetics

The definition of the word "aesthetics," according to Webster, is the philosophy of beauty. It is a feeling coming from a person's spirit when he or she appraises the beauty of literature, drama, art, music and nature.

It seemed to me, at first, that there could not be any specifically Jewish opinion about beauty. It seemed to me that there could not be any characteristically Jewish aesthetics.

However, when we look more closely, when we delve into life, we see that aesthetic feelings differ by nations, and to a certain degree also by individuals.

The Russian says, "by taste and color it is hard to find a friend." Two people cannot have the same taste. What one likes, the other may hate.

Thus the appreciation of beauty varies. One person can idealize a blonde, while a second person makes a goddess of a brunette—The same is true in literature, drama, art, and music. A person's evaluations vary according to his character, intelligence, and conceptions . . .

As long as it is possible that people should not unite in this concept; as long as individuals can have various aesthetic feelings, we must say that various nations, with various cultures, characteristics and temperaments, should have a general characteristic concept of aesthetics, which although quite diverse, should be in agreement and in accord (one voice) with the cultural and national life.

אויב אזוי שטעלען מיר זיך די פראגע: —
וואָס איז אידישע עסטהעטיק?...

נו מיר זיך פארשטעלען א גאַלערי פון קונסט בילדער. די בילדער זיינען צוגעשיקט געוואָרען ביי גרויסע קינסטלער אין קאמפעטיציאָן און מ׳האָט אויסגעקליבען דריי מענשען א פראנצויז א דייטש און א אידען אז זיי זאָלען ערקלעהרען ווער פון די קינסטלער מ׳זאָל באלוינען מיט א פרייז. די דריי וואָלטען זיך זעהר שווער פאראייניגט וויל מיר גלויבען אז יעדער איינער פון זיי וואָלט געהאט א פארשידענעם געפיהל וועגען שעהנקייט. זייערע באגריפע פון עסטהעטיק וואָלטען געוועזען פרעמד איינער דעם צווייטען: — דער פראנצויז וואָלט געזוכט די נאטור שעהנקייט און וואָלט דערפאר געזוכט זיין מייסטערווערק אין די מיטהאָלאָגישע בילדער. די נאקעטע שטריכען פון דער נאטור וואָלטען שטארק אפעלירט צו זיין ארטיסטישער נאטור, ער וואָלט באוואונדערט די שעהנע פארמען פון דעם קערפער, ניט מערקענדיג די פרעכהייט און די חוצפה.... דער דייטש אלס פילאזאף וואָלט געפונען שעהנקייט אין דעם סימבאל פון דער בילד, ער וואָלט געזוכט א קריטיק אויף דעם לעבען. א סאטירע אויף דער געזעלשאפט מיט איין וואָרט ער וואָלט געזוכט די לעקציאָן דעם מאראל וואָס דער קינסטלער האָט באהאלטען אין זיין קונסט ווערק. דער איד וואָלט זיך אויך גערעכענט מיט פארבען מיט נאטור טרייהייט אבער וויל עס וואָלט איהם אפגעעקעלט פון דער חוצפה׳שער „וועגוס” (די געטין פון שעהנהייט) וואָלט ער געוועזען אין איינע התלהבות פון דער שעהנקייט פון א שולמית (א פאסטושקע).

אין מיוזיק ווערט דער איטאליענער באצויבערט פון רעש׳דיגע קלאנגען געשריבען אין א הייכער סקייל. דער דייטש גלייכט זיין „וואגנער” מיט די דונערענדע און בליצענדע קלאנגען. דער פראנצויז וועט אפלאָדירען די שאנטאַן ליעדעל, דער אמעריקאנער איז פארקאכט אין „רעג־טיים” דער איד קריגט התפעלות פון „אבינו מלכנו” פון „אלי אלי למה עזבתנו”, אדער „מן המצר” פון מאגולעסקא, ער גלייכט מיוזיק אבער ער גלייכט די ווייכע טענער וואָס זיינען געשריבען אין א ״מינאר” די מיוזיק וועלכע גלעט.

If so, we pose the question: —
What are Jewish aesthetics? . . .

Let us imagine a gallery in which great artists have submitted paintings for a competition. Three judges—a Frenchman, a German, and a Jew—are picked to select the winner of the prize. It would be very difficult for the three to agree. We believe that each one of them would have a different feeling about beauty. Their concepts of aesthetics would be strange to each other: —The Frenchman, admiring the beauty of nature, would favor the mythological pictures as masterpieces. The nudes would strongly appeal to his artistic admiration. He would marvel over the pretty forms of the body, not noticing the vulgarity and the chutzpah of the poses. The German, prone to philosophy, would find beauty in the symbols of the paintings. He would search for a critique of life, a satire on society. In brief, he would search the lesson, the moral that the painter hid in his artwork. The Jew would also appreciate natural freedom; but while he would be nauseated by the outrageous *Venus* (the goddess of beauty), he would be enthusiastic about the beauty of a Shulamis (a shepherdess).

In music, an Italian is enchanted by noisy sounds written in a high scale. The German likes Wagner with his thunder and lightning. The Frenchman will applaud the chanson, the song. The American is all fired up about Ragtime.

The Jew is delighted by the songs from the prayer book, like "*Avinu malkeynu*" [our King], or "*Eli eli*" [My G-d! My G-d! Why have you left us?], or "From the narrowness (of distress)" by Mogulesco. He likes the soft tones of minor keys, the music which caresses,

לאכט ניט הילכיג, ווײנט שטיל אז עס פארנעהמט ביים הארצען און פרעהט זיך מיט דעם פולען הארצען אבער אז גוואלדען אז נע־שריי און אז געפילדער...

אין ליטעראטור דער „זיידע" און „שלום עליכם" און אלעס וואס איז אידיש, ריין אידישע ליטעראטור וועט איהר געפינען פיעל רעאליזם מ'רעט גאנץ אפען און מ'גיט אנצוהערעניש אבער עס פעהלט דער רעאליזם פון עמיל זאלא און אנדערע פראנצויזישע שרייבער. די שפראך פונ'ם אידען איז ריינער די אויסדריקע אנ־שטענדיגער בעלי בית'שער, דאס איז דער אידישער געפיל...

דער איד אלס עסטעטיקער גיט צו אז די זון איז שעהן, פראכט־פול, ער גלייכט אבער ניט איהר שטאלץ, דעם ברען און היץ. ער גלייכט בעסער די בלאסע, קאלטע לבנה מיט איהר נעלאסענהייט...

ס'איז קיין צווייפעל אז דער איד האט א ספעציפישען געפיהל פון עסטעטיק, ס'איז א ריין אידישער געפיהל, ס'אין א געפיהל וועל־כער האט זיך אויסגעארבייט אויף דעם באדען פון זיין אייגענער קולטור. זיין אידעאל פון שעהנקייט איז גאנץ פארשידען. ווייל דער הויפט פרינציפ פון זיין עסטעטיק איז — צ נ י ע ו ת...

בקור חולים

איינע פון די שעהנסטע אידישע מדות איז אמאל געווען צו באזוכען א קראנקען; מיר זאגען שעהנסטע מדות, ווייל א קראנקער פיהלט זיין עלענד, זיין איינזאמקייט מעהר ווי א געזונטער מענש. ווידער געהן אויף א שמחה זיך פרעהען מיט יענעם איז אנגענעהם, געהן אבער הערען די קרעכצען פון א קראנקען איז ניט קיין פאר־נעניגען נאר א מענשליכער אדער אויבערמענשליכער, פארלאנג צו טרייסטען יענעם, צייגען א געוויסען מיטגעפיהל, און עס איז מעהר אדער ווענינער אלטרואיסטיש, ערהאבען, שעהן און גוטהארציג צו באזוכען יענעם ווען עס פארשאפט אונז ניט פערזענליך קיין פארגעניגען.

מיר זיינען דא מעהרסטענס פרעמד און עלענד אהן פריינד, אהן קרובים. און אמאל אויך אהן נאהענטע באקאנטע און לאנדס־

which does not seem to laugh hollowly, which cries softly so that it takes his heart, and brings joy to his heart, but without screams, without noise, and without tumult . . .

You will find much realism in works by the *"zeyde"* [grandfather][43], by Sholem-Aleichem[44], and in fine Yiddish literature. Texts are quite uncensored, and hints are given, but they do not have the Realism of Emile Zola and other French writers. The Jews' language is more chaste; the expressions are always more masterful. That is the Jewish sensibility. . .

The Jew, as an aesthete, admits that the sun is beautiful and gorgeous. However he does not like its pride or its burning heat. He prefers the pale, cold, moon with its calmness . . .

There is no doubt that the Jew has a specific, characteristic feeling of aesthetics. It is a pure Jewish feeling. It is a feeling developed on the basis of his own culture. The Jewish ideal of beauty is different. The main principle of Jewish aesthetics is—modesty . . .

Visiting The Sick

One of the best Jewish virtues used to be visiting the sick. This is one of the worthiest acts, because a sick person feels lonelier, more solitary than a healthy person. Celebrating with somebody at a happy occasion is a welcome activity. But to go and hear the groans of a sick person is not enjoyable. Instead, it shows a human, even superhuman, desire to comfort another person, to show a measure of sympathy. Visiting someone when it does not bring us personal pleasure is more or less altruistic, lofty, beautiful, and good-hearted.

We are mostly strangers and alone, without friends, without relatives, and sometimes, without close acquaintances or

---

[43]   The grandfather of Yiddish literature is Mendele Mocher Sforim (1836-1917) —HBF.

[44]   Sholem Aleichem (1859-1916) leading *Yiddish* author and playwright. His *Tevye the Milkman* immortalized the Jewish shtetl of Joseph Goodman's time and became the classic "Fiddler on the Roof" —HGH.

ליט, פיעלע גרינע קומען אַן וועלכע האבען דאָ קיינעם און ווען חלילה עס טרעפט אז איינער פון די גרינע ווערט קראנק שיקט מען איהם אוועק אין א קריסטליכען האספיטאל.

דער חולה איז א גרינער רעדט קיין ענגליש וואָרט און פארשטעהט ניט וואָס מ׳רעדט מיט איהם שטעלט זיך פאר זיין ביטערע שרעקליכע עלענד. זיין בענקען, זיין לייד און זיין פיין איז ניט אויסצושרייבען, א מענש ווען ער איז געזונד פיהלט ער ניט אזוי שטארק זיין איינזאמקייט, ער איז פארנומען, מיט זיין ארבייט מיט זיין באשעפטיגונג אבער שטעלט זיך פאר א מענשען וועלכער ליגט אין בעט טוט קיין זאך, קען ניט אויסריידען מיט קיינעם קיין וואָרט און ליגט נאָר און ־רענקט, דענקט וואָס פאר שרעקליכע טרויעריגע פינסטערע מחשבות, וואָס פאר שמערצליכע געדאנקען עס טראגען זיך אין זיין מוח און מאַכען זיינע קערפערליכע שמערצען נאָך גרעסער, נאָך טיעפער, נאָך שמערצליכער און נאָך קוועלענדער.

עס זיינען דאָ האספיטעלער און אין זיי ליגען פילע אידען און א סך פון זיי זיינען פרעמדע גרינע אידען, אידען וועלכע ה[illegible]עז איבערגעלאָזען אין דעם היים פאמיליען, פריינד, קרובים, באקאנטע: אידען וועלכע זיינען געווען אין דער אלטער היימאט שעהנע אנשטענדיגע בעלי־בתים און דאָ ליגען זיי איינזאם עלענד פארגעסען פון דער גאנצער וועלט ניטא מיט וועמען א וואָרט אויסצוריידען ניטא פאר וועמען אויסגיסען די ביטערע הארץ. ניטא קיין איינציגער מענש אין א שטאָט פון טויזענטער אידישע איינוואוינער וועלכער זאָל קומען איינמאָל אין וואָך מבקר חולה זיין. עס איז ניטא קיין איינציגע אידישע הארץ וועלכע זאָל מיטפיהלען זייער בראָך. עס איז ניטאָ קיין אויג וואָס זאָל פארגיסען א טרער אויף זייער שרעקליכען בראָך אויף זייער ליידען און פיין. ניטא קיין מיטלייד מיט דיעזע אומגליקליכע, אויסגעלאָשען דער פונק פון רחמנות אין דער אידישער גאס, ניטא קיין טרייסט וואָרט פאר עלענד ניטא קיין מיטגעפיהל פאר דעם קראנקען.

דער אידישער קראנקער פיהלט עס נאָך מעהר ער פיהלט זיין עלענד נאָך טיעפער נאָך שרעקליכער נאָך קוועהלענדער. ווען ער

people from our hometown. Many immigrants who came over have nobody here. When, God forbid, it happens that one of them becomes sick, he is sent away to a Christian hospital.

The patient is an immigrant, speaks no English, and does not understand what people are saying to him. Imagine his bitter, frightful loneliness. His homesickness, his suffering, and his pain are indescribable. A healthy person does not feel his loneliness so greatly. He is busy with his job, with other occupations. But imagine a person who lies in bed, does nothing, cannot speak a word with anyone else, who can only lie there and think sad, dark thoughts. The painful memories he carries make his bodily aches worse, deeper, more painful, and more tormenting.

There are hospitals that have many Jews, many of them strangers, immigrants. These are Jews who left their families, friends, relatives, and acquaintances back in the old country; they are Jews who were respected back home, where they were honored businessmen. Here they lie lonely, alone, forgotten by the entire world, without a single person to whom they can speak, to whom they can pour out the bitterness in their hearts. There is not one person in a city of thousands of Jewish inhabitants who go even once a week to visit the patient. There is not a single Jewish heart to empathize with the patient's troubles. There is not one eye that will shed a tear over his terrible misfortune, suffering, and pain. Nobody shows sympathy to these unlucky people. The spark of pity in the Jewish neighborhood has been extinguished. There is no word of comfort for the lonely, no sympathy for the sick.

The sick Jew feels his loneliness even deeper, more terribly, more tormenting, when he

זעהט אלע טאג אז עס קומען הונדערטע קריסטליכע באזוכער פון פארשידענע רעליגיעזע און וואלטעטיגע פאראיינען מיט פרוכט מיט בלומען און טרייסט ווערטער מ׳קומט צו איהם אויך ער קען אבער מיט זיי ניט ריידען. ער פארשטעהט זיי ניט זיי פארשטעהען איהם ניט, און עס עגבערט אין מוח ביי דעם קראנקען: — וואו זיינען מיינע אייגענע ברידער און שוועסטער, ס׳איז דאך דא אזא גרויסע אידישע באפעלקערונג עס זיינען דאך דא אזוי פיעל כלל טוער אזוי פיעל כל ישראל בארלאבאנטשיקעס, טשאריטי באלל מא־ בערס, סאסייעטיס מיט סאסייעטעלעך, עס זיינען דאך דא אזוי פיעל גאט סטראפטשעס חטאים זוכער און מצוה קלייבער וואו זיי־ נען זיי? ווארום וואקסען זיי אויס צו א בענקעטעל פאר א נדול, א מלוה מלכה׳לע סעודה׳לע א שמחה׳לע?...

* * *

איינע פון די שעהנסטע מדות איינע פון די ערהאבענסטע אי־ דישע זיטען איז אמאל געווען בקור חולים, אבער עס איז געוועז אמאל, אמאל האבען מיר געהאט די מ ד ה נאר עס איז געווא־ רען אויס מ א ד ע...

העפליכקייט און יחוס

אלס אידען האבען מיר געמאכט גוואלדיגע פארשריטע אויף דעם וועג פון פארשריט, אבער ווען מיר באטראכטען דעם א מ א ל. מיט דעם א י צ ט ווען מיר קוקען זיך צו נעהענטער צום לעבען פון ה י י נ ט און פארגלייכען איהם מיט דעם נ ע כ ט ע ן. זעהען מיר אין פיעלע הינזיכטען א גוואלדיגען ריקשריט: — פיעלע זיטען ריין אידישע און פראכטפולע זיטען וועלכע זיינען פארשוואונדען פון דער אידישער גאס, זיטען וועלכע מ׳האט מיט אלע מעגליכקייטען געדארפט פארהאלטען ניט נאר פאר דעם ה י י נ ט. נאר מ׳האט עס מיט אלע מעגליכקייטען באדארפט זעהען איבערגעבען בירושה אויך פאר דעם מ א ר ג ע ן.

אין דעם האסטיגען איבערגאנג, אין דעם שנעלען לויף פון דעם צייט־גייסט, ווען מיר האבען מיט האסט פארביטען די יארמול־

sees hundreds of Christian visitors coming every day from various religious and benevolent organizations, bringing fruit, flowers, and words of consolation. They come to him also, but he cannot speak with them. He does not understand them; they do not understand him. It makes the mind of the sick person worse, as he asks: —Where are my brothers and sisters? There is such a large Jewish population here. There are so many people dedicated to improving the society, so many Jewish salesmen, charity ball organizers, and welfare societies with many branches. There are, after all, so many attorneys defending God, sin seekers, and those looking for good deeds to perform. Where are they? Why do they amass to a banquet for an important person, to a meal ushering out the Sabbath, to a celebratory dinner? . . .

* * *

One of the best, one of the most virtuous, Jewish customs used to be visiting the sick, but that was before. We used to perform this good deed, but it went out of style . . .

Politeness And Importance

As Jews, we have taken many steps on the stepladder. However, when we think about THEN and NOW, when we look closer at life TODAY and compare it to YESTERDAY, we see that in many ways we have taken an enormous step backward:—Many purely Jewish and beautiful manners have disappeared from the Jewish street, manners which should have been kept not only for TODAY, but should have been preserved at all costs to pass down as an inheritance for TOMORROW.

In our hasty transition, in our fast run to keep up with the spirit of the times, when we quickly exchanged our yarmulkes

קע מיט דער לאנגער קאפאטע, אויף א קאפעליוש מיט א קורץ רעקעל. ווען ביי דער שיין פון ציוויליזאציאנס שטראהלען האבען מיר זיך האסטיג גענומען אויסראמען דעם שימעל פון אבערגלויבען און דומהייט, וועלכע עס האט זיך אנגעקליבען אין אונזער גאס. דורך דעם דרוק פון דעם לאנגען גלות, אט אין דיזער איבערגאנגס צייט. איילענדיג האבען מיר צוזאמען מיט די מיסט אויך אויסגעקערט פיעלע פערעל. פיעלע ספעציפיש אידישע זיטען. פון ריינעם אידישען דרך ארץ, שעהנע, ערהאבענע, פראכטפולע מדות וועלכע זיינען געיען אונזער ציהרונג מקדמת דינא, צוזאמען מיט דעם לאנגיאהריגע, שימעל, האבען מיר אויך פיעלע פערעל אבער געווען פון דער אידישער גאס...

ס'איז זעהר ניט אנגענעהם צו פארלירען א ווערטפולע זאב. דער פארלוסט איז אבער נאך גרעסער ווען מ'בייט עס אוים אויף איין אונווירדיגען און שעדליכען געגענשטאט...

העפליכקייט, איז געווען א גייסטיגער ציהרונג פאר דער אידישער נשמה „לפני שיבא תקום”: גיב אפ כבוד דער עלטער. דיזע העפליכקייט פון דער יוגענד צו דער עלטער איז ביי קיין נאציאן ניט געווען אזוי איינגעווארצעלט ווי ביי דאס אידישע פאלק...

אונזער יחוס, אונזער אריסטאקראטיע איז געווען אמאליגע יאהרען, די אידישע אינטעליגענץ. מיר האבען געמאסטען יענעם'ס יחוס נאך זיין קענטנים, א תלמוד חכם איז געווען דער יחסן א וואויל־לעהרנער, א קענער איז געווען דער גרעסטער אריסטאקראט אבער ליידער האבען מיר אונזער העפליכקייט און אויך אונזער באגריעף פון יחוס פארביטען אויף שלעכטע מדות. די העפליכקייט וואס האט געהערט צו דער גרויער עלטער גיט מען יעצט אוועק צו דער שעהנער יוגענד אנשטאט עהרען דעם אלטען ווערט ער אויסגעלאכט און אמאליגער אריסטאקראט דער יחסן דער רב וועלכער איז געווען אמאל דער פארשטעהער, דער הויפט פיהרער, קריעגט יעצט מעהר אום'כבוד ווי שכירות מעהר באליידיגונג ווי געהאלט ווער רעדט פון דרך ארץ, אונזער יחסן פון איצט איז „די גילדערנע קעלבעל”, מיר מעסטען יעצט א מענשענס שכל, זיין אינטעליגענץ ניט נאך דעם בוך נאר נאך דעם פאקעטבוך. געלט איז יעצט ניט נאר

and long, black coats for caps and short jackets, when by the shine of civilization's rays, we hastily took to cleaning away moldy superstition and stupidity, which had gathered in our streets throughout the oppression of our long exile, in this very time of change, we hurriedly swept away many pearls together with the garbage. The pearls we threw away from the Jewish street were many characteristically Jewish manners, like pure Jewish respect. Together with the old and the stagnant, we discarded pretty, lofty, elegant, beautiful virtues, which were our jewelry long ago . . .

It is very undesirable to lose something valuable. The loss, however, is even greater when the precious item has been exchanged for an unworthy and horrible object . . .

Politeness was spiritual jewelry for the Jewish soul. There was respect for elders. This politeness of youth for their elders was not rooted in any nation as deeply as by the Jewish people . . .

Our Jewish so-called aristocrats were once our seniors. We were proud of Jewish intelligence. We measured another's worth through his knowledge. A Talmudic scholar was the most respected. A good student, a scholar, was our greatest aristocrat. Unfortunately, we switched our politeness, as well as our ideals of worthiness, for bad manners. The consideration that belonged to gray seniors is now given to good-looking youth. Older people receive derision instead of honor. Our former aristocrat, our worthy Rabbi who was once our representative and main leader, now receives more disrespect than wages, more insults than money. What is most respected today is "the golden calf." We now measure a person's mind, his intelligence, not through his book but through his pocketbook. Money is now not only

דער יחוס, דער אריסטאָקראַט, נאָר דער גראָדוסניק מיט וועלכען מיר מעסטען א מענשענס שכל, אנשטענדיגקייט און קענטניס.

ס'איז זעהר א טרויעריגע ערשיינונג אבער לײדער זעהען מיר אז די אמאָליגע ריכטיגע העפליכקייט פון דעם ריין אידישען דרך ארץ און אז די ריינע עטהיק פון אידישען יחוס איז אין גאַנצען פארשוויאונדען פון דער אידישער גאַס.

עס טוט וועה, ווען מיר באטראַכטען אז מיר האָבען אונזערע פערעל פארביטען אויף אזעלכע ניט נאָר אומוויכטיגע נאָר שעדליכע און שענדליכע זיטען...

אין דעם לויף פון דער צייט האָבען מיר אין האסט געמאַכט פיעלע פעהלער אויסגעטוישט גוטע אויף שלעכטע מדות און זיך אויך אין דעם אויסבייט פיעל אפגענאַרט. נאָר דעם ערגסטען אויסבייט וואָס מיר האָבען געמאַכט איז ווען יאָגענדיג זיך נאָך דער פרייהייט, האָבען מיר זיך אָנגעכאַפּט און האַלטען זיך ביי הפקרות.

לעזער

לעולם ילמד אדם תורה, ואחר כך יהגה.
(ברכות)

דאָס בוך, דאָס געדרוקטע וואָרט, האָט ביי דעם אידען אימער פארנומען א בכבוד'ען ארט. די יוגענד זכרונות מאָהלען פאר דעם אידען אזעלכע בילדער, וואָס מאַכען דאָס בוך, דאָס געדרוקטע וואָרט, כמעט פאר א הייליגטום. די פאנטאַזיע שטעלט פאר די בילד פון דעם זיידען. ווי ער בויגט זיך איין און מיט דעם גרעסטען עהרע פורכט הויבט ער אויף אן אפגעריסענעם בלאַט פון א ספר. עס זאָל זיך, באהיט גאָט, ניט וואַלגערען אונטער די פיס. אדער עס דערמאָנט איהם די באָבע, וועלכע פארגעטערט אזוי דאָס הייליגע געדרוקטע וואָרט אז ווען א ספר פאַלט אראב הויבט זי עס אויף און גיט עס א קוש. איך גלויב, אז די אלע טראַדיציאָנעלע שטריכען וועלכע האָבען אונזער פאָלק געצייכענט אלס אן עם הספר, האָבען

the most highly regarded value, but the yardstick by which we measure a person's intelligence, responsibility, and knowledge.

It is a very sad outcome, but, unfortunately, we see that our formerly, correct politeness, our purely Jewish respect, and our ethics regarding Jewish worth, have entirely vanished from the Jewish street.

It hurts when we think that we have exchanged our pearls for unimportant, horrible, and shameful manners . . .

In the rush of time we hastily made many errors. We exchanged good virtues for bad manners, and in the exchange we short-changed ourselves. We made the worst exchange in our rush for freedom, when we lost control of our principles and grabbed onto chaos.

Readers

One should first study Torah and afterwards ponder what it means.
—Berakhot (Talmud)

The book, the printed word, has always been highly esteemed among Jews. Youthful memoirs paint pictures that make the book, the printed word, almost holy. The writer portrays a picture of his grandfather, bending down with respectful trepidation, in order to pick up a page from a holy book so that nobody should step on it, God forbid. The Jew recalls his grandmother, who so idolized the holy, written word that she would kiss the pages after picking them up. I believe that the traits, which have traditionally marked us as People of the Book, have

צו אַ געוויסער שטופּע אונז באַאיינפלוסט, אַז מיר זאָלן אננעמען יעדען נעדרוקטען געדאַנק, ווי אַן אויטאָריטעט, און מיר אַדאַפּטירען דעם געדאַנק אָהן איבערלעגונג, אָדער נאָכפאָרשונג, ניט באַנוצענדיג אונזער אייגענעם פאַרשטאַנד, אונזער לאָגיק, אונזער אייגענעם שכל.

די מעהרסטע צאָהל לעזער טוען איינפאַך ווי אין פּסוק שטעהט. דער און דער שרייבער זאָגט אַזוי, אָדער עס איז געווען געדרוקט, איז באַנוגענד און צופרידענשטעלענד, אַז מן הסתם איז דאָס אַזוי, און ער זוכט עס ניט צו רעכטפערטיגען אין זיין אייגענעם מח, באַנוצענדיג זיין אייגענעם שכל.

שאָפּענהויער זאָגט: „דאָס בוך איז ווי לאַמטערנע אין דער פינסטער, אום צו האָבען די פולע נוצען פון דעם, מוז דער מענש האַלטען זיינע אויגען אָפען, ער מוז באַנוצען זיין אייגענע זעה קראַפט״.

אום אַ בוך זאָל זיין נוצבאַר, מוז מען באַנוצען דעם אייגענעם פאַרשטאַנד, דאָס אייגענע אַנאַליטיק. מען מוז יעדער געדאַנק און יעדע אידעע, וואָס מען לעזט, אָפּוועגען אויף דער שאָל פון אייגענע לאָגיק און אָפּשאַצען און אָפּמעסטען מיט דעם אייגענעם פאַרשטאַנד, מען דאַרף באַנוצען דעם אייגענעם זעה קראַפט, דעם אייגענעם מאַרך, אום דאָס בוך זאָל ברענגען אונז נוצען.

מיר וועלען זיכער ניט בלאָנדזשען, ווען מיר וועלען באַהויפּטען, אַז ווען מען לעזט עטוואָס ניט נאָכדענקענד, איז עס ניט נאָר אומנוציג, נאָר שעדליך. ווען אַ מענש עסט פיעל און מאַכט ניט קיין מאַציאָן, אום דאָס עסען צו פאַרדייהען (רייזשעסטיו). מעג ער עסען אפילו די בעסטע מאכלים, וועט עס שעדליך ווירקען פיזיש אויף זיין אָרגאַניזם. די זעלבע זאַך איז אויך מיט גייסטיגע שפּייז. ווען אַ מענש לעזט פיעל און באַנוצט ניט זיין מאַרך, ווערט זיין פאַרשטאַנד טעמפּ און פאַרזשאַווערט און פאַראַליזירט פון אומגעברויך.

דו זאָלסט אימער לעזען און נאָכהער נאָכטראַכטען, איז די רעקאָמענדאַציאָנען פון חכמי התלמוד. און זיי האָבען פאָלקאָמען רעכט. אַ מענש קען לעזען די גרעסטע חכמות, לערנען די העכסטע

influenced us, to a certain extent, to accept every published idea as being expert, and to adopt ideas, just because they appear in print, without due deliberation or research, without using our own understanding, our own logic, or our own intelligence.

Most readers simply accept texts as unquestioningly as they do Biblical verse: such a writer says this or that. If it was printed, readers are satisfied that probably the author is correct. They do not attempt to justify issues in their own minds, using their own intelligence.

Schopenhauer says, "the book is like a lantern in the dark. To have full use of it, the person has to keep his eyes open; he must use his own powers of vision."

For a book to be useful, the reader has to interpret for himself, perform his own analysis. The reader must weigh every thought and every idea on the scale of his own logic. He must evaluate and measure the ideas according to his own understanding. He needs to use his own powers of vision, his own essence, in order for the book to be useful.

We surely do not go astray when we stress, that when we read something without thinking about it, the text becomes not only useless, but also harmful. When a person eats a great deal but does not properly digest and eliminate, even the best gourmet treats will harm his body. The same applies to spiritual nourishment. When a person reads much but fails to absorb its substance, his understanding becomes dull, rusty, and paralyzed from disuse.

The wisest scholars recommend that you must always think about what you read. And they are completely correct. A person can read the most profound thoughts, study the most important

וויסענשאפטען, נאָר זאָ לאנג ער האָט ניט באנוצט זיין אייגענעם פארשטאנד, און האָט ניט ענטוויקעלט זיין אייגענעם מח, בלייבט ער אונוויסענד און נאריש.

עס איז זעהר ליכט צו פארשטעהן. דער מענש, וועלכער לעזט און טראכט נאָך, דער מוז ווערען געבילדעט. דער אבער, וועלכער לעזט און נעמט אלעס אַן בלינד, ניט טראכטענדיג וועגען דאָס געוועזענע, דער ווערט קיין מאָל ניט אויסגעבילדעט. ער ווערט נאָר איינגעבילדעט.

אין א פינסטערען קעלער

(א פורים עראינערונג)

פאסירט האָט עס מיט יאָהרען צוריק אין וויניפעג. עס איז געוועזען פורים צו דער סעודה. איך בין געזעסען אין א ליכטיגען צימער, ווארים, באקוועם מיט א סך גוטע מאכלים ביי א שעהן געדעקטען טיש, ארומגערינגעלט פון מיין פאמיליע און עטליכע גוטע פריינד, וועלכע מיר האָבען געלאדען אלס געסט פאר דעם אווענט. מיר זיינען געוועזען אלע שטארק פארטיעפט אין א ווארימען געשפרעך וועגען די פאסירונגען אין רוסלאַנד, וועגען דער קריעג מיט יאפאן, און איבערהויפּט וועגען דעם גוואלדיגען שטראָם פון אימיגראנטען וועלכע קומען פון דער אלטער היים אום צו געפינען דאָ א מקלט. מיר האָבען גערעדט וועגען אונזער פליכט ווי וויט מעגליך מקרב זיין און העלפען די נייע אנגעקומענע אויף אזאַ ארט אַז זיי זאָלען וואָס שנעלער ווערען זעלבסטשטענדיג און זיין אומשטאנדע ניט נאָר זיך, נור אויך אנדערע באהילפיג זיין.

ווען מיר זיינען געוועזען פארנומען אין דעבאטירען ווי אזוי מען קען דאָס אקאמפּליצירען, האָט מען פלוצלונג אנגעקלאפט אין טיר. עס זיינען ערשינען דריי גרינע אידען. איך האָב זיי געקענט פערזענליך אלס גרינע רעזערוויסטען וועלכע זיינען ערשט מיט א פאאר וואָכען צוריק געקומען פון רוסלאנד. איך האָב זיי געבעטען זיך זעצען צום טיש...

sciences, but as long as he has not used his own understanding, and has not developed his own mind, he remains unknowledgeable and foolish.

It is very easy to understand. Only the reader who thinks about what he has read becomes educated. On the other hand, the reader who blindly and without thought accepts everything in print, will never become educated. He will only imagine he is educated.

In a Dark Cellar

(A Purim Memory)

It happened years ago in Winnipeg. It was the time of the Purim feast. I was sitting in a well-lit room, warm, comfortable, in front of many delectable treats at a nicely set table, surrounded by my family and several good friends who were invited to be our guests that evening. We were all strongly immersed in a heated discussion about events in Russia, about the war with Japan, and mostly about the enormous stream of immigrants coming from the old country to find shelter here. We spoke about our obligation to befriend and help the newcomers as much as possible in a way that would more quickly help them become independent, and even help others.

While we were busy debating how to accomplish this, there was a knock on the door. Three greenhorn Jews appeared. I knew them personally as newcomers who had arrived from Russia just a couple of weeks ago. I invited them to sit at the table . . .

— ניין, גאספאדין גודמאן, מיר זיינען געשיקט געווארען צו אייך ניט איהר זאָלט אונז צונעהמען פאר געסט. נאר מען האט אונז געשיקט מיט א „פריגלאשעניע״, אז איהר זאָלט קומען צו אונז צו גאסט אויף אונזער קווארטיר און מיט אונז פראווען די סעודה. עס איז אונזער ערשטער יום טוב אין א נייע לאנד און מיר וואָלטען געווען שטארק צופרידען אז איהר זאָלט קומען און זיך משמח זיין מיט אונז.

איך האָב די איינלאדונג אָנגענומען, און ניט אכטענדיג אויף דעם „אין אורח מַכנים אורח״ האָב איך מיטגענומען מיינע פריינד און מיר זיינען אין דער באגלייטונג פון דער קאמיטע אוועק פראווען די סעודה מיט די גרינע, ניי אָנגעקומענע אימיגראנטען.

דער פלאץ איז געווען אין בית יעקב שוהל, אבער ניט אויבען אָן, נור אין דעם, דאן האלב ניט דערענדיגטען קעלער פון דער שוהל. וועלכען פלאץ מען האט פארוואנדעלט אין א הכנסת אורחים. אראפגעהענדיג פון די טרעפ, אין דער פינסטער האָב איך זיך אויס־געגליטשט און בין אריינגעפאלען אין קעלער. עס האט מיר געגנו־מען אביסעל צייט ביז מיין זעה קראפט האט זיך צוגעוואהנט צו דער פינסטערניש וועלכע איז געווען באלויכטען פון דעם דונקעלען שיין פון א פאאר קעראסין לעמפליך. דער שיין פון די פארדויכער־טע לעמפלעך האט זעהר מאט געלויכטען און איז געווען ארומגע־רינגעלט מיט אן עמוד ענן פון פארע און פארשטיקטע לופט. ארום א לאנגען טיש פון ברעטער זיינען געזעסען א מאן צוואנציג פון פארשידענע עלטער מיט פרעהליכע געזיכטער וועלכע האבען אונז פרעהליך און פריינדליך באגריסט ביי אונזער אריינקומען. א חוץ די וואס ארום טיש זיינען נאך פיעלע געזעסען אויף די בעטלעך וועלכע זיינען געווען אויסגעשטעלט אין דער לענג פון דעם קעלער. לאזענדיג בלויז פלאץ פאר א שמאלען דורכגאנג.

אויפ׳ן טיש זיינען געשטאנען עטליכע גלעזער, א גרויסער ווײ־סער קוילעטש, עטליכע צושניטענע הערינג, טעלער, גאפעל, מע־סער, און אין א ווינקעל אויבען אָן אויף א טשער איז געשטאנען א בארעל ביער, וועלכעס א מאן האט געהאלטען אין עפענען און אריינקלאפען א קראן...

— "No, Mr. Goodman, we were not sent to be your guests. We were sent to invite you to visit us in our quarters and celebrate the feast with us. It is our first holiday in a new land and we would be extremely happy if you would come and celebrate with us."

I accepted the invitation. Not heeding the proverb, "One who is himself a guest may not invite another guest," I took along my friends, and accompanied by the committee, we left to celebrate the feast with the greenhorns, the newly arrived immigrants.

Their place was in the Beth Jacob[45] synagogue, not upstairs, but in the half-finished basement, which had been transformed into an arrival center. Going down the steps, in the dark, I slipped and fell into the cellar. It took me a little while until my vision got used to the darkness, which was illuminated only by the dark shine of a pair of kerosene lamps. The feeble glow of the smoky lanterns was surrounded with a pillar of cloud, with dampness, and with air that was suffocating. Around a long table of boards sat about 20 men of assorted ages, with joyous faces, who greeted us warmly and happily when we came in. In addition to those around the table, many sat on the cots, which were set out in the length of the cellar, leaving only a narrow passage for entrance and exit.

On the table were several glasses, a large white loaf, a few sliced herrings, plates, forks, and knives. In a corner at the head of the table, on a chair, was a beer barrel, into which a man was throwing a Crown . . .

---

[45] Goodman was secretary of this synagogue—Leah Hammer.

איך וועל ניט באשרייבען דעם טרויעריגען אויסזעהען פון דעם חשד'דיגען קעלער. איך וועל ניט דערמאנען די נאסע, ניט געפלאסטערטע ווענד, דעם אויסזעהען פון די וועלכע האבען מיך איינגעלאדען. איך וועל ניט מאכען קיין פארזוך צו באשרייבען דעם גרינעם יונגענמאן וועלכער האט געקאכט פאר די אלע גרינע אויף א צובראכענעם קאך אויוועז וועלכער האט מעהר געסמוקט ווי געקאכט די פארשידענע גרויסע טעפ וועלכע זיינען געשטאנען און האבען ארויסגעגעבען א פארע מיט א ריח ניחוח פון ציבעלעס. בארשטש און אנדערע מאכלים וואס האבען געמאכט די לופט נאר שטיקענדער, פייכטער און אונאנגענעהמער...

עס טוט מיר לייד וואס איך בין ניט קיין מאהלער און האב ניט דעם נויטיגען טאלאנט צו שילדערען פאר אייך די שרעקליכע. טרויעריגע, פינסטערע און הארצרייסענדע בילדער בעת איך האב באטראכט די סצענע פון דעם קעלער... עס פעהלען מיר אוים שווארצע, גרויע, טרויעריגע, בלוטיגע, חשד'דיגע פארבען אום צו מאהלען די טראגעדיעס וואס יעדער ווינקעל האט ארויסגעגעבען אויף שטום לשון. דעם גוואלדיגען טרויער, דעם אומגעהייערען עלענד וואס האט זיך געצייגט אין די פרעהליכע געזיכטער און פריינדליכען שמייכעל פון די אלע גרינע... איך בין צו שוואך עס צו באשרייבען און איך וועל דערפאר נור ארויסכאפען עטוואס פון דעם גרויסען לאבירינט פון מיינע זכרונות, עטוואס וואס וועט אייך געבען א קליינעם באגריעף וואס איך האב געפיהלט אין יענעם אווענט פון פורים. מיר האבען גענומען צו עטליכע גלעזער ביער. די שטימונג איז געווארען אביסעל געהויבענער. אייניגע האבען זיך געוויצעלט. אנדערע זיינען געזעסען מיט ערנסטע געזיכטער. א שמייכעל אויף די ליפען און א פארוועהטאגטען זיפץ אין הארצען...

ווען פלוצלונג האט איינער אנגעפאנגען זינגען אין א שעהן טענאר שטימע:

דער המן פון אצונד

אי איז דאס א הונד...

און אלע האבען אונטערגעכאפט:

I will not describe the tragic appearance of that black cellar. I will not mention the damp, un-plastered walls, and the appearance of those who invited me. I will not attempt to describe the young man who was cooking for all the immigrants on a broken cooking oven, which smoked more than it cooked the various large pots standing on it. There was a strong odor of onions, borscht, and other treats, which made the air more suffocating, humid, and unwelcoming . . .

I am sorry I am not a painter and have not the necessary talent to paint for you the terrible, sad, dark, and heartbreaking pictures of the scenes in the cellar. I am missing black, gray, sad, bloody, and dark colors to portray the silent tragedies in every corner. I am too weak to describe the enormous sadness, the uncelebrated loneliness, which showed in the faces and friendly smiles of all the greenhorns. I will therefore only snatch something from the big labyrinth of my memories, something that will give you a small conception of what I felt in that evening of Purim. After several glasses of beer, the mood became a bit lighter. Some made jokes, others were sitting with serious faces, with smiles on their lips but painful sighs in the hearts . . .

Suddenly somebody started singing in a nice tenor voice:

The current Haman
He is a dog . . .

And everybody helped:

דאן וועט זיין מנוחה
אוי וועט זיין מנוחה...

ניט ווילענדיג האָב איך גענומען באטראכטען דעם מקום מנוחה פון מיינע ארימע ברידער. געוועזענע חשוב׳ע בעלי בתים פון דער היים... א שרעקליכער וועהטאָג האָט דורכגענומען אלע מיינע גלידער און האָט מיך געקוועהלט און געמאטערט... אין דער דונקעלהייט פון שטן האָבען זיך מיר געצייגט שרעקליכע טרויעריגע בילדער פאַמיליעם אָהן פאָטערס, און פאָטערס און מוטערס אָהן קינדער. זיי זיצען אויך ביים טיש, פראווען די סעודה אָהן זייערע פאָטערס, אָהן די ליעבע קינדער וועלכע זיצען יעצט אין א קעלער. פרעמד, עלענד און פארצווייפעלט... ווייט פון דער היים. פון פריינד, פון באקאנטע. עס ווילט זיך וויינען, גיסען טרעהרען. הייסע זודיגע טרעהרען אויפ׳ן פאָלקס טרויער. און ניט ווילענדיג רייסט זיך ארויס א פארוועהטאגטער קרעכץ וועלכער מישט זיך צוזאמען מיט די זיפצען פון יענער זייט ים וואָס קלינגט אפ אין דעם וועלט רוים און הערט זיך ווי א דונער איבער די בערג און צוטראגט זיך ווי א בליץ איבער די וואָלקענס...

מען האָט מיך געבעטען עטוואָס זאָגען. איך האָב גערעדט. איך ווייס ניט ווי לאנג און איך ווייס ניט וואָס איך האָב געזאָגט. עס איז געווען א תפילה, א געבעט פאר אונזערע קרבנות. עס איז געווען א באגייסטערטע שפראך פון א פראפעט וועלכער האָט געוועקט האָפנונג אין די הערצער וואָס האָבען אלעס פארלאָרען. עס איז געווען א ברכה פון א הדיוט מיט דער שטארקייט פון אַן אמאָליגען גוטען אידען... אין מיינע נביאות איז מקוים געוואָרען: אלע וועלכע זיינען דאן געווען עלענד, פרעמד און האָפנונגסלאָז זיינען יעצט מיט זייערע פאמיליעס שעהנע בעלי בתים גליקליך, צופריעדען און מיר דערמאָנען עס איצט אין א גוטען אופן.

גענהענדיג אהיים האָב איך אבער דאן באמערקט צו מיינע פריינד: אז דער לעבען פון גיהנום איז ניט אזוי שרעקליך, ניט אזוי טרויעריג און ניט אזוי גרוייזאם ווי דער גיהנום פונ׳ם אידישען לעבען...

Then there will be rest
This way there will be rest . . . .

Unwillingly I started to think about the place of rest of our poor brothers, formerly respected businessmen at home. A terrible pain passed through all my limbs and tortured me. In Satan's darkness I was shown terribly sad pictures of families without fathers, and fathers and mothers without children. They are sitting at the table, celebrating the feast without their fathers, without their dear children. They are sitting now in a cellar, strange, lonely and depressed, far from home, from friends, from acquaintances. I want to cry, pour out tears, boiling hot tears on top of our people's sorrow. Unwillingly, a painful moan bursts out, and it mixes together with sighs from the other side of the ocean, resounding in space like thunder over the mountains, and leaving like lightening over the clouds . . .

They asked me to say a few words. I spoke. I do not know for how long, and I do not know what I said. It was a prayer, a prayer for our victims. It was an inspired speech of a prophet who awakened hope in the hearts of those who had lost everything. It was a blessing from a layman with the strength of a formerly good Jew . . . And my prophecies became true: all those who were then alone, strangers, and without hope, are today, together with their families, respected businesspeople, and very happy.

At that time, however, on the way home, I remarked to my friends, that life in hell is not as terrible, not as sad, and not as horrible, as the hell of Jewish life . . .

אין גייסטער לאנד

א פאנטאזיע

ניט ווייט פון נארד־פאל, אין דער נאכבארשאפט פון „אלטרוריע": דארט וואו די ווארעמע זון באגעגענט זיך מיט דער קאלטער לבנה. און וואו די שווארצע נאכט קושט זיך מיט דעם ליכטיגען טאג. האט זיך באגעגענט דער אלטער אפגעלעבטער יאהר מיט דעם גייסט פון דעם נייעם יאהר.

דער אלטער גייסט איז געזעסען ביים טויער פון רוה־לאנד. א שוואכער אן אפגעצעהרטער, איין אויסגעמאטערטער. א סקעלעט אויף וועלכען די קליידער שמאטעס זיינען געהאנגען אויסגעשמירט אין רויטע בלאטע, דאס געזיכט שווארץ פון רויך און פולווער. די אויערן פארשטאפט מיט וואטע ער זאל ניט הערען דעם קראך פון די קאנאנען און די פארצווייפלונגס געשרייען פון די אומגליקליכע ברואים: זיין קאפ געבויגען פון שרעקליכען יאוש, מיט ארונטערגעלאזטע אויגען פאר שאנדע, האט ער ניט באמערקט און ניט געזעהען דעם צווייטען גייסט.

דער יונגער גייסט פון ניי־יאהר, א הוילער, א נאקעטער, ווי נאר וואס געבארען, מיט א שטראהלענדעס, פרעהליכעס געזיכט. מיט א שמייכעל אויף די ליפעלאך און א גרויסען פאק האפענונגען אויף די יונגע פלייצעס, האט זיך אפגעשטעלט, און באטראכט דעם יאוש פון דעם אלטען.

— האלא, אלטער! האט ער פריינדליך אויסגעשריען, קומסט שוין צוריק?...

— יא, מיין קינד, איך בין דא צוריק! גענוג זיך צרות אנגעזעהען. אי וואס פאר א שלעכטע וועלט!... איך האב געפרעדיגט פרידען, און די קאנאנען שיסען פולווער... א מיאוס'ע וועלט זוהן מיינער, מאכט הייסט רעכט, רויב הייסט ביזנעס. הפקרות הייסט פרייהייט, חוצפה ווערט פאררעכענט פאר אינטעליגענץ, מארד הייסט קולטור. נידערטרעכטיגקייט הערשט אין אלע ווינקעלאך און נעלט, נעלט איז דער הויפט פיהרער פון לעבען...

In Spiritland

A Fantasy

Not far from the North Pole, in the neighborhood of "Altruria"; where the warm sun meets the cold moon, and where the black night kisses the bright day, the finished Old Year met with the spirit of the New Year.

The old spirit was sitting at the gate of Restland. He was weak and drained, exhausted; torn rags smeared with red mud hung on this skeleton. His face was black from smoke and gunpowder. His ears were stuffed with cotton so that he would not hear the thundering of the cannons and the despairing screams of the unlucky victims. Because his head was bent from horrible despair, and his eyes were lowered for shame, he did not see or notice the second spirit.

The young spirit of New Year, bare-naked like a newborn, had a radiant, happy face, and a smile on his little lips. Carrying a sack of hopes on his young shoulders, he stopped and contemplated the despair of the Old Year.

—"Stop, old one!" He called out with a friendly voice. "Are you coming back already?" . . .

—"Yes, my child, I have returned. I have seen enough troubles. Oy, what a bad world! . . . I preached happiness, but the cannons shot gunpowder . . . It is an ugly world, my son. Set it straight quickly. Robbery is called 'business,' wantonness is called 'freedom,' chutzpah is considered 'intelligence,' killing is called 'culture, 'corruption rules in every corner, and money, money rules all . . .

פע א מיאוס׳ע העסליכע היפּאָקריטישע וועלט. א געמיינע אפּגעלומפּערטע וועלט, דאָס לעבען האָט קיין זינן. דער ״ט אַ־פונגס גייסט צושטערט, די פרייהייט איז אַ־קייטען, דער אמת ליגט אין ד׳רערד, און די מענשהייט באדט זיך אין א ים פון טרעהרען און פאַרצווייפלונג.

זיי באשולדיגען מיך, א שוואַרץ יאָהר, א שלעכט יאהר, דו גלויבסט ניט? נא זעה, וואָס א משוגענער דיכטער האָט אנגעבּאַנגען צו שרייבען וועגען מיר, זעהסט? נא לעז...

צום שוואַרץ יאהר.

פון פולווער, קאַנאָנען, פון צווייפעל און שרעק,
וואָס וויל דאָס לעבען צושטערען,
ווערסטו באגלייט אין פינסטערען תהום
באגלייט מיט זודיגע טרעהרען!...

מיט איין ,,עמוד הענן״, פון יאוש און שרעק
א מחנה טייפאָלים... — א בהלה.
מיט טיפסטען וועה, פון שווערען קרעכץ
באגלייט דיך איצט א קללה....

נו זעהסט די דאנקבארקייט פון די מענשען קינדער, אזא געפֿערעטעניש אויף דער וועלט, האָבען געקענט לעבען רוהיג אין פריידען און וועהלטאג, זעהסט ווי מען שילט מיך מיט קללות פאר זייער שולד, פאר זייער אייגענע ווילדהייטען...

— און האָסטו נאָך ניט געמערקט קיין פאַרבעסערונג אויף דער וועלט? האָט דען דער לויף פון דער צייט, דער איינפלוס פון די גייסטער, פון אזוי פיעל יאָהרען, האָבען זיי גאָר ניט געווירקט אויף די נארישע פארפיהרטע און שלעכטע מענשען קינדער?...

— געווירקט? — אוי מיין קינד! יא, עס האט געווירקט, אבער אוי ווי שרעקליך! אנשטאט קליינע ארמעען, זיינען יעצט גאנצע מחנות, אנשטאט שיפען סאָלדאטען וועלכע קענען זיך וועהרען, דערטרינקט מען אומשולדיגע פרויען און קינדער, אנשטאט מלחמה האלטען מיט׳ן שונא ראבעוועט מען פרידליכע בירגער אין בעלגיום.

"Feh! It is an ugly, hateful, hypocritical, vile, crippled world. Life has no meaning, the creative spirit has been destroyed, freedom is in chains, the truth is buried underground, and humanity bathes in a sea of tears and despair.

"They blame me, calling me a Black Year, a Bad Year. You don't believe it? Go see what the crazy poet began to write about me. Here, read . . .

To The Black Year

From gunpowder, canons, doubt and fear,
Which want to destroy life,
You are accompanied into the dark abyss,
Accompanied by boiling tears! . . .

With one "pillar of cloud," from despair and fright
A group of devils . . . —a panic.
With deepest sorrow expressed in heavy groans,
A curse now accompanies you . . .

"So, do you see the gratitude of the children of humanity? There is such abundance in the world that they could have lived quietly in joy and happiness. Instead, you see how I am blamed and cursed at for their own mistakes, for their own wildness" . . .

—"And you did not notice any improvement in the world? The course of time, the influence of the spirits over so many years, did not affect the silly, the seduced, and the bad children of humanity?" . . .

—"Affect them?—Oy, my child! Yes, they were affected, but horribly! Instead of small armies, there are now entire peoples warring. Instead of shooting at soldiers who can fight back, they are drowning innocent women and children. Instead of battling the enemy, they are plundering ordinary citizens in Belgium.

מען שענדעט אונשולדיגע אידן אין פוילען און מ'מאכט פאגראמען אויף אידען...

יא עס האט געווירקט! אנשטאט די אפגעשאפטע שווארצע שקלאפעריי איז געווארען א ווייסע אינדוסטריעלע שקלאפעריי און אנשטאט הייליגע, רעליגיעזע מלחמות, פאר אידעאלען. פאר אמת, פאר א גלויבען, פאר פרינציפ, זיינען זיי יעצט ברידער מערדער פאר געלט, פאר עראבערונג, פאר רויב, פאר ביזנעס און באטרוג...

אך, יא זיי האבען פראגרעסירט נאר אז אך און וועה צו דיזען שענדליבען חוצפה'דיגען פראגרעס, צו דיזער שווידערליכער עקלהאפטער אויסבעסערונג...

— נו און וואס טוען די אידען אין די נייטראלע לענדער?

— גאר ניט.

— ווייסען זיי דען ניט אז „צדקה עשה הקב'הו אם ישראל שפזרן לבין האומות". אז גאט האט געטאן דעם גרעסטען חסד מיט זיין פאלק וואס ער האט זיי צושפרייט צווישען אלע פעלקער אז אין צייט פון נויט זאלען זיי העלפען איינער דעם צווייטען?

— וואס מיר העלפען מען דעבאטירט, מען חקירה'ט זיך. אויב עס איז אידיש בלוט אדער מענשען בלוט נאכלעסיגקייט עם הארצות. גראביאנסטווע, כבוד זוכעניש דאס באהערשט די אידישע גאס. עס האט אויסגעלאשען דעם פונק פון רחמנות, עס צאפעלט ניט דאס הארץ פון דעם גרויסען פאלקס שמערץ דער מאנאטאנער קרעכץ פון די מיליאנען ליידענדע וועלכער שפאלט די וואלקענס און גרייכט צום הימעל געפינט ניט קיין אפקלאנג אין די שטיינערנע הערצער. פאלשע אמת'ן פאלשע נביאים בארויבען דעם פארשטאנד פארשלעפערען דעם געוויסען און פארבלענדען די אויגען. זיי זעהען ניט זייער אייגענע געפאהר און זיי קענען ניט פיהלען יענעם'ס שמערץ, טויט דאס געפיהל פון מיטלייד. עס האט ניט געווירקט דער הילפלאזער געשריי פון די הונגעריגע נאך הילף. עס האט ניט געגרייכט צו די יאהודים דער קרעכץ פון די ליידענדע. דער בארכלען פון גוסס ווען ער באדט זיך אין זיין אויגענע בלוט. אידיש בלוט, רויטע בלוט וואס גיסט זיך ווי וואסער. עס

The innocent in Poland are abused, and pogroms are carried out against the Jews . . .

"Yes, it affected them! Instead of black slavery, which has been abolished, there has become a white industrial slavery. Instead of holy, religious wars for ideals, for truth, for belief, for principle, brothers murder each other for money, for robbery, for plunder, for business, and for deceit . . .

"Oy, they progressed. Woe to this horrible progress of chutzpa; woe to this nauseating improvement" . . .

—"But what are the Jews doing in the neutral countries?"

—"Nothing."

—"Don't they know that 'God performed a kindness to the Jews by dispersing them amongst the nations'? That God showed the greatest grace for his people by scattering them among all the peoples, so that in time of need they can help each other?"

—"There are debates and investigations instead of help. Is it Jewish blood? Are other countries negligent? Rudeness and those seeking honors rule the Jewish street. The spark of pity is burnt out, the great pain of the people does not cause hearts to flutter, and the monotonous groans of the millions suffering, which split the clouds and reach to the sky, do not find an echo in the stone hearts. False truths, false prophets rob the understanding, make the conscience sleepy, and blind the eyes. People do not see their own danger, and they cannot feel another's pain. The feeling of sympathy is dead. The helpless scream of the hungry for help did not affect them, the groans of the suffering did not reach the Jews, nor did the wheeze of the dying bathing in his own blood, in Jewish blood, in red blood, which is spilling like water.

ווערט דערוויי׳ל פארצוקט דאס גאנצע פאלק, די פרומע זיינען גוזר תענית, די ראדיקאלע דעבאטירען און די יאהודים מיט די קאס־מאפאליטען שטעהען פון דערוויטען: און דאס פאלק? דאס פאלק טרינקט זיך און ליידעט, א גאטעניו ביז וואנען!...

— שא, אלטער זארג זיך ניט! דו זעהסט וואס איך טראג? א גאנצען פאק! פרישע האפנונגען פאר דער וועלט. די כמארע, די שווארצע כמארע וועט פארשווינדען און ווידער וועט די זון לייכטען, און די מענשען קינדער וועלען לעבען גליקליך אין פרידען.

און מיט די ווערטער האט דער נייער יאהר צושפרייט זיינע פליגעל און מיט זיין שטארקען האפען גענומען צוטרייבען דעם געדיכטען שווארצען וואלקען פון יאוש און פארצווייפלונג.

אין דער מינוט האבען די מלאכים אויסגערופען: — לשנה טובה תכתבו.

מאיאריטעט

בשעה שבקש הקדוש ברוך הוא לברא את האדם, נעשו מלאכי השרת כתות, כתות. חסד וצדק אמרו יברא, אמת ושלום אמרו לא יברא. מה עשה הקדוש ברוך הוא נטל את אמת והשליכו לארץ.
(בראשית רבה).

ווען די דעמאקראטיע איז נאך געווען אין די וויקעלעך, בלויז דער טרוים פון א דיכטער, אדער די טעאריע פון א פילאזאף, דאן האט דער לאטיינישער אויסדריק: ,,וואקס פאפולי, וואקס דעי״ די שטימע פון פאלק, איז די שטימע פון גאט, געהאט מעהר באדייטונג, מעהר ווערט און מעהר זין. יעצט אבער, ווען מיר דארפען ניט אימער אנקומען צו דעדוקציאן און לערנען דבר מתוך דבר, נאר מיר קענען עס לערנען פון בעאבאכטונג אויך, פון לעבען אליין פון די שוין זאגענאנטע אינסטיטוציאנען, וואס זיינען געגרינדעט אויף דעמאקראטישע יסודות, דאן צייגט זיך ארויס, אז דאס לעבען שטימט ניט אימער מיט טעאריע. דאס לעבען, די ערפאהרונג,

In the meantime, the people are torn, the Orthodox ordain a fast, the radicals debate, and the cosmopolitan Jews stand in the distance. Meanwhile, the victims drown and suffer. Oh dear God, when will it end!" . . .

— "Quiet, old one, do not worry! Do you see what I am carrying? An entire sack of fresh hopes for the world. The clouds, the black clouds will disappear and the sun will shine again. The children of humanity will live happily and free."

And with these words, the New Year spread his wings. With his strong hope, he began to drive away the heavy, black cloud of despair and gloom.

In that minute the angels called out: — "May you be inscribed for a good year."

Majority

When the Holy One, May He Be blessed, wanted to create man, the angels divided into two opposing groups. Kindness and Charity declared that man should be created, and Truth and Peace declared that man should not be created. What did the Holy One, May He Be Blessed, do? He took Truth and threw him to the ground.

(Midrash Breishit Raba)[46]

When democracy was still in the cradle, when it was only the dream of a poet, or the theory of a philosopher, then the Latin expression: *"Vox populi, vox dei,"* the voice of the people is the voice of God, had more meaning, more value, and more sense. Today, we need not always practice deduction and learn "one matter from another matter." We can also learn from observation, from life itself, from the institutions that were founded on democratic bases. This acquired knowledge demonstrates that life does not always agree with theory. Life experience

---

[46] What Goodman has written is not an exact quote. Also it is not found in the source where he claims it to be (Breishit raba). It is located in a different Midrash—Rabbi Aryeh Lopiansky

לערנט אונז, אז פיעלע זאכען, וועלכע זיינען לויט טעאריע א מוז, א פליכט, זיינען גאר זאכען וועלכע מיר דארפען באקעמפען. און אלע טעאריען פאלען דורך, ווייל דאס לעבען איז די בעסטע שולע און בעאבאכטונג — די שטארקסטע לאגישע באווייזע.

מאיאריטעט און פאלקס ווילען קענען אויך אריינגערעכענט ווערען אין די פאלשהייטען פון דעמאקראטיע. אחרי רבים להטות, די מערהייט איז די אויבערמאכט צו וועלכער איינער מוז זיך אונטער־געבען. די מינאריטעט מוז אננעמען דעם באשלוס פון דער מערהייט גראד ווי עס וואלט געווען זיין אייגענער באשלוס. אזוי איז אויך די מיינונג פון העגעל. וואס טוט מען אבער, אז עס קומען פאר פעלע אין לעבען, ווען די מערהייט נעמט אן באשליסע, וועלכע זיינען נעגען פרינציפ, נעגען אמת, פיליכט פארברעכעריש און די מינאריטעט וויל ניט און קען ניט אננעמען.

מיט דעם ווילען פון פאלק איז נאך ערגער. היסטאריע, וועל־כע איז די איינציע ריכטיגע מאס, מיט וועלכער מיר מעסטען סאציאלאגישע פראגען, צייגט אונז דייטליך, אז ניט אימער איז געווען דער ווילען פון פאלק א גרויסער פאקטאר אין ברענגען רע־פארמען און שאפען עטוואס גרויסעס. עס צייגט גראדע פארקעהרט. אז רעוואלוציאנען און אלע אויסבעסערונגען פון דעם סאציאלען, פאליטישען און עקאנאמישען לעבען פון פעלקער, איז געשאפען געווארען ביי מינאריטעט און אמאל גאר פון יחידים, וועלכע זיינען געווען פאראכטעט און פארפאלגט ביי דעם פאלק.

אונזער אייגענע היסטאריע צייגט אזעלכע פעלע: די מאקא־בעער האבען זיכער ניט אויסגעשפראכען דעם ווילען פון פאלק ווען זיי האבען רעוואלטירט, זייערע נאכפאלגער זיינען געווען זעהר אומבאדייטענד אין צאהל, און אפילו צוזאמען מיט די פאסיווע סימפאטיזירער זייערע, וואלטען זיי אלץ געווען אין דער מינארי־טעט, און עס איז קיין צווייפעל, אז ווען זיי זאלען דאן נעהמען א רעפערענדום, וואלטען זיי זיכער נידערגעשטימט געווארען פון די העלעניסטען פון יענער צייט.

די אויבענדערמאהנטע לעגענדע פון בראשית רבה פארענט־פערט דיזע פראגע זעהר לאגיש אזוי, אז די פאדערונג פון לעבען

teaches us that many things that are supposedly necessary, according to theory, are things that we need to fight against. All theories fail, because life is the best school, and because observation offers the strongest logical proof.

Among the falsehoods of democracy are the concepts of majority rule and the will of the people. "A case must be decided on the basis of a majority." The majority is the chief power to which one must submit. The minority must accept the decision of the majority as though it were its own decision. This is also the opinion of Hegel. Yet what do we do if mistakes happen in life, when the majority accepts decisions that are contrary to principles, contrary to truth, that are perhaps against the law, and the minority will not and cannot accept them?

Regarding the will of the people it is still worse. History, the one true standard by which we measure sociological questions, clearly demonstrates that the will of the people is not always a large factor in bringing about reforms and creating grand changes for the better. It shows the opposite is usually true: revolutions and social, political, and economic improvements were often created by minorities, and sometimes even by individuals, who were despised and persecuted by the people they helped.

Our own history shows such failures: the Maccabees certainly did not speak for the will of the people when they revolted. Their followers were meaningless in number. Even counting their passive sympathizers, they would still have been in the minority. There is no doubt, that if they had held a referendum, the Hellenists would certainly have defeated them.

The above-mentioned legend from Breishit Raba answers these questions very logically, saying that the demands of life

זאל שטימען מיט דער טעאריע פון דעמאקראטישע פאדערונגען.

די לעגענדע דערצעהלט, אז ווען גאט האט געוואלט באשאפען דעם מענשען, זיינען די מלאכים געווען געטיילט מיט זייערע מיינונ־גען. חסד און אמת זיינען — דאפיר. שלום און אמת דאגעגען. אום צו שאפען א מערהייט, א מאיאריטעט, האט גאט גענומען דעם אמת און איהם ארויסגעשיקט אויף דער ערד.

שטעלט זיך די פראגע, וואס האט עפעס גאט ארויסגעשיקט דעם אמת. שלום איז דאך אויך געווען דאגעגען. דער ענטפער. נאך מיין מיינונג איז, אז דארטען, וואו עס איז דער אמת, אפילו ווען ער איז אליין, איז דארטען דער רבים. דער אמת מוז באהערשען. א מעהרהייט, וועלכע האנדעלט ניט ריכטיג געגען אמת, געגען פרינציפ, איז קיין רבים ניט. און די ווארהייט איז קיין מאל ניט אין דער מינאריטעט, אבער האלב באוואוסטזיניג שפרעכט עס אויס די מיינונג פון פאלק, אפילו ווען עס ווערט רעפרעזענטירט פון א יחיד. כי האמת לעולם תקום.

שלום בית

(צעהן געבאט פאר ווייבער)

1. זאלסט זיך קיין מאל ניט איילען, אז דער עסען זאל זיין אין צייט, ספּעציעל מיט'ן אנבייסען אין דער פריה: — גיב דעם מאן אן אויסרייד אויף צו „ווארטשען"...

2. ווען ער געהט, אדער פאהרט ערגעץ אוועק, מאך זיך ווי ס'ארט דיך ניט: צייג איהם ניט קיין צערטליכקייט אדער פריינד־שאפט: ער קען זיך נאך באהיט גאט איינריידען אז דו ביזט אין איהם פארליעבט.

3. ווען ער קומט אין אווענט אהיים, זאלסטו זיין א צופּא־

should agree with the theory of democracy.

According to the legend, when God wanted to create man, the angels were divided in their opinions. Grace and Charity[47] were in favor. Peace and Truth were opposed. To create a majority, God took Truth and sent him to earth.

Why did God eject Truth? Peace was also opposed. The answer, in my opinion, is that wherever there is truth, even when it stands alone, there is the majority. Truth must rule. A majority which goes against truth, against principle, is not a majority. The truth is never in the minority; half-consciously it speaks for the opinion of the people, even when an individual represents it. "For the truth shall always rise."

Peace In The House

(10 Commandments for Wives)

1. Never rush to make sure food is ready on time, especially breakfast in the morning:—Give your husband an excuse to "grumble" . . .
2. When he leaves or travels somewhere, act like you don't care; do not show him any tenderness or friendship; otherwise, he could, God forbid, convince himself that you are in love with him.
3. When he comes home in the evening, be disheveled,

---

[47]   The text has the word "truth," but as this does not make any sense, I am using the word "Charity" as found in the epigraph —HBF.

טעלטע, ניט איינגעוואשען, פארהאוועט און אויסגעשמירט אביסעל אין סאזשע: — ער וועט דאן דענקען אז דו ארבייטסט צו שווער.

4. ווען דו רעדסט צו איהם רייד ניט וועגען איינגענעהמע אינצידענטען, נאר דערצעהל איהם ווי אזוי דו האסט זיך געקריגט מיט דער „שכנה" אדער וועגען די שטיפערייען פון די קינדער: — ס'וועט איהם געבען א באגריף פון דיין שווער־מוט...

5. ווען דו דארפסט וואשען וועש, אדער רייניגען די הויז. פאנג אן צו ריידען וועגען דעם באצייטענס, כאטש מיט צוויי וואכען פריהער: — וואס מעהר „טאראראם" דו וועסט מאכען אלץ מעהר וועט ער גלויבען אין דיין שווערע דאליע.

6. ווען דיין מאן בעט דיך מיט איהם געהן אין טעאטער זאלסטו געהן, נאר קומענדיג אהיים זאלסטו איהם געבען א לעק־טשור ווי אויסברענגעריש ער איז און אז דער בעסטער ארט איז די היים: — דאס וועט איהם מאכען מיט דער צייט פאר א „לע־מעשקע".

7. אויב ער ברענגט איין אורח אמאל אין הויז אויף א מאל־צייט, זאלסטו ניט פארגעסען איהם צו דערמאנען אז עס פארשאפט דיר וועניג פארגעניגען און פיעל איבעריגע ארבייט: — ס'וועט מא־כען אז ער זאל פארזאגען א צעהנטען איינלאדען יעמאנדען צו זיך אהיים.

8. ווען דו נעמסט איהם אמאל מיט זיך אין גאס, זאלסטו איהם ציטשלעפען אין אלע קראמען און איהם געבען די אלע פעק־לאך צו טראגען, מאך איהם פאר א „דעליווערי עקספרעס" וואס דארפסטו זיך שאפען מיט א פרעמדען? און דערצו וועט ער אפשר דעם צווייטען מאל מיט דיר ניט געהן און דו וועסט קענען אליין לעבען א גוטען טאג...

9. זאלסט נאר האלטען אין באריהמען דיין שכנה'ס מאן, ווי ער טראגט זי ממש אויף די הענד, און פארגעס ניט צו דערמאנען אז די שכנה איז דיין מינדסטען נאגעל ניט ווערט: — דאס וועט פיליכט דיך מאכען טייערער און איהם ביליגער אין זיינע אייגענע אויגען.

unwashed, extremely busy and smeared with soot;—Then he will think that you work too hard.

4. When you speak with him, do not speak about pleasant incidents, but tell him how you "fought" with your neighbor or about the exploits of the children:—This will give him an idea of how hard you work . . .

5. When you need to wash laundry, or clean the house, begin to speak about it much earlier on, at least two weeks before:—The more "fuss" you will make, the more he will understand your hard lot.

6. When your husband asks you to go to the theater with him, go, but on the way back you should lecture him about how he squanders money, and how home is the best place;—This will make him non-aggressive earlier.

7. If he once brings a guest into the house for dinner, do not forget to remind him that it brings you little pleasure and much unnecessary work:—It will result in his refusing invitations.

8. When you will take him with you in the street, *shlep* him along to all the stores, and give him all the packages to carry. Turn him into a "Delivery Express." Why do you have to connect with a stranger? And, in addition, he may not go with you the next time, and you will be able to enjoy yourself . . .

9. Keep praising your neighbor's husband and the way he treats his wife. Do not forget to remind him that his wife is not worthy of the little nail on your pinkie:—That will perhaps make you dearer, and him cheaper, in his own eyes.

10. זאָלסט קיין מאָל ניט זוכן דיין איינענעם מאַן נעפּעלען צו ווערן, ס'איז ניט נויטיג: — וואָס איז, ער איז דען, א פרעמדער, א חתן, אדער א באָרדער?...

פליגען און מענשעלאך

(פון א רייזע אין דער וועסט)

איך בין אין פּארטאל. ס'איז די הויפּט טיר, דורך וועלכער אמעריקאנער קומען אריין אין מערב קענעדא, צו באזעצען זיך אויף די פרוכטבארע פעלדער פון סאסקאטשעוואן און אלבערטא — די „עלדאראדא" פון וועיץ און קאָרן.

איך בין שוין דאָ אין דער גרעניץ שטעטעל א וואָך צייט. די ארבייט איז א גאנץ לייכטע. איך דאַרף עקזאמינירען די עמיגראנטען און איך פארשטעה די ארבייט, וואָרים וועלכער איך קען דאָס ניט שטעלען פראגען? די ארבייט וואָלט געווען גאנץ אנגענעהם, ווען אנשטאט עקזאמינירען מענשען מיט געפיהלען, וואָלט איך געדארפט עקזאמינירען ציגעל אדער סאָרטירען ברעטער... ס'איז מיין פליכט צו באשליסען, וועלכער פון די פיעלע עמיגראנטען איז ווינשענסווערט צו האָבען אלס א צוקונפטיגען קענעדער בירגער און וועלכען מען דאַרף שיקען צוריק. איך דאַרף בלויז נאכפאָלגען געוויסע רעגעלען און אויספיהרען דאָס געזעץ. און איך באגרייף פיל-ייכט צום ערשטען מאָל, אז געזעץ איז ניט אלע מאָל גערעכט. — פליכט און מענשען געפיהל, דין און רחמנות, ווי אוממעגליך עס איז זיי איינצושפאנען אין איינעם, אז זיי זאָלען קענען הארמאניש שלעפּען דעם וואָגען פון געזעלשאפטליכען לעבען...!

און איך „טשינאָוניטשע" אין פּארטאל שוין באלד א וואָך. עס איז נעבעלדיג אויף'ן הארצען, און יאוש'דיג אין דער נשמה. איך שטעה איין אין דעם איין און איינציגען האָטעל. וואָס דאָס שטעטעל פארמאָגט. עס זאָגט זיך, האָטעל. ס'איז א פשוט'ע הילצערנע צוויי גארענדיגע געביידע, וואָס איז ווינטער קאלט ווי דער „נאָרד פּאָל", און זומער אזוי הייס, ווי אין א שוויץ באָד אויף דער

10. Never seek to please your own husband; it is not necessary:—
What, is he then a stranger, a fiancé, or a boarder? . . .

Flies and Little People

(From a trip to the west)

I am in Portal.[48] It is the main entrance through which Americans come into western Canada, to settle on the fertile fields of Saskatchewan and Alberta—the "El Dorado" of wheat and corn.

I have been in the border town a week. The work is quite easy. I need to examine the immigrants. I understand what I have to do. I know how to ask questions. The job would be quite pleasant if I had to examine bricks and classify pieces of wood, instead of examining people with feelings. It is my duty to decide which of the many immigrants are desirable to have as future Canadian citizens, and which ones should be sent back. I simply need to follow certain criteria and obey the laws. I comprehend, perhaps for the first time that the law is not always right. It seems impossible to harness duty with feelings, law with compassion, to tie them together, so that they may harmoniously pull the wagon of society . . . !

And I, a "functionary," am in Portal almost a week. There are clouds on my heart, and despair in my soul. I am staying in the town's only hotel. It is called a hotel, but it is simply a two-story building, cold as the North Pole in winter and hot as the upper bench in a Russian sweat bath in the summer.

---

[48] Portal, North Dakota—Leah Hammer

אויבערשטער באנק. ווי א ניו יארקער טענעמענט אין זומער, און ווי דער גיהנום, ווען עס איז א סטרייק ביי די אייז מחבלים...

ווען איך בין אוועק פון וויניפעג איז נאך געווען גוט קאלט און איך האב שוין גערעכענט, אז מיר וועלען שוין גאר קיין זומער ניט האבען דעם ווינטער... און דא בריהט עס און בראט ווי מיט פייער... הפנים מ׳האט ׳מיר געוואלט געבען דא א שטארק הייסע אויפנאמע... און איך האב עס געקראגען.

אט קומט דער „סטיישאן מאסטער" און נאך דער געוועהנליכער באגריסונג, גיט ער מיר איבער די נייעס, אז עס איז הונדערט און זעקס גראד היץ אין שאטען.

איך ענטפער איהם קורץ: „איף איט איז טו האט, געט אאוט אף די שייד!"

אין האטעל איז ניט ארייגצוגעהן פון פליגען. אבער פליגען מכל המינים. און אין מיין צוהיצטער פאנטאזיע שטעל איך זיך פאר, אז די אורזאכע, וואס עס זיינען דא אזוי פיעל פליגען, איז ניט אנדערש, ווי נאר אז די פארשידענע פליגען האלטען אפ׳ אין פארטאל א קאנוועגשאן.

און איך הויב אן זיי צו קלאסיפיצירען כל הזבוב למינו: — אט דרעהט זיך ארום א פליג ארום אויער. עס איז ניט אפצוטרייבען. טורקעט אין אויער ניט פטור צו ווערען. איך טרייב עס אוועק עס קומט ווידער צוריק... און איך באשלים אז עס מוז זיין פון דער ספעסיע „אגיטאטאר", א באשעפעניש וואס נודיעט גלאט אין דער וועלט אריין. — א נודניק... די פליעג וואס האלט זיך אימער אין קיך. דאס איז שוין א זי. א הויז פליעג א גלגול פון מיין „נעקסט דאריגע" שכנה. זי „פארעט" ארום לעבען די טעפ, שמעקט אריין צום „פודינג", פארזוכט דעם „קאמפאט", כאפט א לעק פון אלע פאטראוועס און שמעקט אריין אין יעדען ווינקעל.

איך באטראכט מיט אביסעל דרך ארץ די גרויסע גראב־בייכיגע פליעג. וואס קען ניט פליהען הויך ווייל עס איז אזוי שווער און אפגעפרעסען, אבער וואס קריכט ארום מיט חוצפה, און קאנטראלירט אלע ברעקלאך שפייז וואס געפינען זיך אויף דעם טיש, און לאזט די קלענערע פליגען ניט צו. גיט זיי ניט קיין „טשאנס"

It is like the hell of New York in the summer, when the roguish icemen are on strike . . .

When I left Winnipeg, it was still very cold. I thought there would be no summer. Here, however, I am roasting and burning as though I were on fire . . . Apparently they wanted to give me quite a heated reception . . . and I got it.

The stationmaster approaches. After the usual greetings, he gives me the news that it is 106 degrees in the shade.

I answer him bluntly: "If it is too hot for you, get out of the shade!"

I could not enter the hotel because of the flies. There were flies of all kinds. In my heated fantasy, I imagined that all the assorted flies were holding a convention in Portal.

I begin to classify them, "every fly to its species." A fly is circling my ear. I cannot shoo it away. It tickles my ear; I cannot get rid of it. I drive it away, but it comes back again. I conclude that it must be from the species "Agitator," a creature that annoys for no reason, a *nudnik*. The housefly that is always in the kitchen is obviously a female, for she is a transformation of my next-door neighbor. She goes to all the pots, smells the pudding, tastes the compote, takes a lick from all the dishes, and sticks her nose into every corner.

I consider with some respect the large fat-bellied fly, which cannot fly high because it is so hard and stuffed. It crawls around with chutzpa, controlling all the crumbs of food that are found on the table, and does not allow the smaller flies to get near. It doesn't give them a chance.

און איך דערקען די „ספּעסיע'', „קאַרפּאַריישאַן פליעג'' א ניצוץ פון א טראַסט מאַגנאַט...

און אַט איז די יונגינקע פליעג, לייכט באַוועגענד מיט שעהנע פליגעלאַך, מיט א רויטינקען פּיסקעלע, וואָס איז נייגעריג, און וויל פליהען... עס ליגט א שטיק „פליי־פּייפּער'' עס ווערט פאַראינטערע־סירט, עס איז נייגעריג, עס וויל וויסען. עס גנב'עט זיך צו פּאַמע־לאַך, און בלויז ביים ברעגעלע כאַפּט עס לעק... עס איז אנגענעהם עס איז זיס... עס קריכט אביסעלע ווייטער. אבער אלץ פאַרזיכטיג שטעהענדיג אויף'ן ברעג פּאַפּיער און אויסען געפאַהר... איהר נייגעריגקייט אדער פיליכט דער פאַרלאַנג נאָך אוואַנטור באַוועגט זי געהן אביסעלע ווייטער, און זי ווערט צוגעקלעפּט צום פּאַפּיער. ניט מעהר צו פליהען. זי ווערט געכאַפּט אין דער פּאַסטקע...

ארימע אונערפאַהרענע פליגעלע... פאַר אזוי ווייניג געגום. אזא שרעקליכער סוף...

און איך לאָז איבער די פליגען קלאַסיפיקאַציע איידער איך קריעג פליגען אין נאָז, און איך בלייב זיצען וואַרטענדיג אויף דעם באַהן, וואָס דאַרף אריינברענגען נאָך עמיגראַנטען. און דאָס וועט פיליכט פאַרטרייבען די פוילקייט, וואָס האָט מיך באַהערשט. און אויך די איינזאַמקייט און די לאַנגוויילינקייט.

מיט א שטונדע שפּעטער קומט אַן איין צוג פון סט. פּאָול און ברענגט אריין די געוועהנליכע מאַסע עמיגראַנטען. געשעפטס לייטע. ארבייטער וועלכע זוכען א נייעם מאַרק פאַר זייער ארבייטס קראַפט און אויך טוריסטען וואָס זוכען „סענסיישאַנס'' אין פרעמדע לענדער.

טוריסטען דאָס זיינען א מין רייכע „בראַדיאַגעס'' וואָס האָבען ניט קיין היים, שלעפּען זיך ארום דער וועלט אין א „פּולמאַן קאַר'' אָדער אין איין ערשטע קלאַס קאַיוטע פון א דאַמפּף שיף... זיי זיינען אַן אינטערנאַציאָנאַלער קלאַס פון לעדיג געהער וועלכע פלעגען אפט באַגעגענט ווערען אין איראָפּא, נאַר מיט דעם אַנפאַנג פון קריעג זיינען זיי געצוואונגען צו בלייבען אויף דיעזען קאָנטינענט. און דער צאָהל טוריסטען אויף די קענעדער באַהנען האָט זיך געוואַלדיג פאַרגרעסערט.

I recognize the species "Corporation Fly," from a trust magnate . . .

And here is a young fly, light, moving with pretty wings, with a little red curious mouth. It wants to fly. It becomes interested in a piece of flypaper. It is curious; it wants to learn. It slowly steals over to the paper, and it licks the edge, which is pleasing and sweet. It creeps a little further, but it still stands on the edge of the paper, out of danger. Curiosity, or perhaps the desire for adventure, inspires it to go a little further. It gets glued to the paper. No more flying. It is caught in the trap . . .

Poor, innocent, little fly . . . For very little enjoyment, it suffered such a terrible fate . . .

And I leave off the fly classification before I get flies in my nose. I remain sitting, waiting for the train, which should be bringing more immigrants. That will perhaps drive away the laziness that has overcome me, and perhaps also the loneliness and the boredom.

An hour later, a train from St. Paul comes and brings the usual number of immigrants, business people, workers searching for a new market for their products, and also tourists searching for sensations in strange countries.

The tourists are rich vagabonds who have no home, who schlep themselves around the world in Pullman Cars or in first-class cabins of a steamship. They are an international class of people who do nothing. They used to meet often in Europe, but with the start of the war, they were forced to remain on this continent. The number of tourists on the Canadian railways has grown enormously.

איך קום אריין אין „אבזערוויישאָן” קאר און באטראכט די פאסאזשירען איין בליק אויף זיי, און עס איז מיר פארשפארט צו פרעגען ווער זיי זיינען. וואָס זיי זיינען? איך קען זיי פונקט אזוי לייכט קלאסיפיצירען ווי די פליגען אין האָטעל...

עס איז א מיש־מאש פון נאציאנאליטעטען פון אפריקא, אויסטראליע, ניו־זעלאנד אויך אמעריקאנער, פראנצויזען רוסען און ענגלענדער. עס זיינען דאָ יונגע און אלטע אלמנות און פארהייראטע פרויען, וואָס ערווארטען אונגעדולדיג צו ווערען וואָס שנעלער אלמנות, אום צו קענען טראגען שווארצע קליידער ווי די ערשטע. ווייל עס פאסט זיי אזוי... אן אקטריסע וואָס וויל ווערען די ווייב פון א מיליאָנער און א מיליאָנערס ווייבעל, וואָס האָט שטארק חשק צו ווערען אן אקטריסע. עס זיינען דאָ עטליכע פארשוינען פון דער „אונטער־וועלט”. די פרויען קוקען אוים צניעות׳דיג געגען די אויסגעבלויזטע, דעקאלטירטע פארהייראטע דאמען: און די מענער. די פון דער „אונטערוועלט” זיינען מעגליך ערשט ארוים פון טורמע און די אנדערע האָט מען גערארפט דאָרטען פארשפארען ווען די נערעכטיגקייט וואָלט ניט געווען אזוי בלינד...

פליגען, מענשעלאך און פליגען. „גאָלד באָגס” „זילבער באגס” שרייבער פון טשעקס, און שרייבערקעס פון ליעבע בריוועלאך. שענהייטען וואָס זיינען געקויפט געוואָרען ביי אלטע מענער. און אלטע מענער וואָס ווערען פארקויפט פון די שעהנע פרויען.

— טפיו! זאָל דאָס ווערען! פליגען, פליעגען!...

אדאנק גאָט וואָס דער „סטיישאָן מאסטער” קען עס ניט לעזען ער וואָלט זיכער געזאָגט: — „אז אי־ בין קרייזי וויט די היט”...

I enter the Observation Car and contemplate the passengers. After one glance at them, I do not need to ask who they are or what they are. I classify them as easily as the flies in the hotel . . .

There is a mishmash of nationalities. Immigrants arrive from Africa, Australia, New Zealand, America, France, Russia, and England. There are young and old widows. There are married women, who wait impatiently to become widows, longing to wear stylish black dresses. There is an actress who wants to marry a millionaire, and there is a millionaire's young wife, who hotly desires to become an actress. There are several persons from the underworld. The other women look modest next to these décolleté women. The criminals were probably just released from prison. Justice, if not so blind, could have spared itself the trouble . . .

There are flies, little people, more flies, "Gold bugs," "Silver bugs," a writer of checks, and writers of love notes. There are beauties that were bought by old men, and there are old men who were sold by pretty women.

Fie[49] on them! Flies, flies! . . .

Thank God that the stationmaster cannot read this. He would surely say:—"I am crazy from the heat" . . .

---

[49] The Yiddish original reads: Tfyu! "Tfyu" is a spitting noise. In English, spitting is more vulgar. In Yiddish it's superstitious. I think that translating "Tfyu" as "I spit on them, "does not give the correct tone which is light and humorous."—HBF

פראהיבישאן

(א חמץ זויערער פעליטאן לכבוד פסח)

—עסיג'דיגע ארבע כוסות, פסח'דיגע ביער מיט הגדות וואס רינען
אויס. טרינקען „פרינציפיאלנא" מיט א הכשר. א רביעית
וואס זאל איבערלאזען אין גלעזעל א קדחת.
א ביטערער מסחר וואס פארזוייערט
א גאנצען געגענד.—

איך דאנק דיר, גאטעניו, פאר די גרויסע חסדים, וואס דו האסט געטאן מיט דיין בידנעם פאלק ישראל, איך באקראנץ דיין כסא — הכבוד, און איך זינג א שוואך און לויב געזאנג צו דיין ליעבען נאמען. און מיט פויקען און טרומייטען פראקלאמיר איך דיין גרויסקייט און דיין גרויס גענאד, וואס דו האסט דעם רוסישען בער מבער געווען ווי א שטיק חמץ. און האסט געגעבען די מעגליכקייט די מיטגלידער פון רוסישען פראגרעסיווען קלוב צו פייערען זייערע האוויצער מליצות, און שווערע ארטילעריע ספיטשעס פון די באריקאדען איז... גרענד טעאטער. אי האבען זיי דארט געגראגערט און געקאלאקאטעוועט ניקאליי'קען. דעם המן השני. און דעם זעלבסט הערשער פון מאדערנעם מצרים. אי האבען דאס חברה געבאמבארדירט דעם רוסישען דעספאטיזם פון זעלבסט הערשעריי, וואס די רוסישע דומא האט ארויסגעטריבען פון די טרענטשעס פון פינסטערען פאנאטיזם און אונוויסענהייט...

איך דאנק דיר, גאטעניו, וואס דו האסט באשאפען כלל טוער און פאלקס פארזארגער, וועלכע נעהמען זיך אן אונזער קריוודע און פארהיטען אונז אויף יעדער האר. איך האב שוין געהאלטען איז האנד מיין מעכטיגע (?) פעדער, און האב געוואלט א קלאפ טאן אין כל ישראל באראבאן וועגען דער גוואלדאוונער גזירה פון פראהיבישאן.

„אידעלאך, וואכט אויף, און פראטעסטירט קעגען דעם אנטיסעמיטישען געזעץ וואס פארבאט אונזערע רעליגיעזע ארבע כוסות..." — האט זיך מיין מעכטיגער אויפרוף געזאלט אנפאנגען.

Prohibition

(A *khomets*-sour feuilleton in honor of Passover[50])

—Four vinegary cups of wine. Passover beer with leaky *Haggadahs*. Drinking on principle with a legal stamp of approval. Liquor required for the cup of benediction, in which not even a drop should be left in the cup. A bitter business, which sours an entire neighborhood.—

I thank you, dear God, for the way you have blessed your wretched Jewish people. I have the honor to bedeck your throne with flowers, and I sing a weak song of praise to your dear Name. With trumpets and drums I proclaim your greatness and your magnificent grace, for you removed the Russian bear like a piece of *khomets*, and you gave members of the Russian Progressive Club the possibility to celebrate with howitzers of flowery speeches and with the heavy artillery of orations, fired from the barricades in . . . the Grand Theatre. The audience rattled and made *grager*[51] noises against Nicholas, the second Haman, the ruler of modern Egypt.[52] The group also bombarded the despotism of the tsars, which the Russian Duma drove out of the trenches of strong fanaticism and dark ignorance . . .

I thank you, dear God, for having created all those achievers who actively take care of our people, who address our injustices, and who protect every hair on our heads. I myself had already taken up my mighty (?) pen, and I had aimed to beat the drum and alert all Jews about the horrible, evil decree of Prohibition.

"Jews, wake up, and protest against the anti-Semitic law which forbids our religious four cups," my mighty call was supposed to begin,

---

50   Passover is a holiday of freedom, celebrating the delivery of Jewish slaves from Egypt. During the eight-day holiday, Jews refrain from eating leavened bread and some other foods. These forbidden foods are called *khomets*. Traditional Jews not residing in Israel hold Seders on the first two nights of the holiday, reading Exodus from Haggadas. Each adult is required to drink four cups of wine.—HBF

51   Haman was the evil adviser to Persian King Ahasuerus who ordered all the Jews killed. During the holiday of Purim, Jews use noisemakers called *gragers* in the synagogue to blot out Haman's name whenever it is mentioned.—HBF

52   An analogy to Russia—HBF

שילדערענדיג, ווי אזוי מיר בידנע פריטשמעלעטע, ארימע, הארעפאסנע אידישע פראלעטאריער און אידען פון א גאנץ יאהר דארפען האבען טרוקענע סדרים, אהן א קאפעטשקע בראנפען און אן א טראפעטשקע כרמל וויין. עפעס שפיעלט איהר זיך וואס מיין מורטיגער און שטארקער אפיעל האט געקענט אויפטאן. ער וואלט זייכער פאראורזאכט א גרעסערע, מעכטיגערע רעוואלוציאן ווי אפילו אין רוסלאנד...

דארטען איז די זאך צוגעגאנגען צו שטיל, געמאכט א רעוואלוציע, משלח געווען דעם צער׳איזם. און געצעטעלט... ביי אונז אבער וואלטען מיר געהאט א דוצענד מיטינגס אין אלע שולען. די ראדיקאלען וואלטען אריין געבראכט אן אמענדמענט און מ׳וואלט געדעבאטירט ביז נעקסטען פסח... ווען ניט אונזערע פארזארגער, וואס האבען מבטל געמאכט דאס גאנצע געזעץ און מיר קענען מאכען א סעודה און „צארסטוועווען״...

איך זאג אייך, אז מיר לעבען אין היינטיגע צייטען מיט נסים פונקט ווי פארצייטען. באהיט גאט, ווען מיר זאלען דארפען פראווען א סדר מיט ראזינקע וויין! איך פרעג אייך אליין, איך אליין א איד א ליטוואק (א געוועזענער נאכמעסטריווקער חסיד). זאל דארפען אויסקומען אז א ביסעל יין שרף?... ווי נעמט מען עס ניט אביסעלע משקה פאר די פיש און נאך די פיש, און גלאט אזוי א קאפעטשקע... איך זאג אייך, אז מיין רבקה מינדעל קאכט אפ געפילטע פיש, ווילט זיך ניט נאר אביסעלע, נאר עטליכע ביסעלאך...

כ׳וועל אייך זאגען דעם אמת קיין שטארקער טרינקער בין איך ניט. ס׳הייסט טרינקען טרינק איך יא, נאר עס הייסט ניט געטרונקען. צו קידוש און הבדלה א רביעית. אמת טאקע, א ר ב י ע י ת. אז איך לאז איבער אין פלעשעל א ק ד ח ת. אבער איך בין לחלוטין ניט קיין טרינקער. אפילו ביי עלעקשאן קיינמאל קיין פסח׳דיגע גלאז ביער ניט אנגעזעהען. אבער פסח, דאס איז שוין א גאנץ אנדערע זאך, דאס איז שוין פרינציפ... און איך דאנק דיר רבש״ע וואס מיר וועלען קענען טרינקען היינטיגען פסח „פא זאקאנו״ מיט א דאבעלדיגען הכשר פון טשיעף אף פאלים און דעם אטוירני דזשענעראל ירום הודו...

portraying how we wretched, perplexed, poor, toiling Jewish proletarians, and other Jews, are forced to have dry Seders, without a drop of liquor, without a drop of Carmel wine. My courageous and strong appeal could certainly have effected a bigger, mightier revolution than even the one in Russia . . .

Over there it all went too quietly. People made a revolution, and they dismissed Tsarist tyranny. Noted. Here, however, we would have had a dozen meetings in every synagogue. The Radicals would have introduced an amendment, and there would have been debates until next Passover, if not for our protectors, who repealed the entire law. We can now make a holiday meal . . .

I am telling you, that we are living today with miracles exactly like in ancient times. God forbid that we would have to celebrate a Seder with raisin wine! I, a Jewish Litvak (a former Nachmestrivka[53] Hassid), am asking you, would I be forced to exist without a little wine fit for a seraph? How can we not take a sip of liquor before the fish and after the fish, and a sip just like that? I am telling you that my Rivke Mindl cooks such a gefilte fish, that you would want not only one, but several drinks with it . . .

To tell you the truth, a heavy drinker I am not. If I am told to drink, I drink, but that is not called a drunk. I need a cup to make the blessings for Kiddush and for Havdala[54]. Although I leave absolutely nothing in the bottle, I am definitely not a drinker, not even at elections. I never even respect a glass of Passover beer. But Passover, that is already an entirely different matter. That is already a matter of principle. And I thank you, God of the World, that this Passover we can drink legally, having a double stamp of approval from the Chief of Police and from the Attorney General, may his glory be enhanced . . .

---

[53] Probably Rachmestrivka—HBF Rachmastrivka is an Hasidic dynasty named after the town in Ukraine where founder, Rebbe Yochanan Twersky, died 1895—LJH.

[54] A ceremony marking the end of the Sabbath—HBF

שטעלט זיך פאר, ווי טרוקען עס וואלט געווען די הגדה, אפילו מיט פיקטשעס און ענגלישע איבערזעצונג, אהן כרמל וויין און מיט געראזינקע עסיג אדער פעטערבורגסקי קוואס. הכלל, מיר וואלטען געהאט א וויערען פסח, פונקט ווי מיסטער קרייצמייער פון פרוסיע.

אבער לאזט מיר אייך דערצעהלען באריכות.

קרייצמייער איז א רוסישער דייטש פון סאראטאווסקי גובערניע, וואס פארמערט אין פרוסיע (שרעקט זיך ניט ס'איז ניט פרעסיע אין דייטשלאנד, נאר פרוסיע אין סאסקאטשעוואן). און באלד נאך פראהיבישאן האט ער זיך געפיהלט ניט בגילופים'דיג. ער האט עטליכע מאל געפיהלט א שטארקען חשק צו מאכען א כוסה. און האט שטארק געבענקט נאך א „ווי ביט אף סקאטש". ס'הייסט ווען מען גיט אביסעל „איריש", וואלט ער אויך ניט מקפיד געווען. ער האט שרעקליך פארדאמט דעם טרויעריגען ביטערען געזעץ, וואס צווינגט דעם דורשטיגען פארמער טרינקען שלעבטע וואסער אנשטאט גוטע שנאפס.

אפט גאנץ אפט האט זיך א פלוד אלס פראטעסט, ארויסגעריסען פון הארצען, וואס האט פארהילכט דעם געגענד און געפונען א אפקלאנג אין די הערצער פון די ארומיגע דייטשע שכנים.

און אין איינעם א פריה מארגען, ווען קרייצמייער איז געווען נאך מעהר אויפגערעגט, ווי אלע טעג פון א גאנץ יאהר, איז צוגעפאהרען א אידישער פעדלער און פרעגט איהם, אויב ער וויל קויפען... עסיג.

— „עסיג!" האט קרייצמייער רוגזה'דיג אויסגעשריען, פארפלוכט, איך ברויך קיין עסיג!

— ס'איז אבער גאנץ פארשידענער עסיג, האט דער פעדלער געענטפערט, ווינקענדיג מיט'ן לינקען אויג מעשה ספארט, פארזוך עס נאר: און ער האט איהם דאביי דערלאנגט א פלעשעל, אנגעפיהלט מיט א טונקעל ברוינע פליסיגקייט.

— מיסטער קרייצמייער האט עס פארזוכט, האט זיך באלעקט, און האט גענומען א לאנגען זופ, וואס האט זיך געלאזט הערען, ווי א תקיעה גדולה, און ער האט דערפיהלט, אז ער האט די גאנצע צייט געוואלט בלויז עסיג, און אז ער מוז האבען נאך א טראפען

Imagine how dry the Haggadah would be, even with pictures and English translation, without Carmel wine, but instead with raisin vinegar or Petersburg kvass. In short, we, exactly like Mr. Kreitsmeyer from Prussia, would have had a sour Passover.

But let me tell you at length.

Kreitsmeyer is a Russian German from Saratavsky province, who farms in Prussia. (Fear not. This is not the German Prussia, but the Prussia in Saskatshewan.) From the very beginning of Prohibition he did not feel very jolly. Many times he had a desire to drink a cup. He strongly longed for a "wee bit of Scotch." That being said, if he had been able to get a little bit of "Irish," he would not have been particular. He bitterly condemned the sad, harsh law that forced the thirsty farmer to drink bad water instead of good liquor.

Quite often a curse of protest tore out of his heart, which rang through the neighborhood, and found an echo in the hearts of his poor German neighbors.

On a certain morning, when Kreitsmeyer was even more aggravated than the other days of the year, a Jewish peddler drove over and asked him if he would like to buy vinegar.

—"Vinegar!" Kreitsmeyer angrily screamed out and cursed. "I have no use for vinegar!"

—"But it is entirely different vinegar," the peddler answered, playfully winking at him with his left eye. "Just taste it." And with this he brought him a bottle of dark brown liquid.

—Mr. Kreitsmeyer tasted it, licked his lips, and took a long sip, which sounded like a *Tekiya-gdola*[55]. He felt as though he had always wanted this exact vinegar, and that he must have another drop.

---

[55]   A long sound of the *shofar* [ram's horn]

— יודע, וויפיעל קאסט דער גאלאן?

— פינף דאלאר א גאלאן, און א צעהן גאלאן „קייג".

—־ דא האסטו פופציג דאלער, און שיק עם ווי אם שנעלסטען
ביי עקספרעס.

מיט א וואך שפעטער האט ער ערהאלטען דעם עסיג און האט
געלאזט וויסען זיינע שכנים, אז די ביטערע סחורה איז אנגעקומען
און זיי קענען עם סעמפלען...

דער פעדלער האט זיי ממש מחיה געווען. עס איז דאך פראהי-
בישאן, האט ער עם פארקויפט הכשר'דיג אלס עסיג, און ווען מר.
קרייצמייער האט עם פארזוכט, איז דער ביטערער טראפען טאקע
געווען. — זויערער עסיג...

און די גאנצע געגענד איז יעצט באזארגט מיט עסיג אויף
קינדם קינדער...

א צווייטער פאל, וואס האט געקענט פאסירען אויך מיט אונ-
זערע טרוקענע הגדות, האט געטראפען א שוחט אין א קליין שטעד-
טעל אין דער וועסט ער האט געוואלט פארזארגען זיינע בעלי בתים
מיט הגדות און ווייַן לפסח, און מ'האט עם צוזאמענגעפאקט אין
איין באקס און געשיקט עקספרעס, געלייבעלט „בוקס". ווען ס'איז
אנגעקומען, האט דער עקספרעס דרייווער עם ארונטערגעוואָרפען צו
האסטיג, און עם האט געפלאצט א פלעשעל כרמל קאניאק. דער
קריסט האט באטראכט די באקס און דעם אויפשריפט און א קראָץ־
מאנדיג די פאטילניצע, האט ער געזאגט צום שוחט: — „ראבי.
יור רעלידזשיאס בוקס אר ליקינג אאוט" דיינע הגדות וועלען אויס-
רינען...

און איך דאנק דעם אויבערשטען פאר אלע גנאדען וואם דער
פ ר א ה י ב י ש א ן האט אונז ניט פ א ר ב א ט ע ן... און מיר
וועלען קענען, ווי בני חורין, נעהמען א טרונק בראנפען און דער-
צעהלען מיט התלהבות די נסים פון אמאל און פון היינט. און אונ-
זער פסח וועט ניט זיין קיין זויערער, נאר א פרעהליכער א לעבעדי-
גער, און אונזער פרייהייט ניט קיין פארבאטענע... און איך שריי
אויס: „הידד! דא זדראווסטוואויעט יעווורעיסטווא!" אמן סלה...

—"Jew," asked Kreitsmeyer, "how much does a gallon cost?"

—"$5.00 a gallon, in a 10-gallon keg."

—"Here you have $50, and send it as quickly as possible, Express."

A week later he received the vinegar. He let his neighbors know that the bitter drink had arrived, and that they could sample it . . .

The peddler actually revived them. It was, after all, during Prohibition. He sold it legally as vinegar. When Mr. Kreitsmeyer tasted it, the bitter swallow was actually—sour vinegar . . .

The entire neighborhood was thus supplied with vinegar for generations to come . . .

A second example of what could also have happened with our dry Haggadahs, occurred to a ritual slaughterer in a small *shtetl* in the west. He wanted to provide his worthy customers with both Haggadahs and wine for Passover. He packed them together, in one box, sent it Express, and labeled the box, Books. When it arrived, the Express driver threw it down too hastily, and a bottle of Carmel cognac burst open. The Christian contemplated the package and the label, and scratching the back of his head, he said to the slaughterer, "Rabbi, your religious books are leaking." The Haggadahs were leaking . . .

I thank the One above for all the blessings that Prohibition did not forbid us, and we will be able, like sons of free men, to take a drink of liquor and relate with enthusiasm the miracles of long ago and of today. Our Passover will not be sour, but joyous and lively, and our freedom will not be forbidden. And I scream out, "Here we each salute each other!" Amen. Selah . . .

———————

איבער מערב קענעדע

זונטאג 24־טען דעצעמבער.

מארגען איז ,,קריסטמאס". די ציימונגען זיינען פול מיט מלחמה, מיט האס, און די קירכען פראקלאמירען זייער פריעדען און פריינדשאפט צו דער גאנצער וועלט...

איך געפין זיך פארוואָרפען, איינזאם אין וויבארן, סאסקאַטשעוואן, א 400 מייל פון וויניפעג. איך וויים אפילו, אז עס געפינען זיך דארט א פאר אידישע פאמיליען, אבער איך בין זיכער, אז איך וועל זיי ניט געפינען איצט אין שטעטעל. א גאנץ יאהר איז דער דארפישער איך פארנומען מיט געשעפט, מ'האוועט, אבער ביי דער ערשטער געלעגענהייט איז ער ,,עולה רגל" צו דעם נאָהענטסטען אידישען ישוב, כדי דארט צווישען אייגענע פארברענגען די צייט.

איך האב זיך קיין עצה ניט געקענט געבען וואס צו טאן: ס'האט שטארק געצויגען א היים, עס האט זיך זעהר געוואלט זיין באטש איין טאג חנוכה אין דער היים. אויפ'ן הארצען איז געווען שטארק ,,כאלאכודרע", און דער גאנצער ,,טאראראם" פון דעם מארגענדיגען ,,פריעדען" האט מיך געמאכט אלץ מעהר ,,אומצופריעדען", אלץ מעהר פאר'יאוש'ט און פארטרויערט...

שטעלט זיך פאר, ווי איך האב זיך דערפרעהט ווען מר. גודי, א אידישער יונגערמאן פון וויבארן, האט מיר דערצעהלט, אז די אידישע קאלאניסטען פון זאנענפעלד מאכען זונטאג אווענט א חנוכה יום־טוב פאר זייערע קינדער.

פיליכט איז ביי אייך נאך פריש אין זכרון יענער מאמענט ווען איהר זייט, אלס גרינער, געפארען אין אמעריקא, און נאך דער שווערער שרעקליך לאנגזאמער רייזע אין דעם פארשטיקטען און דומפיגען, צווישען־דעק פון אן אימיגראנטען שיף, האט איהר אם ענדע אין א שעהנעם פריה מארגען דערזעהען פון דער ווייטען דעם שאטען פון א ברעג. געדענקט, ווי פרעהליך איהר האט דאן אויסגעשריען: ,,ערד! ערד!", — אט אזא מין פרייד־געשריי האט זיך ארויסגעריסען פון דער טיפסטער טיעפקייט פון מיין הארץ, ווען

In Western Canada

Sunday, 24 December

Tomorrow is Christmas. The newspapers are full of war and hatred, yet the churches proclaim their joy and their friendship to the entire world . . .

I find myself abandoned and lonely in Weyburn, Saskatchewan, about four hundred miles from Winnipeg. I know that a couple of Jewish families are located there, but I am not sure if I will find them now in town. A whole year the village Jew is busy and works hard, but at the first opportunity he makes a pilgrimage to the nearest Jewish community, in order to enjoy the company of his own kind.

I could not decide what to do. I deeply desired to go home, at least for one day of Chanukah. My heart was oppressed, and the whole tumult of the morning's "Peace" made me all the more unhappy, more despairing, and mournful . . .

Imagine how happy I was when Mr. Gudy, a Jewish young man from Weyburn, told me that the Jewish colonists from Zonenfeld were going to make a Chanukah celebration for their children on Sunday evening.

Perhaps you remember every moment of the trip when you immigrated to America, how after the difficult, terrible, boring, voyage in the claustrophobic, damp, intermediary deck of the ship, you saw, on one pretty, early morning, in the distance, the shadow of a mountain. Remember how happily you then shouted out, "Land! Land!" That same scream of joy burst out from the profound depths of my heart, when

איך האָב דערהערט די ווילקאָמענדע בשורה: „א חנוכה פעסט! ביי אידישע פארמער!"

איך פאָהר! געזאָגט און געטאָן. און אלס ניט געבעטענער גאַסט, האָב איך זיך אליין איינגעלאַדען אויף דיזער אידישער שמחה...

פערציג מייל פון ווייבארן, פערציג מייל פריירי באדעקט מיט שנעע און אייז.

קלאָר ווייסער שנעע. אן אומענדליכע פּאַנאָראַמע פון ווייס־קייט...

דער ווינד שפּיעלט זיך מיט דעם הארטען פּולווער שנעע, און מאַכט בערגלאַך אויף'ן וועג: די שטראַהלען פון דער זון טאַנצען אַרום אויף דיזער ווייסקייט און בלענדען מיט זייער גלאַנץ, און אַלעס איז ווייס. די אומענדליכע ווייסקייט ציהט זיך אָהן א סוף אָהן א ברעג, ביז הינטער די בערג קומט זי צוזאַמען מיט'ן הימעל און ווערט צוזאַמענגעמישט און פארשמאָלצען אין'ם בלויען וואָל־קען...

און איבער דיזען ים פון שנעעע, קעלט און פראָסט טראָגט זיך אן איינזאַמער אויטאָמאָביל און פיהרט די פארבלאָנדזשעטע נשמה פון א אידישען „טשינאָוואָניק" נעהענטער צו זיינע ברי־דער...

איך פאָהר אין די גאַנצע קלאָפּער געצייג פון מיין אפּיציעלען אמט. גילדערנע קנעפּלאַך. א היטעל מיט א „קאָקאַרדע" און רע־גיערונגס „עמבלעם" אויף'ן אָטאָמאָביל. הכלל איך פאָהר, ווי א רוסישער „פּריסטאַוו" מיט אַלע „פּישטשעוויקעס". עס פעהלט מיר נאָר א גלעקעל, א פּאָר רויטע, פאַרדרעהטע וואָנצעס און אביסעל... משקה. דער געדאַנק, אז איך פאָהר זיך זעהען מיט אייגענע וואָ־רימטע, און איך פיהל זיך אנגענעהם, ניט אכטענדיג וואָס דער ווינד מיט דעם פערציג גראַדיגען פראָסט גנב'ענען זיך אריין אין קאָר און זוכען צו באַהאַלטען זיך אונטער דעם פוטערנעם דעק, וואָס דעקט צו מיינע פיס. מיין הארץ איז עפּעס פול מיט א זיסער וואַרימקייט, וואָס צוגיסט זיך איבער מיין גאַנצען קערפּער און באַלעבט יעדען אבר.

I heard the welcome news: "A Chanukah festival! By Jewish farmers!"

I am going! Said and done. Although not invited, I invited myself to this Jewish celebration . . .

Forty miles from Weyburn, forty miles of prairie covered with snow and ice.

Snow as white as chalk. An endless panorama of whiteness . . .

The wind plays with the hard, powdery snow and makes hills on the way. The rays of the sun dance around on this whiteness, and the shine is dazzling, and everything is white. The unending whiteness continues without end, without a border, until, under the hills, it merges with the sky, blends and melts into the blue cloud . . .

And over this sea of snow, cold, and frost, a lonely automobile drives the lost soul of a Jewish functionary closer to his brothers . . .

I travel with all the trappings of my official office. Gilded buttons. A hat with a cockade and a government emblem on the automobile. In short, I travel like a Russian commissary of police with all the appurtenances. I am missing only a bell, a red twisted mustache, and a little . . . liquor. The thought that I am coming to see my own people warms me, and I feel very good, as I do not pay attention to the wind or the forty-degree frost[56] creeping into my car and attempting to hide itself under the fur blanket covering my feet. My heart is somehow full of sweet warmth, which melts over my entire body and revives every limb.

---

[56] Probably forty degrees below zero, a temperature not uncommon in Weyburn—HGH.

אפפאהרענדיג אז ערד האלב וועג, האב איך דערזועהען א נעלע ,,סקירדע'' שטרוי, און ארום איהר, שיצענדיג זיך פון ווינד, א סטאדע בהמות, וואס האבען מיט זייער אויסערגעוועהנליכער מאגערקייט שטארק ערא־ינערט אן פרעה'ס זיבען מאגערע קיה. וואס ער האט געזעהען אין חלום.

דער שפּעטער וואס האט מיך געפיהרט, א קריסט, איז גוט באקאנט געווען אין דעם געגענד, און איך האב איהם נעפרעגט, אויב די בהמות באלאנגען צו דער אידישער קאלאני. ,,נא טשאנס די אידען זיינען פאררעכענט פאר די בעסטע פארמערס אינ'ם געגענד. זיי גרייטען אן נענוג עסען פאר זייערע קיה!'' עס האט מיך געפרעהט צו הערען אזא גוטע מיינונג פון א קריסט, וועלכער איז גוט באקאנט מיט דעם פאך, אלס ספּעציעלער ,,לאקייטאר'' פון דער פעדעראלער רעגיערונג אין יענעם לאנד דיסטריקט. אבוואל עס איז פאר מיר ניט געווען קיין איבעריגע נייעס, ווייל איך העד גאנץ אפט אזעלכע מיינונגען פון קריסטען וועגען זייערע אידישע שכנים...

א הויז, נאהענט נעבען וועג, ארום איהר זיינען געשטאנען עטליכע שליטענס פון פארשידענע ארט: שווערע, לייכטע, איינפאכע און פארפּוצטע; פון די שווערע און מאסיווע ,,באב־סליי'' ביז דעם לייכטען ,,קאטער''. זיי האבען מיר געגעבען די אנצוהערעניש, אז מיר זיינען שוין געקומען אויף דעם ריכטיגען פּלאץ. און ווען מיין קאר האט זיך אפּגעשטעלט נעבען הויז, זיינען ארויס צוויי אידען אונז מקבל פנים זיין. ווי איך האב שפּעטער אויסגעפונען, איז עס געווען דער אייגענטימער מר. ברוינשטיין, און דער שוחט פון קאלאניע. הערר עפּשטיין...

די קאלאניע זאנענפעלד

ווען איך בין מיט 35 יאהר צוריק א גרינער אנגעקומען קיין ניו־יארק, איז מיין ערשטער איינדרוק מיין ערשטער געדאנק געווען: — גאט ווי עלענד איך פיהל זיך אין אזא גרויסער שטאט. מיליאנען מענשען, טויזענטער אידען, און איך בין אליין... דא אין זאנענפעלד איז עס געווען פארקעהרט. עטליכע מניעם איד־

Having travelled approximately halfway, I saw a yellow bale of hay. And around it, scattered by the wind, was a herd of cows whose conspicuous skinniness made me think of Pharaoh's seven lean cows, which he had envisioned in his dream.

The chauffeur who drove me, a Christian, was well known in this region. I asked him if the cows belonged to the Jewish colony. "No chance. The Jews are reckoned among the best farmers in the neighborhood. They prepare enough food for their cows!" I was thrilled to hear such a good opinion from a Christian, who was well acquainted with the job, as he was a special "locator" for the federal government in that land district. Yet this was not special news to me, because I heard similar opinions from Christians about their Jewish neighbors quite often . . .

An assortment of heavy, simple, and fancy sleds surrounded a house close to the road. They ranged from the heavy and massive bobsled to the light cutter. They gave me a hint that we had arrived at the right place. When my car stopped near the house, two Jews came out and welcomed us. I found out later that one was the owner, Mr. Brownstein, and the other was the ritual slaughterer of the colony, Herr Epstein . . .

The Zonenfeld Colony

When I immigrated to New York thirty-five years ago, my first impression, my first thought, was "God, how lonely I feel in such a huge city. Millions of people, thousands of Jews, and I am alone." In Zonenfeld, I felt the opposite. Out of only several dozen

דען מיט ווייבער און קינדער. און איך זעה אזוי פיעל פריינדליכע געזיכטער. אין אלגעמיין האט זיך מיר אויסגעוויזען. אז ס'איז איין גרויסע פאמיליע. אלע דא זיינען ענג פארבונדען מיט פעדים פון שטארקע קרובה'שאפט. עפעס ווי אלע זיינען ברידער און שוועסטער. און איך בין ניט א גאסט. נאר א מיטגליעד פון דער זעלבער משפחה. וואס איז נאך א קורצער אפוועזענהייט געקומען א היים...

פיעלע פון די. וועלכע מ'האט מיר פארגעשטעלט האבען מיר געקענט פון פריהער. און די איבעריגע האבען מיר געציינט אזוי פיעל פריינדשאפט. פונקט ווי זיי וואלטען מיך געקענט פון פריהער פון דער היים.

דאס ערשטע האב איך גענומען באטראכטען מיין לאנדסמאן דעם שוחט. מר. עפשטיין וועט מיר זיכער ענטשולדיגען. וואס איך האב איהם געשענקט אזוי פיעל אויפמערקזאמקייט. איך האב ניט נאר איהם באטראכט. נאר איך האב ערלויבט מיין פאנטאזיע זיך פארשטעלען. ווי אזוי עס קוקט אויס א היימישער שוחט אין אונזערע קליינע שטעטלאך פון דער אידישער „טשערטא" איך וויים ניט ווי מיין לאנדסמאן האט אויסגעזעהען. נאר מיין כח הדמיון האט געשאפען א קאלטענעוואטע בארד. א מאגערען אויסגעדארטען געזיכט. טיעף איינגעפאלענע. אויסגעלאשענע אויגען. מיט געדיכטע גרויסע ברעמען. אן איינגעפאלענע ברוסט מיט א דינעם לאנגען קערפער. מיט א לאנגער אטלעסענער אפגעבליאקירטער קאפאטע. וואס הענגט ברייט ווי אויף א „סטראשילדא" דא האב איך געזעהען פאר זיך א גאנץ אנדער פערזאן. א מאן פון מיטעלע יאהרען מיט א שעהן פארקאמטער בארד. א הדרת פנים. אויגען פול מיט לעבען און ענערגיע. א געזונטע פארב אין געזיכט מיט א גוט ענטוויקעלטען קערפער א פאר ברייטע שלייפע מיט איין אינטעלעקטועלען שטערען האבען איהם געגעבען איין אריסטאקראטישען אויסזעהען. ניט ווילענדיג האט זיך עס מיר געווארפען אין די אויגען. און עס האט מיך דערמאנט אויף דעם תלמוד'ישען אויסדרוק „כי הארץ מגדלת את בעליה' דאס לאנד ערהויבט דעם מענשען. עס פארשווינדעט די שטאטישע שנאה און

Jews with wives and children, I saw so many friendly faces. They seemed to make up one large family. Everyone had strong ties to each other, like sisters and brothers. I did not feel like a guest, but rather like a member of the same family, to which I have come home after a short absence . . .

Many of those to whom I was introduced knew me from earlier, and the rest showed me as much friendship as if they had known me from home.

My landsman, the community *shokhet*,[57] was the first person I observed. Mr. Epstein will certainly forgive me for having given him so much attention. I not only studied him, but I allowed my fantasy to imagine what a *shokhet* at home or in other villages of the Pale of Jewish settlement looked like. My powers of imagination envisioned a matted beard on a skinny, dried-up face; deeply recessed and dull eyes; heavy, large eyebrows; a sunk-in chest; a thin, long body, on which a long, satin, faded *kapote*[58] was too loosely hanging, as though on a scarecrow. In Zonenfeld I saw with my own eyes an entirely different person. I saw a man of middle years with a handsome, combed beard, of stately appearance, with eyes full of life and energy, with a healthy color in his face, a well-developed body, a pair of wide temples, and an intellectual forehead, which gave him an aristocratic appearance. The happy shock of it reminded me of the Talmudic expression, "The land elevates the person." The hatred and

---

[57] The usual English translation is "ritual slaughterer." He kills kosher animals according to rigidly prescribed laws meant to cause the least pain. The *shokhet* is well educated in Jewish law and in the specific skills of his trade. He is highly respected in the Jewish community—HBF.

[58] Traditional long black gown worn by Hassidim—HBF.

הנאה, בלויז אחדות און פריינדשאפט הערשט אין די הערצ׳ער פון א געזונטען גוף און גוטע נשמה...

נאטור קינדער ווי פרעהליך איז זייער פרייד, ווי טיעף עס דרינגט אריין אין זייער נשמה, און ווי נאטירליך איז דער גע־לעכטער, וואס שפיגעלט זיך אפ אין זייערע אויגען און שטראהלט אין זייער גוטע געזיכטער....

דער ריכטיגער יום טוב האט זיך אנגעפאנגען מיט א סעריע ביבלישע בילדער, אויסגעפיהרט פון די קינדער אונטער דער לייטונג פון שוחט עפשטיין. עס האבען נאטירליך געפעהלט עלעקט־רישע עפעקטען, סצענען און קאסטיומען מיט גרים, עס האט אבער ניט געפעהלט קיין נשמה. און די קינדער זיינען געווען פראכטפול. עס האט פיליכט ניט אפעלירט צו מיין עסטעטישער אויג, עס האט אבער שטארק אפעלירט צו מיין אידישער הארץ און מיין נאציאנאלען באוואוסטזיין, און איך זעה ניט בילדער פון פארגאנגענהייט נאר בילדער פון איצט: נאך לויפט יעקב פון עשו, און אויך איצט דארף יעקב זיך פארשטעלען פאר אייו עשו, אום ער זאל קריגען די ברכה...

א מיידעלע פון א יאהר דרייצעהן האט ערקלעהרט די באדייטונג פון חנוכה זי האט אנגעפאנגען שטיל, איהר געזיכט גע־רויטעלט פון צניעות. שעמעוודיג, ניט זיכער, האט זי אנגעפאנגען. אבער ווי א בלום האט זי זיך גענומען צו ענטוויקלען. ביז דעם פינאל, ווען זי איז ארויסגעקומען אין פולען פראכט און פולען גלאנץ... ס׳איז געווען פערל יעדעסווארט, מיט וואס פאר א שטאלץ זי האט גערעט וועגען יהודה המכבי, מיט וואס פאר א באגייסטערונג פון דער אידישער צוקונפט. זי האט גערעט עפעס אזוי זיס, אזוי ערנסט מיט אזוי פיעל הארץ און נשמה. מיט ליעבע און שטאלץ און פארעהרונג האט זי גערעדט פון אונזער נא־ציאנאלער פארגאנגענהייט. און מיט זיכערהייט ווי א נביאה געטרייסט און געשאפען א האפען און א פעסטען גלויבען אין אונ־זער צוקונפט.

עס קלינגט מיר נאך איצט איהר זיסע שטימעלע, וועלכע טרייבט דעם שווארצען יאוש און שאפט א נייעם גלויבען א נייעם

envy from the city disappear; only unity and friendship rule in the heart of a healthy body and a good soul . . .

How jolly is the joy of children in nature! How deeply the joy bores into their hearts, and how natural is their laughter, which mirrors in their eyes and shines on their good faces . . .

The actual celebration began with a series of biblical scenes, led by the children under the direction of *shokhet* Epstein. Naturally, electrical effects were missing. There was scenery, and the children wore costumes and makeup. The souls of the children were beautiful. If perhaps the performance did not appeal to my aesthetic sense, it definitely appealed to my Jewish heart and my Jewish consciousness. I saw not only pictures of the past, but also pictures of the present: Jacob running from Esau, and even now Jacob needs to imagine an Esau, in order to get the blessing . . .

A young girl, aged about thirteen, explained the meaning of Chanukah. She began quietly; her face was red from bashfulness. She started speaking shyly and unsurely, but her speech blossomed; by the time she reached the finale, her talk had developed into a beautiful, sparkling flower. Every word was a pearl. With what pride she spoke about Judah Macabee, with what enthusiasm she described the future of Judaism! She spoke so sweetly, so seriously, with so much heart and soul. She spoke of our cultural past with love, pride, and respect. With the confidence of a prophetess, she comforted, and she created hope and strong faith in our future.

I still hear her sweet voice; it drives away black despair, and it cries for a new faith, a new

האפען, אז אונזערע כחות ווערען ניט פארלארען. ווי לאנג מיר האבען ערציהער פאר אונזער צוקונפטיגען דור. און אזוי לאנג ווי אונזערע קינדער קענען אזוי שטאלץ טרוימען פון אונזער צוקונפט.

העלמה העבריה
לנו לא נכריה

די יוגענד, וועלכע וואקסט ווייט פון אידישען צענטער אויף פארמס, ווערט ערצויגען אין אידישען און נאציאנאלען גייסט, און די טאטעס און מאמעס, געוועזענע שטאט מענשען, סוחרים'לאך פעדלערס און גלאט ווינד־מענשען, — האבען זיך גענומען צו דער סאכע באארבייטען דאס לאנד, און שאפען א נייעם אידישען גע־זונטען עלעמענט, וועלכער וועט זיין דער שטאלץ און ציערונג פון דאס גאנצע אידישעס פאלק...

איך האב פארבראכט ביז 4 אזייגער פארטאג, איך האב אויס־געפרעגט יעדען זיין מיינונג וועגען פארמעריי. די מעהרסטע צאהל זיינען דארטען 6 אדער 7 יאהר. די אלטע תושבים וואס זיינען שוין אריבער צעהן יאהר זיינען רייך. די מעהרסטע צאהל מאכען אן אנשטענדיגען און רוהיגען לעבען. אייניגע פלאגען זיך צו אבער אלע האבען אויסגעשפראכען זייער מיינונג, אז דער מענש איז פיעל צופרידענער, גליקליכער און צופרידענער אויפ'ן פארם איידער אין שטאט.

און איך, דער געוועזענער פארמער און איצטיגער טשינאוויניק בין אוועק געפאהרען שטארק מקנא זייענדיג דעם גליק און צו־פרידענהייט פון די אידישע קאלאניסטען.

די קאָלאָני מאנטעפיארע

די קאָלאָני מאנטעפיארע, אדער „מולבאד", ווי עס איז באקאנט אין פאסט אפיס דעפארטמענט, איז מיר נעהענטער ווי אלע איבעריגע אידישע קאלאניס, ווייל איך בין ניט נאר געוועזן ביי דעם וויגעלע און געבורט פון דיזען ישוב, נאר האב צופעליג געהאלפען לעגען דעם ערשטען שטיין פון דיזער קרוין און קעניגין

hope, that we are not losing our strength. As long as we have educators for our future generations and as long as our children can so proudly dream of our future, we will be okay.

The Jewish maiden
Is not like a stranger to us.

Our young people growing up on farms, although far from the Jewish centers, are raised with Jewish spirit; and the fathers and mothers, who used to be city people, booksellers, peddlers, and just plain unhappy persons, took up hook ploughs to cultivate the earth and to create a new Jewish healthy element, which would be the pride and jewelry of the entire Jewish people . . .

I enjoyed myself until four in the morning. I asked every person his opinion about farming. The greatest number had been there six or seven years. The old residents, who had been there more than ten years, were rich. Most of them were leading respectable and quiet lives. Some suffered, but all were of the opinion that a person is happier on a farm than in the city.

A former farmer and present functionary, I departed, intensely jealous of the happiness of the Jewish colonists.

The Montefiore Colony

The Montefiore colony or Muhlbach, as it is known in the post office department, is dearer to me than all the other Jewish colonies. Not only was I at its birth and saw it in its cradle, but I also actually helped to lay the first stone in the crown of this queen

פון די אידישע קאָלאָניס.

מיט אכט יאהר צוריק איז א יונגערמאן, ביים נאמען סעם אולמאן געקומען צו מיר אין קאלגארי, און האָט זיך פארגעשטעלט, אלס א פארמער פון נאָרט־דאַקאטא. ער האָט מיך געפרעגט, אויב איך ווייס וואו זיי קענען געפינען א האלבען טאוונשיפּ פרייע לאנד, וואו זיי זאָלען קענען נעמען האמסטעדס און פריעמפּשיאַנס פאר א גרופּע אידען. ווען זיי קענען קריגען אזא שטח לאנד, וואָלטען זיי פארקויפט זייערע פארמס אין די שטאאטען און זיך באזעצט אין קאנאדא.

איך האָב זיי דאן אָנגעצייגט אויפ׳ן לאנד קארטע א שטיק לאנד, נאָרט פון אלזאסק אין דער פראווינץ אלבערטא, ניט ווייט פון סאסקאטשעוואן גרעניץ, דעם פיערטען מערידיאן, וואו זיי האָבען זיך באזעצט.

זייענדיג אין אלזאסק און הערענדיג אז דאָס יאהר זיינען די „קראָפּס״ אין גאנצען פארפאַרען געוואָרען אין זייער געגענד, האָב איך באשלאָסען צו פאָהרען אהין זיך זעהען מיט זיי. אביסעל טרייסטען זיי און אויסשפּרעכען מיין מיטגעפיהל אין זייער איצטיגען פארלוסט.

ס׳איז 20 מייל פון אלזאסק, א שטעטעל אויף דער קאנע־דיען נאָרטערן ליניע, וואָס לויפט פון סאסקאטון נאך קאלגארי. מיר זיינען אָנגעקומען אהין מיטאָג־צייט, און געשטאנען ביז אויף מאָרגען אין דער פריה.

די קאָלאָניע באשטעהט פון א 70 אידישע פארמערס, וועלכע האָבען א שול, וואָס האָט זיי געקאָסט א דריי טויזענד דאָלאר, א שעהנע אידישע ביבליאטעק, מיט א שעהנעם אויסוואהל פון אידי־שע ביכער, און אויך אנדערע קולטורעלע און עקאנאמישע ארגא־ניזאציאנען.

צוגעפאהרען ביז איך צו מר. אולמאן. אין אָוונט האָבען זיך צוזאמענגעקליבען א מאן 30, די נאהענטסטע שכנים, און מיר זיינען אריין אין שול, ווייל ס׳איז ניט געווען קיין פּלאץ פאר אלעמען. און מיר האָבען דאָרטען פארבראכט דעם אָוונט, ביז שפּעט אין דער נאכט.

of Jewish colonies.

Eight years ago, a young man by the name of Sam Ulman came to me in Calgary and introduced himself as a farmer from North Dakota. He asked me if I knew where Jews could find a half-township of free land, where they could have homesteads and get preemptions for their group. If they could get such an area of land, they would sell their farms in the States and settle in Canada.

I then noted on the map a piece of land, north of Alsask in the province of Alberta, not far from the border of Saskatchewan, the fourth meridian, where the colonists settled.

When I was in Alsask, I heard that all of the colony's crops had frozen this year. When I was in their neighborhood, I decided to travel to see the residents, to comfort them a little, and to express my sympathy for their current loss.

The colony is twenty miles from Alsask, a village on the Canadian northern line. It cost them $3,000. They had a nice Jewish library with a good selection of Jewish books, and also other cultural and economic organizations.

I went to Mr. Ulman. In the evening, we got together a group of about thirty people, the nearest neighbors, and we went into the synagogue because there was not enough room for everybody anywhere else. And we stayed there until late in the night.

מ'האט מיך פארנעשטעלט פאר'ן שוחט, א יונגערמאן, וועל־
כען איך האב נאך ניט געקענט. וועז איך האב לעצטענס באזוכט
די קאלאני איז ער דא נאך ניט געוועזן. איך האב ניט פיעל מיט
איהם פארבראכט, אבער ער האט זיך ארויסגעוויזען צו זיין א
גאנץ ערנסטער, אינטעלינענטער און זעהר סימפאטישער יונגער־
מאן.

איך האב איצט געקומען באטראכטען די קאלאניסטען. אלע
באקאנטע פנים'ער איך האב יעדען געקענט. און זיי האבען מיר
ניט געדארפט קיין זאך דערצעהלען פון זייער א מאל. איך וויים
ווי דער עלטערער אידעל איז געגאנגען נאך דעם אקער און האט
געזאגט תהילים ניט א פסוק, נאר א קאפיטעל צו יעדער „פורראוו"
(שורע) איך וויים וויפיעל שוויים, הארעוואניע און כחות זיי האּ־
בען אוועקגעלעגט יעדער איינער באזונדער. און אלע צוזאמען, ביז
זיי האבען פארוואנדעלט די פריירי מדבר און „אלקאלאי" וויס־
טעניש, אין פראכטפולע פארמס מיט שעהנע געביידעס. איך האב
געוואוסט ווי יעדער איינער האט זיך געפלאגט און געביעדעוועט.
און איך האב ערווארטעט צו זעהען פארצווייפעלטע מוטלאזע נע־
זיכטער, ווי געוועהנליך... נשרפים עפעס א קליינינקייט. איינינע
פון זיי האבען געהאט פון 100 ביז 200 אקער איז ווייץ. וועז עס
זאל געראטען וואלט עס נעמיינט פון 5 ביז 20 טויזענד דאלאר און
עס קומט א פראסט און עס ווערט צו גאר ניט.

ערווארטענדיג פארצווייפלונג און געפינענדיג א שטארקען אפטי־
מיזם איז דאס פאר מיר געווען אן איבערראשונג. מ'האט מיט
מיר ניט גערעט וועגען וואס עס איז געוועזן. אדער פונ'ם איצט.
וועלכער איז ניט אזוי גלענצענד, נאר מ'האט מיט מיר גערעט
וועגען דער צוקונפט מיט אזוי פיעל גלויבען און מיט אזוי פיעל
האפען אז איך האב עס באוואונדערט.

— „איה"ש, אז גאט וועט העלפען, איבער א יאהר, וועל איך
שוין האבען דאס נייע הויז, וואס איך האב אנגעפאנגען דאס יאהר
צו בילדען, און האב ניט געקענט ענדיגען צוליעב דעם פראסט.
און דאן וועז איהר וועט קומען וועט איהר האבען א בעסערען
צימער". — האט מיר מיסטער אולמאן געזאגט. א צווייטער

We introduced ourselves to the *shokhet*, a young Jew I did not yet know. Last time I visited the colony, he was not there. I did not spend much time with him, but he appeared to be quite earnest, intelligent, and very sympathetic.

I then looked closely at the colonists. I knew all these faces, and they did not need to tell me their histories. I know how that elderly Jew tended his acres and recited a chapter, not a passage, of psalms after every furrow he ploughed. I know how much sweat, hard work, and energy each one of them put in, separately and together, until they changed the prairie desert with its alkali landscapes into beautiful farms with attractive buildings. I knew how each one had suffered. I expected to see despairing, defeated faces as usual. This was no small disaster. Some of these people had one hundred to two hundred acres of wheat; if the harvest had been successful, they would have earned $5,000-$20,000. Along came a frost, and everything was ruined.

Expecting despair, I was surprised to find strong optimism. Nobody complained to me of what he or she used to have or what his or her situation is now, which was not so shiny. Instead, everybody talked to me about the future, and with so much faith and with so much hope that I was astonished.

"God willing, if God will help, next year I will have a new house, which I started building this year, but could not finish because of the frost, and then when you will come, you will have a better room," said Mr. Ulman. Another

האט זיך מיר פארטרויט, אז ער האט צוגעבראכטן לאנד און וועט האבן פאר נעקסטען קראפ 200 אקער לאנד...

און עס האט מיך עראינערט אז אלטע געשיכטע. מען דערצעהלט אז אין 1893 יאהר ווען אויף דיעזען קאנטינענט האט געהערשט א שרעקליכער אינדוסטריעלער קריזיס, האבען אין ניו־יארקער גאסען געמארשירט טויזענטער ארבייטסלאזע מיט שווארצע פאנען, ווען הענעלעא גולד, דאן א קינד, פון 8 אדער 9 יאהר, האט עס געזעהען האט זי געפרעגט די גאווערנאנטין, וואס איז די אורזאכע פון דיזער דעמאנסטראציע.

— זיי שטארבען פון הונגער, די לייטע האבען קיין ברויט.

טא ווארום עסען זיי ניט קיין לעקאך? האט די רייכע מיס גולד געפרעגט.

שטעלט זיך פאהר, ווען א שטאט־מענש האט אזא פארלוסט: למשל, ווען א קרעמער זאל פארלירען דורך א פייער זיין גאנצען סטאק פון פינף אדער צעהן טויזענד דאלאר, פארלירט ער דאך מיט זיין געלט אויך די ווערק צייג, מיט וואס ער מאסט א לעבען, און נאטירליך אויך זיין האפנונג און זיין מוט. דא האט דער פארמער פארלארען געלט, אבער זיין קרעמעל, די ערד, איז גאנץ געבליבען ער האט ווידער זיין אקער און ער קען האפען אויף שפעטער, ס'איז ניטא קיין ברויט איצט, עסט ער קייק. פלייש איז טייער, עסט מען טשיקען: און אין וואס פאר א הויז איך בין ניט געקומען, האב איך געטראפען די ווייבער שטארק באשעפטיגט מיט פליקען גענז און פעטע קאטשקעס...

פון די פארשידענע אינסיטוציאנען, וואס טוען אויף זעהר פיעל, טיילט זיך אויס די קאאפעראטיווע אגראר־באנק, וואס באלאנגט צו די אידישע קאלאניסטען.

עס האט מיך געפרעהט צו הערען, אז ניט אכטענדיג, וואס זיי אליין האבען געהאט א שלעכטען יאהר, פארגעסען זיי ניט זייערע ארימע ברידער. וואס לידען אין די מלחמה לענדער און ביי יעדער געלעגענהייט זאמעלט מען געלט און מ'שיקט גאר באדייטענדע סומען צום הילפס פאנד.

דער פארשריט, וואס די קאלאני האט געמאכט, איז א פע־

assured me that he cultivated more land and will have two hundred acres of land for next year's crop . . .

It reminded me of an old story. In 1893, when there was a terrible industrial crisis on this continent, thousands of unemployed marched in the streets of New York waving black flags. Helena Gould, then a child of eight or nine, asked the governor to explain the reason for this demonstration.

— "The people are dying of hunger. They do not have any bread."

"So why don't they eat cake?" asked the rich Ms.Gould.

Imagine if a city person would suffer a comparable loss: for example, if a shopkeeper would lose his entire stock worth $5,000-$10,000 in a fire, he also would lose his equipment with which he makes a living, and naturally, he would lose his hopes and his courage. Here, the farmer lost money, but his store, the earth, remains intact. He still has his acres and his hope for the future; there is no bread now, so he eats cake. Meat is expensive, so he eats chicken. Whatever house I entered, I saw the women were busy plucking feathers from geese and fat ducks. . .

The cooperative Agrar-Bank, which belongs to the Jewish colonists, is among the assorted institutions that accomplish so much.

I was happy to hear that regardless of having a bad year, the colonists do not forget their poor brothers who suffer in the lands at war. At every opportunity, they collect money, and they send significant sums to the charity funds.

The progress which the colony made is

נאמענאלע ערשיינונג. עס איז אומבאגרייפבאר. ווען מען שטעלט זיך פאר ווי דאס לאנד האט אויסגעזעהען און מען באטראכט ווי עס זעהט אויס איצט. יעדער פלעקעלע, יעדע הייזעלע און יעדע פורראוו פון דעם אקער האט מיר דערצעהלט וועגען זעלטענער איי־בערנעבענהייט, העלדענמוט, ווילנס־קראפט און שווערע פראצע. אבער דאס ,,בייבילע". די יונגינקע קאלאני וואקסט שעהן און פראכטפול...

לייד, פיין, און שווערע ארבייט זיינען פיליכט דער אציד וואס פרופט דאס גאלד, און דאס בעסטע שטאהל געהט דורך. דורך דעם שטארקסטען פייער...

קאלגארי

ווען איך האב זיך געזעצט אויף דער טריין אין אלזאסק אום צו פאהרען נאך קאלגארי, האב איך גערעכענט צו האבען קפיצת הדרך, ס'איז דאך עפעס אן עקספרעס טריין אויף דער הויפט ליניע פון אייזען־באהן. און איך האב גערעכענט נאך דעם זעלבען אווענט זיין אין קאלגארי. עס האט זיך אבער אויסגעלאזען אז מיר האבען זיך געשלעפט גאנצע צוויי טעג און א נאכט. מיר זיינען געקראכען לאנגזאם, ווי אידישע באיועגאכצען אין אמעריקא. און פונקט ווי א מציאה־זייגער, וואס מען קויפט אויף אן אקשען. האבען מיר זיך אפגעשטעלט ניט נאר אויף יעדען סטיישאן און האלב־סטיישאן נאר אויך אין מיטען פעלד, ביי יעדער קופעלע שנעע, וואס דער ווינד האט ארויפגעבלאזען אויף די רעלסען...

זיצענדיג אין וואגאן, איז דער געשפרעך געווען וועגען לאנג־זאמען צוג. א יונגער מאן (איך האב שפעטער אויסגעפונען, אז ער איז אן אמעריקאנער טרעוולער). האט דערצעהלט פאלגענדע גע־שיכטע, וואס עס האט פאסירט אויף א שנעל צוג אין דער שטאאט ארקאנזאס: — א פאסאזשיר, וועלכער איז געפאהרען צו זיין מו־טער, וועלכע האט געהאלטען ביים שטארבען, האט זיך אזוי נעער־גערט, וואס דער צוג איז געקראכען אזוי לאנגזאם, אז פון אויפרע־גונג איז ער ניט פאר קיין מענשען נעדאכט משוגע געווארען. און

phenomenal, incomprehensible. Just imagine how the land used to look and how it looks now. Every spot, every little house, and every furrow is a testimonial to remarkable devotion, heroism, willpower, and hard labor. The "baby," the young colony, grows beautifully and nicely . . .

Suffering, pain, and hard work are perhaps the acid that purifies the gold. The best steel goes through the hottest fire . . .

Calgary

When I seated myself on the train in Alsask going to Calgary, I assumed I would be able to jump over a great distance in a moment. I was on an express train on the main railroad line, and I expected to be in Calgary that same evening. However, we shlepped for two whole days and a night, creeping as slowly as Jewish movements in America. Like a cheap clock that is bought at an auction, we stopped not only at every station and at every half-station, but also in the middle of the field, at every little hill of snow, which the wind blew onto the tracks . . .

Sitting in the railroad car, we passengers talked about the slowness of the train. A young man (I later found out that he was an American traveler) related the following anecdote regarding a fast train in the state of Arkansas: A passenger, rushing to see his dying mother, became so enraged with the slowly creeping train (may this not happen to anybody!) that he went crazy from anger and

האט באשלאסען צו באגעהן זעלבסטמארד. ניט האבענדיג קיין אנדער מיטעל אויסצופיהרען זיין שרעקליכען באשלוס איז ער אראפ פון טריין, און איז פארלאפען דעם וועג אז ערד פיער אדער פינף מייל און האט זיך געלעגט אויף די רעלסען דענקענדיג, אז מ'וועט איהם איבערפאהרען. ווען דער לאקאמאטיוו איז צו געגאנגען צום פלאץ, וואו ער איז געלעגען האט דער אינזשיניר געסטאפט אין צייט. ווען דער קאנדוקטאר און פאסאזשירען האבען איהם אויפגעהויבען האבען זיי איהם געפונען טויט. — ער איז געשטארבען פון הונגער...

איך האב זיי דערצעהלט, אז אויף דיזער טריין מיט וועלכער מיר פאהרען האט געטראפען דער פאלגענדער אינצידענט: — ווען מיר זיינען אפגעפאהרען א צעהן מייל פון אלזאסק, איז דער קאנדוקטאר צוגעגאנגען צו א גרייז־גרויען מאן און האט זיך געווענדעט מיט דעם געוועהנליכען פזמון: „טיקעטס פליעז?” דער אלטינקער האט ארויסגענומען א טיקעט און האט עס איהם דערלאנגט. דער קאנדוקטאר, נאכדעם וואס ער האט באטראכט דעם טיקעט, האט זיך געווענדעט צום אלטען מיט דער פראגע:

— ווי קומט עס, וואס איהר פארט עפעס אויף א האלבען טיקעט, איהר זייט דאך עפעס ניט קיין באיטשיקעל?

— יא, האט דער אלטער געענטפערט, אבער איך בין געווען א קליינער באי, ווען מיר האבען פארלאזען אלזאסק...

אלע האבען זיך צולאכט און דער יענקי האט מיר דערלאנגט די האנד: — „יו העוו גאט מי ביט!” האט ער געזאגט. „זייט איהר א צייטונגס מאן?” האט ער מיך געפרעגט.

איך האב דיזע באשולדיגונג ניט אפגעלייקענט און האב זיך ניט געקענט אפוואונדערען, פון וואנען ער האט געטראפען אז איך שרייב אמאל פאר א צייטונג...

איך בין אנגעקומען אין קאלגארי און אבוואהל ס'איז ניט מיין ערשטער באזוך האב איך מיין מיינונג וועגען קאלגארי, אלס א שטאט ניט געביטען. דער קלימאט און דאס שעהנקייט פון דער שטאט האבען זי אימער געמאכט, אלס די הויפט שטאט פון דער פראווינץ אלבערטא.

decided to kill himself. Not having any means to carry out his terrible decision, he got off the train, ran about four or five miles, and lay down on the rails, thinking that the train would run him over. When the locomotive finally got to the place where he was lying, the engineer stopped in time. The conductor and other passengers picked up the man, but they found that he was dead. He had died of hunger . . .

I told my fellow commuters that on the very train on which we were riding the following incident had occurred: After travelling about 10 miles from Alsask, the conductor turned to an all-gray man and intoned the usual, "Tickets, please." The old man took out a ticket and gave it to him. The conductor, after looking it over, asked the old man,

— "How is it, that you are riding on a half-fare ticket? You are not a little boy."

— "True," answered the old man, "but I was a small boy when we left Alsask."

Everybody laughed; the Yankee shook my hand. "You beat me!" he said. "Are you a newspaper man?" he asked.

I did not deny my guilt; I could not stop wondering how he guessed that I write at times for a newspaper . . .

I arrived in Calgary. It was not my first visit, and my opinion about Calgary as a city had not changed. Its climate and beauty made it the principal town in the province of Alberta.

קאלגארי איז זעהר שנעל געוואקסען כמעט פענאמענאל. ערשט מיט פופצעהן יאהר צוריק האט קאלגארי בלויז געהאט א באפעלקערונג פון צעהן טויזענד איינוואהנער און איצט צעהלט זי אריבער הונדערט טויזענט איינוואהנער.

דער אפטימיזם פון דער באפעלקערונג איז אומגעהייער גרויס. זיי האבען א שטארקען און פעסטען גלויבען אין דער וויכטיגקייט פון קאלגארי, אלס א שטאט למשל ווען איהר פרעגט א קאלגארי בעל הבית וועגען דער צוקונפט פון וויניפעג וועט ער אייך זאגען, אז ער דענקט ניט אז וויניפעג וועט וואקסען שנעל, ווייל עס איז אביסעלע צו ווייט פון קאלגארי....

וועגען די אויסזיכטען פון קאלגארי איז דאך שוין אפגערעט. ס'איז דאס שעהנסטע דאס בעסטע קלימאטיש געזינדסטע שטאט אין דער וועלט, און גלאט וועט מען אייך זאגען אז קאלגארי איז געאגראפיש אין דער מיט פון דער וועלט, נאטירליך איז געאגראפיע ווערט עס ניט דערמאנט, אבער וואצו, געהט ארויס אין גאס און באטראכט ווי גלייך דער הימעל פאלט ארונטער ארום און ארום...

די הויפט אינדוסטרי איז אמאל אין די גוטע יאהרען געווען ריעל עסטייט און נאכהער אויל-שערס... די הויפט קולטור, — איז אגריקולטור און דער הויפט צוועק אין לעבען, איז צו ווערען א פארטנער מיט דזשאן ד. ראקפעלער...

אפטימיזם איז דער גייסט פון קאלגארי, און פיליכט איז דער שטארקער אפטימיזם אויך שולדיג אין דעם, וואס פון די צוויי הונדערט און פופציג אידישע פאמיליעס אין קאלגארי געפינען זיך אז ערך דרייסיג, וואס באשעפטיגען זיך מיט סעקאנד הענד סטארס און „פאון בראקעריי". אליץ טאקע דער אפטימיזם איז שולדיג, וואס ביי זיי איז אליץ צווילינגס: צוויי לידיעס אייד סאסייעטיס: דערווייל איין שול, אבער מ'רעדט שוין, אז די שול וועט זיך אין גיכען „שולכלען". אבער דערפאר האבען זיי קיין איין תלמוד תורה און קיין איינציגען אידישען לעהרער, וועלכען מ'קען פארטרויען די ערציהונג פון א קינד...

ווען בן-ציון מאסענזאן איז געווען אין קאלגארי, האט ער גע-

Calgary grew very quickly, almost phenomenally. Just fifteen years ago, Calgary had a population of only ten thousand inhabitants, and now, it has over a hundred thousand.

The people are incredibly optimistic. They have a strong and steady faith in the importance of their city. If you will ask a resident of Calgary what he thinks about the future of Winnipeg, for example, he will tell you that Winnipeg will grow quickly only because it is far from Calgary, as it cannot otherwise compete with his own perfect town . . .

Residents will give you the highlights of Calgary. It is the most beautiful and healthiest city in the world, and it has the best climate. They will easily tell you that Calgary is the geographic center of the world; naturally, they admit, it is not mentioned in geography books, but just go out in the street and think about how straight the sky falls down on all sides . . .

The main industry, in the good years, was real estate; afterward, it was oil shares. The main culture is agriculture. A Calgary person's main goal in life is to become a partner of John D. Rockefeller . . .

Optimism is the spirit of Calgary. Maybe the strong optimism is to blame for about 30 Jewish families in Calgary out of 250 running secondhand stores or being pawnbrokers. There are two Ladies' Aid Societies, but meanwhile one synagogue. However, there is already talk that the synagogue will shortly give birth to another. So far, they do not have a single Talmud Torah[59] or a single Jewish teacher who can be trusted to educate a child . . .

When Ben-Zion Masenzon was in Calgary, he

---

[59]   Jewish day school—HBF.

ווירקט אויף די „בני ציון״. אז זיי זאלען זיך נעהמען טעטיג צו שאפען א תלמוד תורה און האפענטליך וועט עס אין גיכען באַ־שאפען ווערען...

די רעליעף ארבייט ליעגט אין די הענד פון דער ראדיקאלער יוגענד און גאנץ באדייטענדע סומען ווערען געזאמעלט פאר אומ־גליקליכע, ליידענדע ברידער אין די מלחמה לענדער. אין אלגעמיין זעהט מען איצט מעהר לעבען. מעהר אידישען נאציאנאלען לעבען אין דער קאלגארער אידישער קהלה און האפענטליך וועט עס מיט דער צייט ווערען מעהר אחדות׳דיג...

א באגעגעניש מיט דר. בן-ציון מאסינזאן אין קאלגארי.

איהר מעגט האבען א פעטען באנק־ביכעל. איהר קענט זיך אפילו האבען עטליכע בלאקס איהר מעגט ווערען א מעמבער פון פארלאמענט. אויב איהר ווילט אפילו א „וואשע בלאגאראדיע״. א פאלקאווניק אין א רעגימענט. א וואיענער דאקטאר אין אונזער באפרייטער רוסלאנד. א דיוק אדער א באראן אין מאנטרעאל. איך וועל אייך אסור מקנא זיין!

איך האב דורכגעלעבט א גרעסערען א טיפערען גייסטיגען פארגעניגען. איך האב געזעהען דר. מאסינזאן.

יא, איך האב פארבראכט מיט איהם גאנצע צוויי טעג אין קאלגארי. פריינדליך, כמעט ווי א קאלעגע.

יא, איך זאג דאס אייך איצט גאנץ שטאלץ. איך האב גע־זעהען, גערעט, און פארבראכט גאנץ אינטים מיט א גרויסער פער־זענליכקייט. איך האב געהערט די עהרע צו עסען צוויי מאל מי־טאג מיט א מאדערנעם „רבי יוחנן בן זכאי״. איך האב פאר־בראכט מיט דעם איצט־בייט בצלאל: דעם ארכיטעקט פון דער מא־דערנער יבנה, — תל אביב...

און איינגענעהם איז מיר געווען דיעזע באגעגעניש, ווייל עס איז ניט געווען דורך א צופאל.

איך בין געווען זעקס הונדערט מייל ווייט. ווען מ׳האט מיר

convinced the members of Bnai Zion[60] to dedicate themselves to establishing a Talmud Torah. Hopefully, they will soon accomplish this . . .

Relief work lies in the hands of the radical youth. Quite important sums are collected for our unhappy, suffering brothers in the war-stricken lands. In general, I see now more life and more Jewish cultural life in the Calgary Jewish community. I hope it will become more unified in time . . .

A Meeting With Dr. Ben-Zion Masinzon[61] In Calgary

You may have a fat bankbook, you may own several blocks, you may be a member of Parliament, you may even be a colonel in a regiment, a military doctor in our freed Russia, a duke or a baron in Montreal. I am not envious of you!

I have experienced a greater and deeper spiritual pleasure. I saw Dr. Masinzon.

Yes, I spent an entire two days in Calgary with him. He was friendly and treated me almost like a colleague.

Yes. I am telling you this quite proudly. I saw, heard, and spent cherished time with an important celebrity. I had the honor of eating two lunches with a modern "Rebi Yokhanan ben Zakai."[62] I met with the current Bezalel,[63] the architect of modern Jabneh, Tel Aviv . . .

I enjoyed this encounter tremendously; and it was not accidental.

I was six hundred miles away when I

---

[60] Sons of Zion. This seems to be the name of the synagogue — HBF.

[61] In the previous section, Goodman spells the name "Masenzon." I could not find any English mention of this man, so I am leaving his name transliterated as Goodman wrote it — HBF.

[62] Important Jewish scholar, founder of the Academy at Jabneh, 30-90 CE — HBF.

[63] Chief architect of the ancient Tabernacle, the portable tentlike structure built in the wilderness by Moses — HBF.

טעלעגראפירט, אז מאסינזאן איז אין קאלגארי און וועט לעקטשורען דאנערשטאג אווענט און זונטאג נאכמיטאג. אזוי ווי איך בין א איד וועלכער „קאטארי״ האט זיך אימער אינטערעסירט און געמישט אין אידישע ענינים בין איך לא עליכם אזוי באוועגליך און „ספריטנע״ אז ביז וואנען וואס, איידער וואס־ווער־ווען. בין איך טאקע אנגעקומען אין קאלגארי ערשט פרייטאג בין השמשות. און ביז, ווי מ׳זאגט, אריין געפאהרען מיט איין „האלאבליע״ אין שבת קודש אריין און מיט דער צווייטער אזש אין פארט סטריט איסט. און בחפזון׳דיג א פרעג געטאן: — וואו איז ער?

איך האב אויסגעפונען אז ער וועט זיין אין אווענט ביי מר. מאשקאוויטש, איך האב אהין ניט געברויכט קיין ספעציעלע איינלאדונג. און איך האב אנגעגורט מיינע לענדען און בין אוועק.

ס׳איז שוין דארטען געווען די גאנצע ס מ ע ט ע נ ע פון שטעטעל און אויך אביסעל זויער מילך. עס זיינען געווען אידען פון אלע מנים: ג ע ב י ל ד ע ט ע און א י י נ ג ע ב י ל ד ע ט ע. עס זיינען געווען ב ו ד אידען. — אייניקלאך פון עם־הספר. און פ א ק ע ט ־ ב ו ד אידען. — יורשים פון קרח. און גלאט אידען פון א גאנץ יאהר, עס זיינען געווען מעהרסטע צאהל ציוניסטען. וואס זיינען שטאל און אייזען פאר צ י ו ן, א סך וואס ביי א „יומא דפגרא׳ קען מען צ ו צ י ה ע ן, און אויך עטליכע וואס מ׳האט געמעגט שוין לאנג א ר ו י ס צ י ה ע ן...

די איינדריקע פון יעדער מענשען זיינען פארשידען.

ס׳האט מיך דערפאר ניט שטארק אינטערעסירט דער איינדרוק, וואס ער האט געמאכט אויף קאלגארי. ס׳האט מיך כלל ניט געקימערט, צי זיי גלייכען זיין בארד אדער אויב זיי דענקען אז ער טראגט זיין „נעקטיי״ לויט דער לעצטער מאדע... ס׳האט מיך אפילו ניט פאראינטערעסירט צו וויסען אויב ער טראגט איין ארבע כנפות, און אויב ער לייגט צוויי פאר תפילין...

וואס עס האט מיך אינטערעסירט, איז בעאבאכטען דעם נאסט, ווי ער איז געזעסען ביים טיש און האט גענומען „סטאק״ פון קאלגאריער פני. ווי ריכטיג ער האט זיי געסארטירט און „געלויבעלט״. ער האט יעדען „ספעסימען״ געקענט און ווי א געניטער פסיכאלאג

received a telegraph that Masinzon was in Calgary and would be giving a lecture on Thursday evening and on Sunday afternoon. I am always interested in mixing myself into Jewish concerns, but I am indisposed to having to speed away. Yet before I could say what-who-where, I raced off to Calgary and made it there by Friday at dusk. I arrived with one foot into holy Sabbath and the other on Fort Street East, and immediately, I asked, "Where is he?"

I found out that he would be at Mr. Mashkovitsh's that evening. Although I did not have an invitation, I girded up my loins and set out for his place.

The cream of the entire town was already there, and also a little sour milk. There were Jews of all types—educated Jews, imaginative Jews, book Jews (grandchildren of the people of the book), and pocketbook Jews (successors of Korach).[64] There were also ordinary Jews; most of them were staunch Zionists, who could be drawn in on "a day of leisure," and also several who should have been drawn out long ago . . .

The assortment of people had assorted feelings.

For this reason, I was not very interested in the impressions that Dr. Masinzon made on Calgary. I was generally unconcerned if the people liked his beard, or if they thought that he wore his necktie according to the latest fashion. It did not even interest me to learn whether or not he wore the ritual four-cornered garment under his shirt, or if he prayed with two pairs of *tfiln*[65] . . .

What did interest me was observing how the guest sat at the table, how he correctly sorted out the people and flattered them. He knew every specimen, and like an experienced psychologist,

---

[64]   Biblical figure known for being rich—HBF.
[65]   Men wear them each weekday morning when praying—HBF.

גוט פארשטאנען. ער האט זיך געהאלטען אביסעלע פון דערווייטען און מיט זיין אנשטערליכען אויסזעהען האט ער געמאכט דעם איינדרוק פון איין אריסטאקראט. עס איז אבער געווען ניט ריכטיג ער איז א געבארענער אריסטאקראט און זיין אריסטאקראטי איז אזוי נאטירליך צוזאמען געמישט און פארשמאלצען מיט דעמאקראטיע. אז איהר ווייסט ניט וואו עס פאנגט זיך אן איינע, און וואו עס ענדיגט זיך די צווייטע.

אויף מארגען האט ער מיך געבעטען קומען אין האטעל און נאך דינער איז אהין אויך געקומען לאיער גינזבורג און הערר גרינקער דער פרעזידענט פון קאלגארי׳ר ציוניסטען. די פראגע איז געווען, אויב מאסינזאן זאל געבען אן אינטערוויו די לאקאלע צייטונגען, און ס׳איז באשלאסען געווארען ביי אונז, אז מ׳דארף עס טאן אוים העפליכקייט און אויך אוים אויפצוהויבען דעם פרעסטיזש פון די קאלגאריער אידען. נאר מיט דעם באדינג, אז מ׳זאל אונז צייגען אפרוף פון דעם אינטערוויו, און די רעפארטערס זאלען ניט צולעגען זייערע אייגענע הסברות...

עס זיינען געקומען די רעדאקטערע אליין. און דא האב איך געהאט די געלעגענהייט צו זעהען ניט נאר א שטאלצען אקאדעמישען אידען אדער א אידישען אקאדעמיקער. וולכער האט נאך ניט פארגעסען א דריי צו טאן מיט׳ן גראבען פינגער, נאר אויך א דיפלאמאט מיט א הייסער אידישער, ברייטער הארץ און ווארימער נשמה... די אונטערוויו האט גענומען א שטונדע. די קריסטען זיינען אבער געזעסען דעם גאנצען נאכמיטאג, ניט אכטענדיג וואס די אווענט אויסגאבע פון שבת האט זיכער געדארפט האבען זייער אויפפאסונג, מ׳האט געזעהען אז עס ווילט זיך זיי ניט אוועקגעהן.

באלד 48 שטונדען זיינען מיר געווען צוזאמען, צוויי טעג פארבראכט, און גערעט און געפרעגט און געענטפערט, טויזענדער פראגען זיינען געבליבען ניט געפרעגטע, טויזענדער געדאנקען ניט געענדיגטע, די צייט איז געווען צו קורץ. אבער איך האב געזעהען דר. מאסינזאן און איך בין צופרידען....

he understood everybody very well. He held himself a little bit distant. With his unusual appearance, he seemed to be an aristocrat. Actually, he was a born aristocrat. His aristocratic behavior so naturally mixed and melted with his democratic ways that people could not know where one started and the other ended.

The next day, he asked me to come to the hotel. Ginzburg, a lawyer, and Herr Grinker, the president of the Calgary Zionists, also came after dinner. They discussed whether Masinzon should give an interview to the local newspapers. We decided that he needed to do it, not only out of politeness, but also with a desire to raise the prestige of the Calgary Jews. However, we made conditions that we should be allowed to proofread the interview, and that the reporters would not be permitted to add their own explanations . . .

The editors themselves came. Here, I had the opportunity to see not only a proud academic Jew or a Jewish academician, who had not yet forgotten his Talmudic training, but also a diplomat with a warm, generous Jewish heart and soul. The interview lasted an hour. The Christians sat there the entire Sabbath afternoon; we saw that they did not want to leave.

We were together for almost forty-eight hours.

We spent two days together, and spoke and asked and answered. Thousands of questions remained unasked, thousands of thoughts unfinished, for the time was too short. But I saw Dr. Masinzon, and I am happy . . .

עדמאנטאן

אין דער ניט לאנגער פארגאנגענהייט האט מען עדמאנטאן גערעכענט אלס די הויפט שטאט פון נארט פאול. ווען איך וואלט מיט דרייסיג יאהר צוריק געדארפט אהין פאהרען, וואלט איך זיך קודם כל אפגעזעגענט מיט אלע גוטע פריינד, געגעבען מיין אידענע א תנאי־גט, און ווען איך וואלט ווי דורך א נס געקומען צוריק, וואלט איך געדארפט געהן אין שול און גומל בענשען, ווי א מענש וואס קומט פון מרחקים...

איצט האב איך פארשפארט דעם גאנצען „טאראראם". איך האב נאר פארפאקט מיין טשעמאדאנטשיק אריין אין א „סי פי אר" שלאף וואגאן, און דער שווארצער פארטער האט מיך אויפגעוועקט אויף מארגען אין דער פריה אין עדמאנטאן.

ס'איז אמת אז עדמאנטאן האט ניט קיין פארגאנגענהייט, זי האט אבער איין אויסערגעוועהנליכע גלענצענדע צוקונפט.

שטעט און שטעטלאך אין קענעדא זיינען אויסגעוואקסען איבער א נאכט, מערסטענס אבער זיינען זיי פארבליבען ביי זייער וואוקס. עדמאנטאן אבער איז ניט פארבליבען „סטיישיאנערי". ס'איז ניט געבליבען שטעהן אויף איין ארט, נאר מיט ריזיגע, גיגאנטישע שריט געגאנגען פארווערטס אויף אלע געביטען. איצט איז עס ניט נאר די הויפט שטאט פון דער „זון שיינענדער" פראווינץ אלבערטא, נאר אויך די מאדערנסטע שטאט אויף דיזען קאנטינענט.

פון א קליין און אומבאדייטענדען ישוב אין דעם יאהר 1991 מיט א באפעלקערונג פון 3167 נפשות איז עס געוואקסען ביז 75 טויזענד מענשען אין 1916. מיט פראכטפולע הייזער. הויכע „הימעל קראצער" און שעהנע ברייטע געאספאלטע גאסען. דיעם ערשטען „אימפעטום" פון איהר שנעלען וואוקס, האט איהר אן צווייפעל געגעבען דער „קלאנדייק ראש" אין דעם יאהר 1897. און פון דאן איז זי געוואקסען ווי אויף הייוועז.

עדמאנטאן האט 26 באנקיער הייזער. 21 שעהנע פראכטפולע, מאדערנע סקוהלס, 150 פעקטאריעס, 4 קאלעדזשעס, 1 או־

Edmonton

In the not too distant past, Edmonton was regarded as the capital of the North Pole. If I would have needed to get there thirty years ago, I would have said good-bye to all my dear friends and given my wife a conditional divorce. If, by some miracle, I would have returned, I would have immediately gone to the synagogue to thank God for delivering me from great danger, as befits a person who comes from a place very far away . . .

At this date, I am spared the entire tumult. I only needed to pack up my valise and get into a "CPR"[66] sleeping car. The black porter woke me up the next morning in Edmonton.

It is true that Edmonton has no past; it has, however, an extraordinarily splendid future.

Cities and villages in Canada grew up overnight. Most, however, remained at their level of growth. But Edmonton did not remain stationary; it did not remain standing in one place. Instead, it went forward in all areas with giant, enormous strides. Now it is not only the capital of the sunny province of Alberta, but also the most modern city on this continent.

From a small and unimportant community in 1891[67] with a population of 3,167 souls, it grew to 75,000 people by 1916. It has beautiful houses, tall skyscrapers, and wide, attractive, asphalt streets. The first impetus for its quick growth was without a doubt the Klondike Rush in 1897. And from then, it expanded as though on yeast.

Edmonton has 26 bank buildings, 21 very beautiful, modern schools, 150 factories, 4 colleges,

---

[66] Canadian Pacific Railway—HBF.
[67] The text says 1991, obviously a typo—HBF.

ניווערזיטעט, 30 קויהלען גריבער, 890 אקער אין פארקס, (וואס באלאנגט צום שטאט) 140 מייל סיידוואקס, 32 מייל אספאלט פייווינג, 3 טראנס־קאנטינענטאל אייזען באהן ליניעס, 10 ברענ־טשעס, 30 פאסאזשיר צוגען קומען אריין טעגליך, און 5 נייע אייזען באהן ליניעס האלטען זיך אין בויען וועלכע וועלען עפענען 40 מיליאן אקער פרוכטבארעס לאנד און פיעס ריווער דיסטריקט, מיט פיש, אויל, געז, קוילען, מינעראלען, און געהילץ וועלכע עס איז אוממעגליך אפצושאצען ווייל דער דיסטריקט איז אומגעהייער רייך אין רויע מאטעריאלען און נאטירליכע רייכטימער.

דאס אלעס איז געשאפען געווארען אין די לעצטע צוואנציג יאהר.

איך ביז דורכגעגאנגען דעם אוניווערזיטעט, ס'הייסט איך האב איהם באזוכט ס'איז א הערליכע געביידע ביים ברעג פון סאסקא־טשעוואן ריווער. דער „קארפוס" באשטעהט פון 258 אקער לאנד מיט א „פראנטיידזש" פון 2100 פוס.

ס'איז ערשט אכט יאהר ערעפענט. עס האט 30 לעהרער און אריבער 600 תלמידים, וועלכע שטודירען: ארטס סייענס, מעדיצין און יוריספרודענץ מאדערנע לאבאראטאריעס פאר ביאלאגיע, גע־אלאגיע, מינעראלאגיע, הידראליקס און פיזיקס געפינען זיך אין אוניווערזיטעט צוזאמען מיט אן אויסגעצייכענטער ביבליאטעק פון א צוועלף טויזענד ביכער איבער פארשידענע וויסענשאפטען.

טעלעפאן, וואסער־לייטונג, עלעקטרישע קראפט און באלייכ־טונג זיינען שטאט־אייגענטום.

די טעלעפאן סיסטעמע איז א מאדערנע, און ווערט אפערירט אויטאמאטיש, דורך א רעדעל מיט נומערען, אנשטאט צו רינגען און בעטען סענטראל מ'זאל אייך געבען דעם נומער טעלעפאן וועל־כען איהר דארפט. טוט איהר עס אליין מיט די נומערען פון דעם אויטאמאטישען רעדעל. און עס קאסט בלויז צוואנציג דאלער א יאהר פאר א טעלעפאן אין א פריוואט הויז. די באלייכטונג און וואסער לייטונג זיינען אויך פיעל ביליגער ווי אין אנדערע שטעט.

די אידישע באפעלקערונג איז זעהר א פריינדליכע און א מכניס אורח'שע אין גאנצען זיינען דארטען דא א 200 אידישע

1 university, 30 coal mines, 890 acres in parks (which belong to the city), 140 miles of sidewalks, 32 miles of asphalt paving, 3 transcontinental railroad lines, 10 branches, 30 passenger trains. Five new railroad lines are currently being built, which will give access to 40 million acres of fertile land and to the Peace River District, with fish, oil, gas, coal, minerals, and timber. It is impossible to measure the value of all this, because the district is extraordinarily rich in raw materials and natural treasures.

All this was created in the last 20 years.

I went through the university, meaning I visited it. It is a stunning structure on the coast of the Saskatchewan River. The campus[68] consists of 258 acres of land with a frontage of 2,000 feet.

It has been open only for eight years. It has 30 teachers and over 600 students, who study arts and science, medicine, and jurisprudence. There are modern laboratories for biology, geology, and mineralogy. Hydraulics and physics are found in the university, as is an excellent library of 12,000 books in assorted disciplines.

Telephones, water management, electrical power, and lighting are city owned.

The telephone system is modern. The phones are operated by using a dial with numbers; you do not need to ring Central and ask for the phone number you want. You do it yourself automatically by using a number from the dial. And it only costs $20 a year for a telephone in a private house. The lighting and water management are also much cheaper than in other cities.

The Jewish population is very friendly and hospitable. There are altogether two hundred Jewish

---

[68] The text has "corpus." I don't know if this is a joke or just an error—HBF.

פאמיליעז פוז וועלכע עס זיינעז מעהרסטענס סוחרים אוז האנד־
ווארקער. זיי האבעז א שעהנע פראכטפולע שול, א פרויעז פאר־
איין, וואס גיט זיך אפ מיט טשאריטי א אידישער קלוב פאר סאָ־
ציאלע ליטערארישע אידיש קולטורעלע צוועקעז. א ציוניסטישע
ארגאניזאציאָז. אוז נאך אנדערע אידישע ארגאניזאציאָנעז ווי בני
ברית און אזוי וועיטער. די גאנצע אידישע באפעלקערונג איז א
פראגרעסיווע און לעבען זיך גאנץ אחדות'דיג. זיי ארבייטען אלע
זעהר ענערגיש צו זאמלען געלט פאר די מלחמה קרבנות און שיקען
באדייטענדע סומען צום הילפס פאנד.

ליידער האב איך דאס מאל ניט פארבראכט לאנג אין ערמאנ־
טאן און האב זיך נאר געקענט זעהען מיט עטליכע אידען, און בין
נאך דעם זעלבען אוונט געפאהרען קיין לעטברידזש.

לעטברידזש.

(א באגעגעניש מיט א קענעדער דיכטעריז)

א געפאקטער וואגאז. אלע פלעצער זיינעז פארנומעז, בלויז
איין האלבע באנק אין ווינקעל פון וואגאן איז ליידיג. עס הייסט
אין גאנצען לעדיג איז עס ניט, אויף איין האלבער באנק איז גע־
זעסען א פרוי פון א יאהר דרייסיג און לעבען איהר. אויף דער אנ־
דער האלב באנק. איז געווען אנגעלעגט. אדער בעסער געזאגט אנ־
געווארפען אין אומארדנונג פעקלאך, קעסטעלאך, מאגאזינס און
צייטונגען.

די פרוי האט געצויגען מיין אויפמערקזאמקייט מיט איהר העס־
ליכען אויסזעהן און מיט איהר נאכלעסיגקייט. ס'איז עפעס אויף
איהר אלעס געהאנגען ווי א זאק אויף א „סטראשידלע". זי איז
געווען א קאריקאטור קאמבינאציע פון אן אלטער מויד און א
„מיליטענט סאפערדזשעטקע": — הויך, דאר שווארץ מיט א געלען
געזיכט. ווי אן אויסגעדארטע לימענע. א ווייערער געזיכט מיט א
שפיציגער מארדע און א לאנגען נאז. וואס האט איהר געגעבען
דעם אויסזעהען פון א ווארענע.

families, most of which consist of business people and artisans. They have a beautiful synagogue, a charitable woman's organization, a Jewish club for social, literary, cultural Jewish purposes, a Zionist organization, and other Jewish organizations like B'nai-Brit. The entire Jewish population is progressive and unified. They work energetically to collect money for the victims of war, and they send meaningful sums to the aid fund.

Unfortunately, I did not spend enough time in Edmonton on this trip. I saw only a few Jews. The same evening I travelled to Lethbridge.

Lethbridge

(A Meeting with a Canadian Poet)

The railroad car was packed full. All the seats were taken; only one-half of a bench in the corner of the car was empty. Actually, it was not entirely empty; on one half of the bench sat a woman about thirty, and near her, on the other half of the bench, was a pile, or rather an unorganized mess, of packages, boxes, magazines, and newspapers thrown together.

The woman captured my interest with her ugly appearance and slovenliness. Her clothes hung on her like she was a scarecrow. She was a caricatured combination of an old maid and a militant suffragette—tall, thin, with black hair and a yellow face. Her sour face looked like a dried-up lemon. With her pointy chin and long nose, she had the appearance of a crow.

שטעלט זיך פאר מיט וואס פאר א הארץ איך בין צוגעגאנ־
גען בעטען ערלויבעניש צו זעצען זיך לעבען איהר...

מ׳זאגט, אז יעדער מענש איז א דרייאיינינגקייט אט למשל מיין
ווייב און עטליכע גוטע פריינד גלויבען נאך אלץ, אז איך בין א
מלאך: פארקעהרט, ווען איך זאל האבען שונאים, דאס הייסט
ווען איך זאל זיין א גדול און וואלט געהאט שונאים וואלטען זיי
זיכער געזאגט, אז איך בין א טייפעל, אין דער אמת׳ן בין איך אן
איינפאכער בשר ודם, מיט א שטארקען חסרון, וואס איך וויל
א מאל שרייבען פאר א אידישער צייטונג. און פון דעסטוועגען,
וואס מיינע פריינד אדער פיינד זאלען אויף מיר ניט אויסטראכטען,
וועלען זיי מוזען אלע צוגעבען, אז איך בין זעהר א העפליכער מענש
און נאטירליך האט פון מיר די קאנווענציאנאלע עטיקעטע געפאָ־
דערט, איך זאל צוגעהן צו דיזער דאמע, מיט שטארקער הכנעה
אראפנעמען מיין 95 סענטיגען קאפעליוש און פרעגען:
מאדאם, איז דיזער פלאץ פארנומען?

אויב זי זאגט, אז עס איז פארנומען, מעג איך אפילו זיכער
וויסען, אז זי זאגט א ליגען, דארף איך זיך, אלס העפליכער קאנ־
ווענציאנעלער מענש ווידער פארנייגען און זאגען: „דאנק, מא־
דאם!" און אוועקגעהן.

באטראכטענדיג אבער די בריאה האב איך אין גאנצען פאר־
געסען אז איך האב א קאפעליוש, אז איך בין א דזשענטעלמאן.
און האב זי איינפאך געפרעגט אויב איך קען זיך זעצען נעבען
איהר. איך וויים, אז אלע מענער וועלען מיך אסור באשולדיגען
פאר דיזער אומהעפליכקייט. ווארים צווישען אונז ריידענדיג, וועל־
כער מאנסביל איז עס העפליך געגען א מיאוס׳ער מיידעל אדער
ווייבעל, אונז מענער קען אפילו ווייבערשער שכל נאר דאן געפעלען
ווערען, ווען עס ליגט אין א שעהנעם קאפ, קוקט ארוים פון שעהנע
לעבעדיגע אויגען און איז געקרוינט מיט גילדערנע לאקען. עס מעג
זיך זיין אפילו „פעראקסייד" בלאנד...

צו מיין ערשטוינען איז דאס זויערע געזיכט אילומינירט גע־
וואָרען מיט א זיסען שטראהלענדען שמייכעל, זי האט גוטמוטיג

Imagine my courage that enabled me to go over to ask permission to sit next to her . . .

It is said that every person is a trinity. For example, my wife and several good friends still believe that I am an angel. The opposite could also be true. If I would have enemies, meaning, if I would be important enough to have enemies, they would surely say that I am a devil. In truth, I am simply a man, although I am terribly guilty of wanting to write for a Yiddish newspaper every now and again. In order that my friends or foes should not invent things to criticize about me, they would all have to admit that I am a very polite person. Naturally, conventional etiquette demanded of me that I humbly go over to this woman, take off my ninety-five-cent cap, and ask,

"Madam, is this place taken?"

If she would say that the seat is taken, I would know for sure that she is a liar. As a polite, traditional person, I would need to bow again and say, "Thanks, Madam!" and go away.

But thinking about my choices, I entirely forgot that I had a cap, and that I was a gentleman. I simply asked her if I could sit next to her. I know that all men would condemn this lack of manners, but speaking among ourselves, what man is courteous toward an ugly girl or a homely young woman? Even womanly advice can please us men only when it resides in a pretty head, looks out of pretty, lively eyes, and is crowned with golden locks, even if they are peroxide blonde . . .

To my astonishment, the sour face became illumined with a sweet, sunny smile. She pleasantly

געענטפערט אז דער פלאץ איז ניט פארנומען און האט גלייך גע־נומען אפראמען פאר מיר א פלאץ.

דער שמייכעל איז מיר געפעלען געווארען. עס האט גע־שטראלט מיט ווארימקייט, פריינדשאפט און צערטליכקייט. עס איז געווען ניט קיין געצוואונגענער, קאלטער אומנאטירליכער שמיי־כעל, וואס ווערט איינגעשטודירט שטעהענדיג לעבען א שפיגעל און בלויז פאר עפעקט. ס'איז געווען א נאטירליכער זיסער און איינ־גענעהמער שמייכעל, וואס האט געשיינט און געווארימט ווי א זונען שטראהל אין זומער.

איך האב זיך פארגעשטעלט און פארפירט א געשפרעך. עס האט זיך ארויסגעצייגט, אז זי איז גראדואירט פון טאראנטאר או־ניווערזיטעט אלס „באטשעלאר אף ארטס". ווען זי האט אויסגע־פונען אז איך בין א איד, האט זי זיך געווענדעט צו מיר מיט דער פראגע: — „ווארום אידישע קינדער בייטען זייערע אידישע נע־מען?"...

— „איך קען דאס ניט פארשטעהן פאר וואס זיי טוען עס". האט זי פארטגעזעצט: „אט נעמט אלע אידישע נעמען און זעהט ווי אידישע קינדער פארקריפלען זיי, און מאכען פון זיי א תל, פון דוד ווערט „דייוו" פון יעקב ווערט „דזשעק" פון אסתר ווערט אידית אדער „עספירא" און אזוי ווייטער...

— איך האב דארויף געענטפערט מיט דער פראגע פון שעקס־פיער: — „ווהאט איז אין א ניים?"...

— איך וועל צייגען וואס עס מיינט א נאמען. האט זי באַ־גייסטערט מיר געענטפערט. ווען איך הער אז מ'רופט איינעם דוד, שטעלט מיר פאר מיין פאנטאזיע א קעניגליכען פאעט, א דיכטער. א מוזיקער, דעם פערפאסער פון תהילים און ווען איך הער דעם נאמען „דייוו". קען איך זיך נאר פארשטעלען א סטיבעל באי, א ניוס באי א שאפער אדער א בראנקא באסטער. דער נאמען יעקב. פרישט אף אין מיינע זכרונות א ביבלישען העלד און עכטען דזשענטעלמאן. וואס האט געליעבט טריי, ליעבע און ראמאנס. האט געשקלאפט פערצעהן יאהר פאר זיין געליעבטע. טריהייט, ליעבע און איבערגעבענהייט. דאס אלעס דערמאנט מיר דער נאמען. אבער

answered that the seat was not taken, and she immediately began to clear off a space for me.

I liked her smile. It radiated warmth, friendship, and tenderness. It was not a forced, cold, unnatural smile, created from standing at a mirror, and only for effect. It was a natural, sweet, and charming smile that shone and warmed like a ray of sun in the summer.

I introduced myself and led the conversation. It turned out that she graduated from the University of Toronto with a bachelor of arts. When she found out that I was a Jew, she turned to me and asked, "Why do Jewish children change their Jewish names?" . . .

—"I cannot understand why they do it," she continued. "Take all the Jewish names and see how Jewish children cripple them and ruin them. David becomes Dave. Yakov becomes Jack. Ester becomes Edith or Esfira, and so on . . ."

—To this I answered with the question from Shakespeare, "What's in a name?" . . .

—"I will show you what a name means," she answered me with spirit. "When I hear that a person is called David, I imagine a kingly poet, a lyricist, a musician, the composer of psalms. When I hear the name Dave, I only imagine a stable boy or a broncobuster. Yakov brings to mind a biblical hero, a genuine gentleman, who faithfully loved. I think of love and romance. He slaved fourteen years for his beloved. His name makes me think of fidelity, love, and devotion. But

..דזשעק''? — פי! עפעס א פעטער אפגעפרעסענער סאלון-קיפער אדער אן אומגעיסענדער גראב בייכיגער פאליטישען. אט נעמט אלע אידישע נעמען ספעציעל די ביבלישע יהודית, מרים, רחל, אסתר, יהודה, יוסף משה, שמואל, שלמה, פארגלייכט זיי מיט אונזערע קארופטירטע נעמען. איהר אלס אידישע קינדער האט נעדארפט האבען דעם גרעסטען רעספעקט, מעהר איהר האט געדארפט שטאל־צירען, מיט דיזע פאעטישע נעמען, זיי זיינען דאך אייערע. און זיי ערשיינען! דאך אזוי פיעל, אזוי פיעל. פאר וואס שעהמט איהר זיך מיט זיי, פאר וואס פארבייט איהר אייער שעהנעם יחוס אויף שמאטעס?...

איך האב ניט געוואוסט וואס צו ענטפערען, האפענטליך וועט אונזער נאציאנאלער באוואוסטזיין אין דער צוקונפט פארענטפערען צווישען פיעלע אנדערע פראגען אויך די פראגע.

איך האב מיט באדויערען פארלאזען מיין קאמפאניאנקע. איהר נאמען איז מיס מק'אללי, זי איז א באדייטענדע זשורנאליס־טין און דיכטערין, איהרער א בוך פון פאעמען, וועלכען זי האט מיר צוגעשיקט, האט ארויסגערופען באגייסטערטע לויב געזאנגען. פון פיעלע קריטיקער.

מעדיסין-העט.

די נאטור איז קארג. ווען איהר באטראכט אבער מעדיסין־העט וואלט איהר געזאגט אז די נאטור איז א גוואלדיגע וואט־רענקע. אדער מעדיסין־העט איז געווען איינע פון די פלעצער וואו אין איהר קארגשאפט האט די נאטור באהאלטען אביסעל פון איהרע אוצרות און א ..סי פי אר' סורוויייער האט געפונען דיזען רייכטום און געבויט אויף דעם פלאץ לזכרון א שטעטעל.

רייך איז דער אומגעגענד אין אגריקולטור, קויהלען און גאז. גאז שפראצט דארט פון דער ערד אזוי פיעל און איז אזוי בילינ, אז מיט רעכט רופט מען מעדיסין־העט די פיטסבורג פון קאנאדא.

מ'הייצט מיט גאז, מען באנוצט עס אלס קראפט אין מאנע־פאקטור אנשטאט עלעקטריק, און אויך אלס באלייכטונג. די פא־

Jack? Fie! He is something like a fat, overstuffed saloonkeeper or an ignorant, big-bellied politician. Take all the biblical names, especially Yehudis, Miriam, Rokhl, Ester, Yehude, Yosef, Moshe, Shmuel, and Shlome. Compare them with our corrupt names. Jewish children ought to have had the greatest respect for them. Even more, you should have been proud of these poetic names, for they are yours, and they are reminiscent of so much, so much. Why are you ashamed of them? Why do you change your beautiful heritage for rags?" . . .

I did not know what to answer. Hopefully, our future national consciousness will answer this question among many other questions.

I was sorry to lose my companion. Her name is Ms. McCully.[69] She is an important journalist and poet. Her volume of poetry, which she sent me, had received much critical acclaim.

Medicine Hat

Nature is stingy. However, when you think of Medicine Hat, you would say that nature is tremendously generous. Medicine Hat was one of the places where nature, in its stinginess, hid a bit of its treasures. A CPR[70] surveyor found this wealth, and he founded a village.

The environment is rich in agriculture, coal, and gas. So much gas spouts from the earth, and so cheaply that Medicine Hat is rightly called the Pittsburgh of Canada.

People use gas for heat. Gas is used for power in manufacturing instead of electricity, and gas is used also for lighting. The

---

[69] Laura Elizabeth McCully (1886-1924), a feminist, poet, journalist. She received her BA from the University of Toronto in 1907—Leah Hammer.

[70] Canadian Pacific Railway—HBF.

נארען ברענען דארטען ווי א נר תמיד. פון דעם ערשטען טאג אז וואס מ'האט זיי אנגעצונדען ביי טאג און ביי נאכט, יאהר איין יאהר אויס: ס'איז ביליגער צו לאזען עס ברענען כסדר איידער אנדינגען א מענשען עס אויסלעשען און ווידער אנצינדען.

ווי די מעהרסטע צאל שטעט און שטעטלאך איז מערב קענעדא זיינען זיי ערשט אויסגעוואקסען נאך דעם וואס די „סי פי אר" האט זיך אויסגעבויט. און מעדיסין־העט האט זיך דערפאר אויסגעבויט ארום דעם באנהויף פון ביידע זייטען אייזענבאהן מאכענדיג דעם „סטיישאן" פאר'ן מיטעל־פונקט. עס קוקט אויס ווי דער אייזענבאהן וואלט מיט שטאל איבערגעשניטען דעם שטעטעל אויף צווייען.

די סאוט זייט איז געווארען דער אויבען־אן. די ביזנעס זייט פון מעדיסין־העט, און דארטען האבען זיך באזעצט די עטליכע אידישע פאמיליען וואס געפינען זיך אין שטאט. זיי זיינען אלע אן אויסנאם סוחרים און פינאנסיעל אזוי גוט אפ אז זיי פארדינען כשר דעם נאמען „אל־רייטניקעס".

קיין שול און קיין שוחט איז נאך דארטען דערוויל ניטא. דערפאר אפשר איז עס דארטען ביי זיי אזוי אחדות'דיג, אזוי פריינדליך און אזוי אחוה ורעות'דיג. זעלבסט פארשטענדליך ניטא קיין שול שלאגט מען זיך ניט פאר עליות. מ'פאטשט זיך ניט צו הקפות, מען זידעלט זיך ניט פאר פרעזידענט. ניטא קיין שוחט און עס איז פארשפארט ארומצורייסען זיך לשם שמים. אי וואס ס'איז ניטא קיין כשר פלייש שיקט מען עס צו פאר די מקפידים פון לעטברידזש און די מערסטע צאהל פאטראנייזען „האם איני־דוסטרי"...

רייך איז די אידישע באפעלקערונג אין געלט און ארים איז אידעאלען. דאכט זיך גרינגע אידען ערשט ניט לאנג אריבערגע־קומען פון רוסלאנד נאך געדארפט אין זיך האבען א ניצוץ פון דעם רוסישען אידעאליזם. דאכט זיך נאך גאר ג ר י נ ג ע אידען און שוין אזוי שנעל פ א ר ג ע ל ט געווארען. ווענען ערציהען קינדער אין א נאציאנאלען גייסט איז אפגערעדט ניטא קיין תלמוד תורה און ניטא קיין מלמדים.

gas burns on the earth like a *ner tamid.*[71] From the first day it was discovered, the gas was left burning, day and night, year in, year out. It is cheaper to let it burn continuously than to pay a person to extinguish the flames and then relight them.

Like most of the towns and villages in western Canada, Medicine Hat grew after the CPR was built. It was purposefully built around the train station; it is a midpoint between two sets of tracks. It looks as though the train cut the village in two with iron.

The south side was the important business side of Medicine Hat. Several Jewish families settled there. Without exception, they are all in business, and all are financially well off. They truly earn the title of "alrightniks."

There is no synagogue and no *shokhet*[72] yet. Perhaps that is why the Jews there are so unified, so friendly, and so brotherly. Obviously, if there is no synagogue, people cannot fight over *aliyas;*[73] they cannot box each other over who is going to have the privilege of carrying the Torah. They do not have to hear sermons from candidates running for president. There is no *shokhet*, so they are spared quarrelling for heaven's sake. What, so there is no kosher meat? Particular persons receive it from Lethbridge. The greatest number patronize home industry . . .

The Jewish population is rich in money but poor in ideals. It seemed to me that immigrant green Jews, who arrived from Russia not long ago, should still have had a grasp of Russian idealism. Yet these newcomer Jews quickly targeted money. Let us not even talk about raising children. There is no Talmud Torah[74] and there are no teachers for it.

---

[71] Continual light in the synagogue—HBF.

[72] Kosher animal slaughterer—HBF.

[73] Synagogue honors; getting called to the Torah—HBF.

[74] Jewish day school—HBF.

אזוי לעטארגיש פארשלאפען דוכט זיך איז גאנצען אפגעשטארבען. עס קלאפט נאך אבער דאס הארץ. גייסטיג פארשלאפען אבער עס טליעט נאך א פונק, עס האט נאך געפיהל... וואס פאר א ווידערשפרוך איז די אידישע נשמה וואס פאר א פאראדאקס. וואס פאר א אומערקלעהרליכע און אומבאגרייפבארע רעטעניש. מאנט דעם אידען פאר'ן ענגל ער גיט מאנט איהם פאר'ן משכן און דער אידישער דאלאר איז אויך דא. ניטא קיין אינטערעס אין נאציאנאליזם אבער דער אידישער געפיהל פון רחמנות איז ניט אפגעשטארבען. דער קרעכץ, דער הארץ־זיפץ פון די מלחמה קרבנות, וואס גרייכט ביז'ן וואלקען און שפאלט דעם הימעל. דערגרייכט אויך מעדיסין־העט און רופט זיך אפ אין דער אידישער הארץ, און פון צייט צו צייט שיקען זיי געלט פאר'ן רעליעף. ס'איז אבער צייטענווייז און ניט רעגעלמעסיג. די הילפס־ארבייט איז ניט קיין ארגאניזירטע און אבוואהל זיי שיקען מיט א מאל א גרויסע סומע האט מען אבער קיינמאל ניט געקענט וויסען ווען עס וועט אג[illegible]מען א צווייטע סומע געלט פון מעדיסין העט. און וויפיעל די סומע וועט באטרעפען...

איך האלט פון דעם אז א דאלאר א מאנאט איז בעסער ווי צעהן דאלאר איין מאל אין יאהר. און איך האב באשלאסען צו פארבלייבען אין מעדיסין־העט אויף א זונטאג און ריידען מיט די ווייבער. — די מענער זיינען צו באשעפטיגט און איך בין אלענפאלס א מאמין אין דער פרוי'ס סענטימענט. די פרויען זיינען מעהר אידעאליסטיש ווי די מענער. א הארץ פון א פרוי איז דאס וויגעלע פון אידעאליזם און דער נעסט פון רחמנות. איהר נשמה איז מעהר מסוגל צו באגרייפען א קרעכץ און פיהלען דעם טיעפען וועה פון א זיפץ...

The Jewish soul there is lethargic and asleep. It seems to be altogether dead, but the heart is still beating. Spiritually, it is sleeping, but a spark still glimmers; it still has feeling. The Jewish soul can redevelop. It is a paradox, a kind of unexplainable and incomprehensible puzzle. If a Jew is reminded to pay for the golden calf, he gives. If he is dunned for what he pawned, the Jewish dollar is here too. There is no remarkable brotherhood, but the Jewish feeling of pity is not dead. The sighs, the heartfelt groans of the war victims, which reach to the clouds and split open the heavens, reach also to Medicine Hat. They affect the Jewish hearts. From time to time, they send money for relief, but only sometimes, and not on a regular basis. The charity work is not organized, and even though Medicine Hat might send a large sum of money, we never know when a second contribution will arrive or how much the amount will be . . .

I believe that $1 every month is better than $10 once a year. I decided to remain in Medicine Hat on Sunday and speak with the women. The men are too busy, and anyway, I believe in women's sentiment. Women are more idealistic than men. A woman's heart is the cradle of idealism and the nest of pity. Her soul is more suited to understanding a moan and to feeling the deep sorrow of a sigh . . .

Leyb Chernoff (Joseph Goodman)
The Russian Years

Joseph J. Goodman was born Leyb (Louis) Tschernov (Chernoff)[75] about 1863 in Konotop, Ukraine, 250 miles north of Kiev. There in the Pale of Settlement, the larg-est ghetto in the world, most Russian Jews had been forced to reside since the time of Catherine the Great. During the eighteenth cen-tury the czars had created and enforced some 1,400 rules and regulations to protect the peasants from

contact with the Jews. The restrictions created great burdens on Jews. They could only own or work in specified businesses or occupations, they had to reside in designated areas, and they were not allowed to own land. There were special taxes placed on the Jews, including dou-ble taxes, and even taxes on Sabbath candles.

In addition to these restrictions, industrialization forced many Jews out of their traditional occupations and out of work. They became peddlers, tradesmen and artisans. In the cities they found only long hours of work in factories. Many Jews suffered from poverty. Many lived in slum housing and many existed with a diet of bread, herring, and vegetables.

1881 was a turning point for the worse. In the words of Allan Levine: "On the first day of March 1881, the eve of the festival of Purim, as fate would have it, Jews throughout the Pale had gathered in synagogues to hear the recitation of the story of Esther."

> It was a happy time, a momentary refuge from the hardship and poverty that overwhelmed so many of them, each and every day. Suddenly, halfway through the service in a scene repeated in countless synagogues, shouts and weeping

---

75   Letter from Wilfred Goodman about his father Joseph, "He was born in Russia, a Chernoff, of whom there are comparatively few in the world, and all of whom are related to one another. My mother always called him Louis."

interrupted the prayers. There was news, people shouted, and
it was not good. In St. Petersburg, Czar Alexander II had been
murdered by the young revolutionaries of the Narodnaia
Volia or People's Will.[76]

Louis Chernoff (Joseph Goodman) possibly could have been in his
synagogue when this occurred.

According to Levine, word spread that the Jews were responsible
for the assassination. Pogroms[77] began in an area just south of Kiev. The
pogroms increased in scope and severity and lasted for sixteen months.
Louis Chernoff would have been in his later teens at this time. There
was also concern that the new czar would reinstitute the Russian law
that required Jews to be conscripted into the army for a period of no less
than twenty-five years.[78] Jewish communities might be responsible for
supplying a required number of recruits, *cantonists*, between the ages
twelve and twenty-five. Kidnapping, by so-called *khapers*, had been
encouraged in the past to fill the quota. The purpose was not simply to
supply troops for the Russian army but to reeducate the Jewish children
through compulsory instruction in Christian religion and by physical
pressure to induce them to convert. It is estimated that between thirty
thousand and forty thousand Jewish children served as *cantonists*.[79]

Joseph Goodman's circumstances prior to his emigration are
unclear. Family heirlooms, and hearsay passed down from different
family members give different scenarios about how Louis Chernoff
became Joseph J. Goodman and about how he left Ukraine. Joseph's
daughter, Zelma Goodman Turk, related that Joseph, in order to escape
the military draft, took the name of a neighbor's dead son and fled to
England where she thought he stayed with family before immigrating
to America. A different account is given by Joseph Goodman's son,
Wilfred, who states in a letter, "The story I was told by my father was
that he was a revolutionary in the Leninist Party, was arrested and sent
to Siberia, escaped, made his way to a Mediterranean Port, from which

[76]   Allan Levine, *Coming of Age, A History of the Jewish People of Manitoba*,
       Heartland Associates, Manitoba, Canada, 1956: 45.
[77]   Web: The term "pogrom" became commonly used in English after a
       large-scale wave of anti-Jewish riots swept through south-western Imperial
       Russia (present-day Ukraine and Poland) from 1881-1884 (in that period
       over 200 anti-Jewish events occurred in the Russian Empire, notably the
       Kiev, Warsaw and Odessa pogroms).
[78]   Web: yivoinstitute.org.
[79]   Web: jewishvirtuallibrary.org.

he emigrated on the passport of a dead man who was named Joseph J. Goodman."

Louis was perhaps Joseph by the time he immigrated to New York between 1882 and 1891. Although, Wilfred's account of his father's adventure sounds like a tall tale, it cannot be simply discounted. The many and varied populist and socialist precursors of the political ideas that Lenin would later come to represent were widespread among the nineteenth-century Russian intelligentsia, and Joseph may have conflated them to facilitate Wilfred's understanding.[80] Certainly there was an active protest movement against the oppressive Czarist regime, and reading Joseph Goodman's *Collected Writings* does give reason to speculate that he might have had sympathetic leanings toward this movement and that he might have fled because of his Zionist ideology as well as his desire to escape military service. As for Joseph having been sent to Siberia, there is no evidence to support or deny this claim.

Louis Chernoff's maternal aunts and their families immigrated to America in 1882. If Louis, or perhaps by then, Joseph, went with them, he would have been in his late teenage or early twenty years. It was not until 1891 that Louis's father Isaac and mother Rose, along with five of their children would immigrate to Philadelphia, Pennsylvania. Louis, probably by that time known as Joseph Goodman, was not with them.

When Joseph Goodman left Russia he was old enough to have seen how impoverished the Jewish population had become. By the end of the nineteenth century, approximately one-third of Russian Jews were dependent to some degree on Jewish welfare organizations. Joseph J. Goodman knew of their circumstances and he became an activist in Jewish causes to address their needs.

---

[80] Web: workersliberty.org.

Joseph Goodman's Romantic Life

Joseph Goodman's early adult years have been documented to an extent by the stories of individual family members and by Joseph's letter to his son Wilfred, but much of our knowledge of those years is veiled and is the object of conjecture and rumors. This speculative knowledge adds a bittersweet and romantic dimension to his life, a dimension that may enhance understanding his writings.

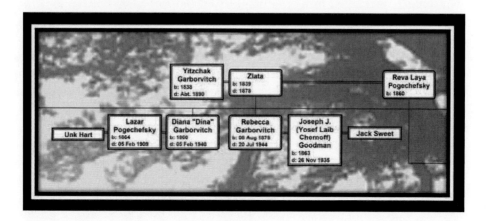

Louis Chernoff, by some accounts, left Russia to avoid or escape from the compulsory Russian draft. It appears that at some point in his young manhood, he was in Skidel, Belarus, where he fell in love with a young woman, Dina Garborvitch, whom he wanted to wed. This family speculation relates to Joseph's wife, Rebecca, as Dina was her sister. Joseph may have been in love with Dina, and she may even have been his first wife.

The descendant chart of Joseph's father-in-law, Yitchak Garbovtich, shows his two wives, Zlata, mother of Rebecca and Dina, and Reva Laya Pogechefsky. As the family story goes, Reva Laya Pgechefsky forced her step-daughter Dina to marry Reva's own brother, Lazar Pogechefsky, instead of Dina's love, a "leftist poet" who was possibly Joseph Goodman, also known as Louis Chernoff.

Dina Garbovitch was well educated, an unusual circumstance for a woman at that time. Danny Gelmon, Dina's great-grandson, interviewed Shirley Kort, one of Dina's granddaughters, in 2006. Danny was told:

> Dina was sent to live with the Rebbi and learned to read and write Hebrew. She fell in love with a Yiddish poet who was not as religious a man, so she was sent back to the shtetl and later married Lazar . . . and she was mad. In later years this individual who she loved, lived in Calgary at the same time as she and Lazar.

Gelmon adds:

> Dina was forced to marry Lazar, who was her father's second wife's (Reva Laya) brother, so she wouldn't marry the "leftist poet" from the next shtetl. Or did they just want to get a wife for Lazar? This made Dina's step mother her sister-in-law as well.

It is pure speculation that Louis Chernoff (Joseph Goodman) was the "leftist poet" in the description. The term could describe him, as he was a socialist and a Zionist. More to the point, Joseph and Rebecca did live in Calgary in the years around 1909, when Dina and Lazar were also there.

Joseph's son, Wilfred, gives a different account of this part of his father's life:

> Of his and my mother's lives together, I know nothing, except the story that he was formerly married to my mother's sister. After my mother and father separated, late in their lives, as I remember, about 1928, I received one letter from him after he had been gone some time, saying that he had returned to his former wife, who had never ceased loving him, had welcomed him back with open arms, and he was going to live with her.[81]

---

81 A theory could be that Joseph may have been telling his son, who had little or no respect for him, that, "See, I'm still lovable, even if your mother doesn't think so anymore, so don't worry about me, I'm fine" — HGH.

The date is probably approximate. Rebecca Goodman did divorce Joseph Goodman, as indicated on his death certificate, but they are shown living together in the 1930 census.

Another story is given by Gloria Goodman Case, whose father was Joseph's second oldest son, Mel. She describes a romantic involvement between her grandfather and both Garbovitch sisters, Dina and Rebecca:

> The story I heard from my father was that Joseph ran off with Rebecca to get away from the sister. [My father] indicated that it was a passionate choice and totally against what the families wanted. He also mentioned that he thought he had half brothers and sisters all over Canada, indicating that his father was quite the "man." He said this with humor, but I think he thought this about his dad. I feel that Joseph had many passions and one of them may have been the ladies. He did travel a lot and was gone from his home and unhappy wife. He may have been tempted.

Danny Gelmon relates the following anecdote told to him by his mother, Dorothy Satim, Dina's granddaughter, about her wedding. Rebecca Goodman attended the wedding, and Gelmon says:

> Dina would not even talk to her. Dina was still very angry that the land grant was a bust and her husband died there, and/or that Rebecca got Joseph and she did not.

Lazar Pogochefsky had been kicked by a horse on their homestead and died from the injury. Gelmon adds that after Lazar died in 1909, Dina remarried a man by the name of Hart. That marriage lasted only six months and was annulled.

In the 1930 U.S. Census, Joseph was shown living together with Rebecca and their sons, Wilfred and Harry. The alleged rendezvous between Joseph and Dina might have taken place around that time and perhaps was the reason for Rebecca ultimately to divorce Joseph sometime between 1930 and his death in 1935. They had been married for over 45 years. Shortly thereafter Rebecca Goodman married Jack Sweet.

Echoing the comment of Gloria Goodman Case, Joseph's son Wilfred includes some additional speculation in his letter. Apart from Joseph's children who are known to the family, Wilfred brings up the possibility of more offspring:

I am sure that there were probably other brothers and sisters whom I did not know. I probably have brothers and sisters scattered throughout Western Canada, as my father was a charmer, very attractive to women and quite partial to them. I can only assume that in those days, prior to the pill, that his efforts had good results!

There is no evidence to support Wilfred's allegation.

Joseph Goodman—Biographical Chronology

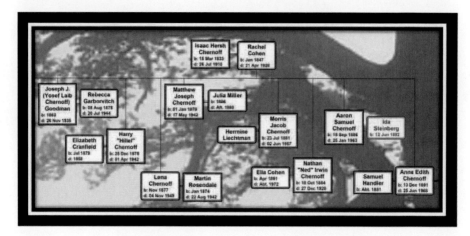

Descendant Tree of Isaac and Rachel Cohen,
showing Joseph's siblings and their spouses.

1863-1868. Joseph J. Goodman is born Leyb (Louis) Chernoff[82] in Konotop, Chernigov, Ukraine (then Russia). He changes his name to Joseph J. Goodman before 1895.

1882-1892. Joseph immigrates to New York. No passenger list has been found. Other documents give varying immigration dates.

1891. Joseph's parents, Isaac and Rose Cohen Chernoff, along with their other children, Joseph's siblings, immigrate in 1891, going to Philadelphia, Pennsylvania. They settle in Pittsburgh, Pennsylvania, by 1904.

About 1895. Joseph Goodman marries Rebecca Garborvitch in New York.[83]
According to Joseph Goodman's son, Wilfred, "Her marriage to my father was her first, but his second, as he had previously

---

[82] Letter from Wilfred Goodman, Joseph Goodman's son, says, "He was born in Russia, a Chernoff. My mother always called my father Louis (not sounding the S, as in Looey)."

[83] Rebecca Goodman's naturalization petition, 1940.

been married to my mother's sister living in the New York area."[84] [Note: Rebecca's sister, Dina, married Lazar Pogechefsky and had three daughters in Skidel, Belarus by 1896. Their next child, a daughter was born in Boston in 1904. It is not known if she was ever in the New York area.]

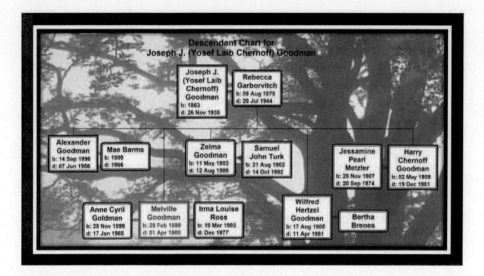

1896 September 14: Son, Alexander Goodman, is born either in Boston, Massachusetts, or in Pennsylvania.

1899 February 28: Son, Morris (Melville, Mel) Goodman, is born in Duluth, Minnesota.

1900. Joseph and family are living at 11 First Avenue, West Duluth, Minnesota, according to the U.S. Federal Census. Joseph is 32 years old and works as a barber. His wife, Rebecca, age 23, is at home with children Aleck, age 3 and Morris age 1.

1901-1902. Joseph moves to Canada with his family.

1903 May 11. Daughter, Zelma Sadie Goodman, is born in Winnipeg, Canada.

1903-1906. Arthur Chiel in *Jews of Manitoba* writes that in Winnipeg, Joseph Goodman:

---

84   Wilfred Goodman letter to daughter—HGH

Organizes Dr. Gaster Society for the purpose of mutual help; with the object of helping the poor, and to lend a helping hand to their unfortunate brothers who arrive in this country, penniless, and also to care for their sick and bury their dead. A very worthwhile society when one considers that ninety-five per cent of the members are poor.[85]

Reminiscing three decades later, Abe Cohen writes:

We were sitting in our room, one evening in October, 1906 at 506 Selkirk Avenue and we began to discuss the question of what to do on the long, cold, winter nights. We were lonely and there were many others like us who were equally as forlorn. And then there came suddenly to us an idea! Why not get together the recent arrivals and organize a society in which we could find comradeship and simultaneously deal with some of our mutual problems? (113)

Chiel also states that Goodman and the group

Organizes the Young Zionists Athletic Club in 1903 to attract Canadian youth to Zionism. Goodman stated that 'young Jews are no different from other youth in their mode of life' and are able athletes and sportsmen. As its leaders envisaged them, the purposes of the Young Zionists Athletic Club were to encourage Canadian patriotism and to improve the physical, spiritual, social, and economic condition of its members. Of course, a major aim was to cultivate a love for Zion in young Jews. The club was given encouragement by the Ohavei Zion leaders who provided a reading room and a gymnasium in Edward Hall for the young people. (155)

1904 July 29. Article in the *Canadian Jewish Times*:

Goodman, Joseph J. is honorary secretary of Congregation House of Jacob, Winnipeg. Cost of Synagogue was $10,000.

---

[85]   Arthur A. Chiel, *The Jews in Manitoba*, University of Toronto Press, p. 113.

1905 February 24. Article in the *Canadian Jewish Times*:

> Goodman, Joseph J. devotes two evenings a week teaching English to the recently arrived Russian immigrants. The work is highly necessary, as it certainly has the tendency to elevate them socially, making better citizens of them and raising them out of the rut of the Yiddish jargon. These people are the latest refugees from Russia, a fine body of men both physically and intellectually, quick to learn and of retentive memory, and ambitious to give satisfaction to their instructors.

1905 May 19. Article in the *Canadian Jewish Times*:

> Mr. and Mrs. J. J. Goodman (along with others) organized the Passover seders for the 120 immigrants at the Hebrew Free School, Winnipeg.

1905 August 17. Son, Wilfred Hertzl (Laurier) Goodman, is born in Winnipeg, Canada.

1905. Joseph J.Goodman is arrested and charged with falsifying naturalization documents. Chiel writes in his book:

> Joseph J. Goodman, an able and ambitious young journalist, communal leader, and politician, was suddenly arrested on a charge filed by the Manitoba Attorney General's office. Goodman was accused of granting a certificate of naturalization to one George Sobal before Sobal had fulfilled the necessary three years' residence in Canada. The Jewish community was up in arms. At a meeting of the Dr. Gaster Benevolent Society, of which Goodman was secretary, John Levin moved a strong protest "at the absolutely unwarranted action which had been made for purely political reasons." It was seconded by J. Goldenberg, who said that Goodman's arrest "was an insult to each man of his race in this city."

Chiel also goes on to explain:

> The *Free Press* supported Goodman and his case, which they felt was an effort by the liberal party in Winnipeg to make a cause célèbre. They published editorials accusing the attorney general's department of attempts to discredit Goodman and

through him the Liberal Party. They expressed that an average person would view Goodman as an unfortunate defendant indicating that "here was a man who had been guilty of no offence; yet on the flimsiest evidence he was arrested, hauled to the court, blazoned to the world as a criminal, harassed in mind and person and obliged to defend himself out of his slender personal resources against all the power and wealth of the Crown. His treatment was unfair, unjust and tyrannical, and he is entitled to public sympathy." (173-4)

Chiel adds more about the Goodman case:

More than a week later, the *Free Press* carried a full-page story in which it carefully documented the Goodman case and analyzed its implication. It claimed that an examination of the Conservative organ, the *Evening Tribune*, would disclose that Goodman had been tried before his case had ever come to court. The *Free Press* called this "a sample of attorney-generalism," and concluded, "if the Attorney-General's department had desired last July to do justice in place of being determined to use the machinery of justice for the persecution of Liberals, it could have found out by an hour's impartial investigation that there was no vestige of a case against Mr. Goodman." (174)

On November 17 of that year, Chiel continues writing about Goodman:

The *Free Press* speaks of victory for the Goodman case. They explained that when Goodman stood trial the case against him had entirely collapsed because there could be no reliance on the witnesses who had given evidence for the crown. Justice Perdue stated that the evidence failed to prove anything against Goodman and Goodman was exonerated without a stain upon his character. (174)

Date Unknown. Excerpt from a letter from Joseph Goodman's son, Wilfred, about his father's trial:

After the sensationalism of the trial, a man by the name of Gurofsky (Russian Jew), who owned a major private bank in Toronto, Canada, came to Winnipeg and induced my father to become the manager of a Branch bank on Main Street. It had all the trapping of a grand bank, with huge gold letters on the window, in which the name J.J Goodman was prominently displayed.

In those days it was difficult to get money and aid into Russia for Russian Jews, whose plight under Trotsky was pitiful. My father told me when Lenin was deposed the Russian people had gone from one form of slavery to a worse one, and that the world would rue the day. In any case, the Gurofsky Bank in Toronto and Winnipeg announced that they were taking money from any and all and would, by special arrangement with the Russian Regime, deliver that money to any consignee in Russia by special messenger. Vast sums of money were collected throughout Western Canada because of my father's name on the Winnipeg Bank. Whether with fraudulent intent or not, not any of the money was ever delivered to Russia. The Gurofsky Banks were closed, and Mr. Gurofsky was arrested. My father was never involved in these machinations, but he nevertheless was crushed by the loss suffered by the people he had only wanted to help, and I am sure he felt he had been cruelly "used" by Gurofsky.

1906. Joseph Goodman, as a professional journalist, speaks about the possibility of a Yiddish newspaper. He attracts the interests of a group of Jewish businessmen in backing a weekly periodical for central and western Canada. Arthur Chiel explains further,

> Goodman, whose column 'The Jewish World' appeared regularly in the *Free Press* under the nom de plume, Professor Incognitow [sic], saw the need for a Yiddish newspaper. The *Echo* appeared for several months after March, 1906, but when the officers of the Hebrew Echo Publishing Company called for the financial support from its shareholders and failed to receive it the *Echo* folded permanently. (123-4)

1906 September. Articles in the *Canadian Jewish Times* note that:

> Goodman, Joseph J., was among the FZSC council members who sent reports to the recent council meeting August 22, 1906 in Montreal.
>
> Joseph J. Goodman, of Winnipeg, was elected member of the central committee in charge of the National Fund on behalf of the FZSC.

1906 November 30. Article in *Canadian Jewish Times*:

> Goodman, Joseph J. is president of the central body of all Zionist organizations of Winnipeg which has just been organized.

1906 December 14. Article in *Canadian Jewish Times*:

> Goodman, Joseph J., one of the FZSC vice-presidents is about to make an extensive lecture tour throughout the Prairies and British Columbia.

1907 February 22. Article in *Canadian Jewish Times*:

> Goodman, Joseph J. of Winnipeg, will address mass-meetings this month in Vancouver, Victoria, Calgary and several towns in the Northwest Territories on behalf of the FZSC.

Unknown date. In an article titled *The Jews in Canada*, "Interesting meeting of the Beni-Zion Khadime Society—Address by J. J. Goodman."[86]

> A special meeting of the Bnei-Zion Khadime society was held Monday night, with the president, Mr. Nathan Grauer, in the chair. The large attendance and the splendid executive ability of the officers spoke most favorably for the future progressiveness and popularity of the club as a national, social and educational organization.
>
> Mr. Jos. J. Goodman, vice-president and executive member of the Canadian Federation of Zionist, who addressed the meeting, spoke very enthusiastically about the movement in general and especially commended the Canadian Zionism as the most ideal, not disinterested and unselfish, "Canadian Jews," said Mr. Goodman, "are (illegible) happy possession of a home (illegible) country. They are among the (illegible) frontiers and pioneers. Nobody dares to hurl in their face the ignominious (illegible) 'stranger,' which brings the blood to the cheeks of European Jews. Canadian Zionism holds for the national and racial identity of the Jews. The movement has for its object the improvement of both the political and economic

---

86   Ancestry.com: Canadian newspaper articles. HGH

conditions of the oppressed Jewish population of European countries. The curative remedy for the Jewish question: is the establishment of a state in Palestine, a specific place guaranteed against attacks by anti-Semites. Zion will be the place where we will colonize the best of the Jewish nation, who are willing and capable to labor and produce for themselves as well as for the community amongst whom they live. To Canadian Jews Zionism will be a moral support, a spiritual advisor, and a central nervous system. It will elevate their social and political standing in the eyes of their non—Jew neighbors, and they will be looked upon as a nation having a home, a history, a language, a literature, and racial qualifications."

1907 May 7. Joseph Goodman decides to acquire a homestead in Cochrane, Alberta, Canada, in the foothills of the Canadian Rockies, near Banff. It appears from the Canadian census that he also maintains a residence in Calgary. Goodman may have been interested in and obtained this land because of working for the Canadian Pacific Railroad. He also convinces his brother-in-law, Lazar Pogechefsky, to homestead in the same area. This photo, showing  a ranch house, in Cochrane, serves to illustrate what life might have been like on an Alberta homestead property.[87]

From the Provincial Archives of Alberta:

> Under the provisions of the Federal *Dominion Lands Act* (1872), individuals could make application for parcels of Crown land in Western Canada. The normal size of a homestead was one quarter section of 160 acres. Upon taking up the homestead, the individual was required to clear at least 10 acres of land, undertake some cultivation, have built a habitable dwelling

---

[87] Web: Calgarypubliclibrary.com. Cochrane Ranch House, Alison Jackson Photograph Collection

and some farm buildings, and live on the land for six months a year for three years. Once these requirements were met, the individual would submit an application for title (letters patent) to the land.[88]

1907 December. An article in the *Canadian Jewish Times* indicates that Goodman has now become very active in Calgary Jewish affairs: "Joseph J. Goodman spoke to the Society of the Agudoth Zion Society of Calgary at its last meeting."

1909 May 2. Son, Harry Chernoff Goodman, is born in Calgary, Alberta, Canada.

1910. Joseph Goodman submits a land grant application for the Cochrane, Alberta, farm with livestock.[89]

April 29, 1910 Patent Application for Purchased Homestead, CA 1914

Coordinates: NE Sec. 20 Thp 26 Rge 5 of 5 Meridian
Joseph "J". Goodman, age 43 or 48, Barber, Cochrane, Alberta
British subject: by naturalization
Obtained homestead: 7 May 1907
Built house thereon: June 1907
Commenced actual residence thereon: June 1, 1907
Portion, with dates, of each year since commencement of residence lived upon the land.
> From June 1, 1907 to November 15, 1908.
> From March 1, 1909 to October 15, 1909.
When absent from your homestead, resided and occupation:
> In Calgary, Barber, wife and five children.
Breaking done upon homestead in each year since obtained entry, and acres cultivated each year:
> Year: 9/07 .....0 *smudge* cropped 0
> 9/08 .....7 7
> 9/09 .....0 0
> 9/10 .....0 7

---

88   Web: Provincial Archives of Alberta, Homestead Records.
89   Information and homestead documents obtained from Claudine Nelson, Research Services, Alberta Genealogical Society Edmonton Branch —HGH.

Stock owned had on homestead each year since date of perfecting entry:

1907	1908	1909	1910
3 horses	3	3	4
17 cattle	17	17	16

Size of your house on homestead = 20 X 20 feet of frame material with present cash value is $300.

Other buildings or improvements erected on homestead and cash value:

Barn, Hen House and Shed $200, 20 foot Well $40.

Extent of fencing on homestead, and present cash value: 1 ½ miles fence $150

1910 November 3. Joseph J. Goodman is granted a patent for homestead by the Department of the Interior, Ottawa.

CANADA.

The government via the railway gave land grants for relocation, which was also being done in the United States.[90] For these immigrants, who longed to own their own land, it was a dream come true. But that dream, if the land turned out not to be good, became a nightmare. Goodman's land was about 50 to 60 miles west of Calgary. Joseph talked his brother-in-law, Lazar Pogechefsky, and his wife, Dina, Rebecca Goodman's sister, into homesteading in the same area. It turned out to be nothing but 'rocks'; hardly good farmland. In 1909 Lazar was kicked by a horse, and taken to a hospital in Calgary where he died. They gave up soon after that not knowing that this area of Cochrane, nestled in the foothills of the Rockies, would turn into a most desirable and beautiful resort area.[91]

---

90 Web: Provincial Archives of Alberta, Homestead Records.

91 Information from Shirley Margolus, cousin of Rebecca Goodman, in Vancouver, Canada —HGH.

1910. The Henderson directory for Calgary, Alberta, Canada (city directory) lists Goodman, Joseph J. Occupation: Barber at 402a—8th Ave E., Home at 409—12th Ave. E.[92]

1911. The Winnipeg, Canadian Census lists Joseph Goodman and family:

> Living at 597 Flora.
> Joseph is 44, Rebecca is 34, Alex is 14, Morris is 12, Sadie is 9, Wilfred is 6, Harry is 2.
> Joseph's occupation: Immigration Officer, indicating wages for the year as $1,000.
> Immigrated to Canada in 1901.

1916. The Winnipeg, Canadian Census lists Joseph Goodman and family: Living at 432 Mountain, North Winnipeg;

> **Joseph is 52, Rebecca is 39.**
> **Joseph is listed as working as a civil servant, indicating that he is still an immigration officer.**

1918 June 23. An article in the *Israelite Press* (The index lists Joseph Goodman as an Israelite Press Correspondent and Immigration Officer.) says:

> Alec Goodman, son of the well known immigration officer, marries Mae Barms. Private affair at bride's parent's home. Rabbi Kahanovitch performed the ceremony as a personal friend of the father of the groom; he delivered a stunning talk. Many greetings from assorted cities and places in America and Canada, including telegrams from the editorial staff from Toronto Daily Journal, Montreal Adler [Eagle] and also from many other prominent writers and journalists.

1918 October 18. An article in the *Israelite Press* indicates, from the index, that "Joseph Goodman resigns as immigration officer but remains as a correspondent at the Israelite Press."

---

[92] Information obtained from Claudine Nelson, Research Services, Alberta Genealogical Society Edmonton Branch.

1919. J. J. Goodman Publishes *Gezamelte Shriften* (*Collected Writings*), in Winnipeg, Canada.

1919 February 2. An article in *Israelite Press* about author Joseph Goodman: "Work being sold by members of Winnipeg Art and Literary Society."

1920 November 26. An article in *Israelite Press* describes a letter to Guravsky and Company, sent to them by an Aaron Wineberg, thanking Joseph Goodman for his assistance to his family, Chia Chane and Faige Giter Winesel, while enroute to Canada. This letter leads to speculation that Joseph Goodman has gone to work for Guravsky Company after he resigned as immigration officer.

1920 December 17. An article in *Israelite Press* describes a letter to Guravsky and Company thanking the agency for the care given his family, Mrs. Chisik, enroute to Winnipeg, whose ship, the *Megantic*, arrived December 13.

1921 June 28. Joseph Goodman and his family enter the United States. Canadian-United States Border Manifest:

> Joseph J Goodman is 55, Rebecca is 45, Sadie is 19, Wilfred is 15, Harry is 10.
> Declares to have $2,000.
> Joseph lists his immigration to New York in 1882. (Note: This is the same year the Remstein family immigrated; they are Joseph's mother's sister and family. It might be possible he came with them.)

1921-1923. Although the Goodman family is shown entering the United States in June of 1921, it does not appear that they stayed. Joseph's son, Wilfred Goodman, only wrote in his letter that, "they lived in Winnipeg from 1911 to 1921." It is not clear where Joseph Goodman and family were between 1921 and 1923.

1923 August. Canadian—United States Border Manifest:

> In July 1923 came through Blaine, WA.
> Rebecca and son, going to join brother-in-law, A.S. Chernoff at 41 Fell Street in San Francisco, CA

Last permanent address: 1725 Davis in Vancouver, B.C.
Joseph Goodman, husband, lives at 1725 Davis in Vancouver, B.C.
Final destination: San Yesidro.
Declared $900

This document may indicate that the Goodman family resided in Vancouver, where Rebecca had family, for a couple of years before moving to the United States. It is not known why or what made Joseph Goodman leave Canada with his family, as he seemed to have established quite a life and identity for himself there. One possibility is that his only daughter had married and moved to the San Francisco Bay Area in California. Another possibility is that he had brothers living in Los Angeles and San Francisco, one of whom Rebecca listed as traveling to visit on the manifest.

1930 April 4. U.S. Federal Census, Los Angeles, California:

1920 Michigan Avenue. Rent: $35 month.
Joseph is listed as 67, married at age 33, Reverend in Synagogue.
Rebecca is listed as 54, married age 20.
Wilfred is 24.
Harry is 20.

They appear to be living in an apartment building with many Russian-Yiddish speaking tenants.

1930 April 15. U. S. Federal Census Amarillo, Texas:

1601 Taylor St. (near E. 16th Avenue). Small multi-unit complex; rent $45/month.
Joseph is 68, married at age 34; Clergyman in a church; Immigrated 1883.
Rebecca is 53 married at age 19; Immigrated 1891.
Wilfred H. is 23.
Harry is 19.

Joseph J. Goodman and family appear on two different 1930 U.S. Federal Censuses, in two different states, just ten days apart. Even for Goodman, with his alias name, and his wanderings back and forth through the United States and Canada for thirty years, these census entries present an interesting question as to how and why? The ex-wife of his brother, Harry Chernoff, did live in Amarillo. The Goodman family may have been visiting Texas and been counted there.

1930-1935. Joseph and Rebecca Goodman divorce sometime after the 1930 census, which lists them as married, but before Joseph's death in 1935. Joseph's death certificate indicates that he is a Rabbi in a Synagogue and is divorced.

1935 November 26. Joseph J. Goodman dies of a cerebral hemorrhage. The informant on his death certificate is his brother, Harry Chernoff. Harry lists Joseph's place of birth as Konotop, Ukraine, and has the name of *Yosef Leib* inscribed on Joseph's tombstone in Hebrew. Perhaps Harry is giving a clue as to the identity of Joseph J. Goodman as Louis Chernoff.

Joseph J. Goodman is buried at Mt. Carmel Cemetery in Los Angeles, California. The Hebrew inscription on the stone reads:

**Yoysef Leyb
son of Yitshok Hersh
In Memory Of
J. J. Goodman
Beloved Husband
And Father
Died Nov. 26, 1935**

Notes about People Mentioned in the Book

29-31: A Woman of Valor (Dedicated to Rabbi Yisroel Kahanovitch)

Israel Isaac Kahanovitch (1872-1945),[93] was born and raised in Wolpa Grodno, Poland. Kahanovitch was ordained in Novogrudok, Russia, at the age of twenty.

In 1904, much of the Jewish population of Winnipeg had shifted northward to where Joseph Goodman was living. Goodman became part of a group of Orthodox Jews who saw the need for a more traditional and impressive synagogue with an ordained Orthodox rabbi, one who could deal with questions of Jewish religious law and could serve both their congregation and the ever-growing Jewish population of Winnipeg and western Canada. It was the group's belief that a properly organized synagogue could become a force for good in the area. The Beth Jacob Synagogue was built at a cost of seven thousand dollars and designed to house seven hundred worshippers. In 1907, they selected Rabbi Kahanovitch. With the strength of his rabbinic learning combined with his speaking ability and extraordinary energy, Rabbi Khanovitch became quickly recognized as the rabbinic authority of Winnipeg. Exercising his influence across western Canada[94] in 1914 he was appointed chief rabbi of western Canada. Dedicated to the creation of a Jewish state in Palestine, he was also a founding member of the Canadian Jewish Congress. Rabbi Kahanovitch had a lasting influence upon the Canadian Jewish community. Only four years younger than Joseph Goodman, he was a contemporary and possibly his neighbor and friend, as the Canadian census of 1911 showed Joseph Goodman and family living on Flora Street, as did Rabbi Kahanovitch,[95] who also, performed the marriage ceremony for Joseph's eldest son, Alexander, in 1918.

---

[93] Web: Photo and information from Manitoba.ca

[94] Arthur A. Chiel, *The Jews in Manitoba*, University of Toronto Press, 1961, 85-6.

[95] Allan Levine, *Coming of Age, The History of the Jewish People of Manitoba*, Heartland Associates Inc. Winnipeg, Canada, 135.

47: *To the Nightingale (The Day of the Anniversary of Herzl's Yortsayt)*

Yortsayts, remembering the dead, were very important to Goodman, and in this poem, he honors Herzl's.

Theodor Herzl (1860-1904), the founder of modern Zionism. Herzl was born in Budapest and educated in the spirit of the German-Jewish Enlightenment to appreciate secular culture. He obtained a doctorate in law but became a writer, a playwright, and a journalist. Herzl proposed a program and published a pamphlet, *The Jewish State,* in 1896. He believed that attempts by Jews at assimilation into European society were in vain, for the majority in each country decided who was a native and who an alien. He believed that Jews would always be outsiders and that only the creation of a Jewish state, a matter of interest to both Jews and non-Jews, would put an end to the problems of Jewish experience in Europe. Herzl described a social-democratic, pluralistic Jewish state in which Arabs and Jews would have equal rights and racist sentiments would be unpopular. Herzl was elected president of the World Zionist Organization and he chaired the first six Zionist congresses.[96] Herzl is quoted as saying, "Unfortunately we have seen that Judaism could exist two thousand years without Zionism, but Zionism could not exist one generation without Judaism."[97] Somewhere, along the way, Goodman met Herzl who gave him a personally signed photo of himself, which he treasured throughout his life.

63-65: *To a Friend (With Great Respect to Reuben Brainin—a Gift) And The Mother*

Reuben Brainin (1862-1939),[98] born in Liadi, Belarus, became a gifted author and journalist who, used his writing to influence the communities around him, whether in Russia, Western Europe, or North America. In 1916, he was invited to participate in the first Western Jewish Conference before an audience of two thousand dedicated supporters. It is safe to assume that Joseph Goodman would have been an active participant in this arena,

---

96 Web: Photo and Information taken from Zionism-Israel.com, Mideastweb. org, The Jewish Agency for Israel.

97 Web: Becker, Adam, *Herzl-the Man and the Dream,* The Real Theodore Herzl.

98 Web: Photo from Jewishpubliclibrary.org.

working with Reuben Brainin and with the Winnipeg contingency. Joseph Goodman must have known Reuben Brainin on a more personal level. He wrote two poems indicating his deep respect. In his poem "To a Friend," Joseph appears to be identifying with the suffering of his friend Reuben. In his poem "The Mother," Joseph may be telling the story of Reuben's mother; of Reuben's leaving his homeland and of the anguish of his mother losing her son, staying with her sick husband, remaining after his death so as not to leave his grave alone, fearing that her son is a nonbeliever, and then facing her death. Both poems express a sense of tragedy that was so prevalent among the Jewish Zionists and Yiddish authors.

71: *A Mother (In Memory of Mrs. Tapper)*

Tapper, Henrietta (Yetta), the wife of Elias A. Tapper, died about 1914. A *Manitoba Free Press* obituary for her husband, Elias, dated January 5, 1939, states, "After establishing a business in this city he and his wife, Mrs. Yetta Tapper, who died 25 years ago, took an active part in the philanthropic work of early Winnipeg." Yetta was a trustee for the Ladies Aid Society of Rosh Pena Synagogue and was active in many organizations. She was mentioned in numerous articles in the *Winnipeg Free Press* for her charitable work. [99] Joseph Goodman wrote a moving eulogy.

87: *Loneliness (A Gift to A. M. Mendelboym)*

A. M. Mendelboym appears on the cover (back right) of the book *Sing, Stranger: A Century of American Yiddish Poetry*, which is a historical anthology of a century of American poetry written in Yiddish and translated into English. These authors were part of the Proletarian or "sweatshop" poets, who were highly popular with Yiddish audiences at the end of the nineteenth century. In addition to sympathizing with socialist anarchists, they also expressed the lyrical moods and ironies of the "young generation" at the beginning of the twentieth century as well as the sophisticated poetry of the modern world seen through the "introspectivists" after World War

---

[99]   Web: Ancestry.com.

I.[100] It would seem that Joseph Goodman identified with Mendelboym, and now Joseph too has his Yiddish book translated with his picture on the cover.

93: *Homesickness (After Sh. Frug)*

Shimon Shmuel Frug[101] (1860-1916), a Russian poet, was born in a Jewish agricultural colony, in Russia. Self-educated, he began his career as the first poet to write Jewish themes in Russian verse. Responding to the pogroms of 1881, Frug began to write in Yiddish against Czarist oppression of Jews. Joseph Goodman also felt the impact of the pogroms. In his socialist and Zionist lyrics, Frug pleaded for a return of the Jews to productive labor on their ancestral soil and his songs inspired the early Zionist pioneers.[102]

95: *Life's Song (With Respect to Nokhem Sokolov—a gift)*

Nakum Sokolov (1859-1936) was a Zionist leader, a prolific author, a translator, and a pioneer of Hebrew journalism. He spoke German, French, Spanish, Italian, English, Yiddish, Hebrew, Polish and Russian. By profession, he was a journalist writing for the Warsaw Hebrew periodical *HaTzefira*. He eventually became the owner and editor of the periodical. Sokolov had a huge following that crossed the boundaries of political and religious affiliation, from secular intellectuals to anti-Zionists. In 1906 Sokolov was asked to become the secretary general of the World Zionist Congress. In the ensuing years, he crisscrossed Europe and North America to promote the Zionist cause.103 It is possible that Joseph Goodman knew Sokolov during that time and wrote in admiration of the man's dedicated work.

---

100   Web: Information and photo from infibeam.com/ and sup.org/ Benjamin Harshav, Editor.

101   Web: Photo from commons.wikimedia.org.

102   Web: jewishvirtuallibrary.org.

103   Web: Information and photo from jewishvirtuallibrary.org.

123-25: *Salvation Has Come (To the Tune of "Di Mezinke Oysgegebn")*

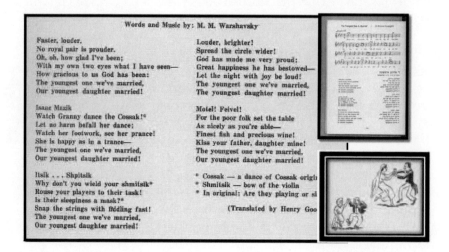

Words and Music by: M. M. Warshavsky

Faster, louder,
No royal pair is prouder.
Oh, oh, how glad I've been;
With my own two eyes what I have seen—
How gracious to us God has been:
The youngest one we've married,
Our youngest daughter married!

Isaac Mazik
Watch Granny dance the Cossak!*
Let no harm befall her dance;
Watch her footwork, see her prance!
She is happy as in a trance—
The youngest one we've married,
Our youngest daughter married!

Itsik . . . Shpitsik
Why don't you wield your shmitsik*
Rouse your players to their task!
Is their sleepiness a mask?*
Snap the strings with fiddling fast!
The youngest one we've married,
Our youngest daughter married!

Louder, brighter!
Spread the circle wider!
God has made me very proud;
Great happiness he has bestowed—
Let the night with joy be loud!
The youngest one we've married,
The youngest daughter married!

Motel! Feivel!
For the poor folk set the table
As nicely as you're able—
Finest fish and precious wine!
Kiss your father, daughter mine!
The youngest one we've married,
Our youngest daughter married!

* Cossak — a dance of Cossak origi
* Shmitsik — bow of the violin
* In original: Are they playing or sl

(Translated by Henry Goo

This happy tune is sung at weddings in which either the bride or groom is the youngest child and the last to be married off.[104] Joseph Goodman is using the melody to sing his poem, which gives praises of joy for the Balfour Declaration.

> Chaim is a mischievous fellow,
> Practically a clown.
> How he speaks with the "four."
> Wilson's Democracy
> Brought us wonderful news:—

Joseph is referring to *Chaim* Weizmann, who was not just the scientist who may have saved the war for Great Britain and the world but who was also the leader of the Zionist movement. Perhaps Joseph knew him at a more personal level, having worked with him on Zionist causes. During World War I, Germany had cornered the production of acetone, which was an important ingredient for arms production. Chaim Weizmann invented a fermentation process that allowed the British to manufacture their own liquid acetone. Research does not give insight into Goodman's reference to Weizmann's personality as mischievous or a clown. Weizmann is credited with influencing the

---

104 Varshavsky, M. M. "Di mizinke oysgegn" (The Youngest One is Married). *Lomir kinder zingen: Let's Sing a Yiddish Song*. New York: Kinderbuch, 1970, 172.—HBF

Balfour Declaration and British support for a Jewish homeland in Palestine through his contacts with David Lloyd George (Minister of Ammunitions), who became Prime Minister, and Arthur James Balfour (Lord of the Admiralty), who became the Foreign Secretary. After the Balfour Declaration had gone through several drafts, the final version was issued on November 2, 1917, in a letter from Balfour to Lord Rothschild, president of the British Zionist Federation. Goodman comments in his poem on "how he (Chaim) speaks with the *four*." The four are possibly Arthur Balfour, Baron Rothchild, Chaim Weizmann and Nakum Sokolow, all important figures in influencing the Balfour Declaration. Goodman also refers to "Wilson's Democracy" bringing wonderful news. President of the United States Woodrow Wilson declared war against Germany in April 1917.

The Balfour Declaration (in its entirety):

Foreign Office
November 2nd, 1917

Dear Lord Rothschild,

I have much pleasure in conveying to you, on behalf of His Majesty's Government, the following declaration of sympathy with Jewish Zionist aspirations which has been submitted to, and approved by, the Cabinet. "His Majesty's Government view with favour the establishment in Palestine of a national home for the Jewish people, and will use their best endeavours to facilitate the achievement of this object, it being clearly understood that nothing shall be done which may prejudice the civil and religious rights of existing non-Jewish communities in Palestine, or the rights and political status enjoyed by Jews in any other country."

I should be grateful if you would bring this declaration to the knowledge of the Zionist Federation.

Yours sincerely,
Arthur James Balfour[105]

---

[105] Web: Information and Balfour Declaration from: mideastweb.org/ mebalfour.htm

Notes about Places Mentioned in the Book

Joseph J. Goodman traveled across the Western Canadian prairie in the early 1900s, writing about the places, the people, and the Jewish communities there.

[Joseph J. Goodman, 3rd from right]

Joseph Goodman's travels through Western Canada

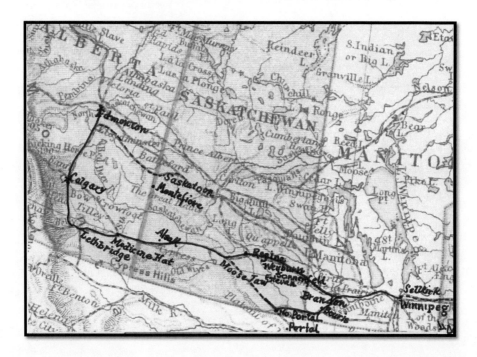

221-23: *Flies and Little People (From a trip to the West)*

Portal is in North Dakota, and North Portal is in Saskatchewan just across the border; literally a border town as shown by this map. Portal is the scene of Joseph's essay "Flies and Little People" and is very appropriately named. It sits near the Canadian—U.S.

border and is a major port

of entry for road and rail traffic, and apparently 'flies.' Portal, North Dakota, was founded in 1893, not long before Joseph would have been there. In 2000 the population of Portal was 131.[106]

237-41: *In Western Canada*

Weyburn was a colony near Wapella in southeastern Saskatchewan, Canada. The name is reputedly a corruption of the Scottish "wee burn," referring to a small creek. In 1893 the Soo Line from North Portal (referred to in "Flies and Little People") reached Weyburn where there were twenty Jewish families with young men interested in farming. [107] They were taught by nearby Native Americans how to erect log houses chinked with clay and roofed with sod. [108] Wallace Stegner quotes Wolf Willow,

---

106   Web: Photos of Portal from.rootsweb.ancestry.com

107   Web: Photo from Statistics Canada, 65.statcan.gc.ca. A tractor made by Aug. Soderberg of Weyburn, Saskatchewan, with parts salvaged from other tractors.

108   Web: rootsweb.ancestry.com

The waiting room of the customhouse in Weyburn, Saskatchewan, had a yellow varnished wainscoting of tongue—and-groove boards, from above which framed portraits of men in red coats stared out across the smoky room. It was 1914 and I was five years old and we were going through the Canadian Plains equivalent of Ellis Island, preliminary to joining my father on the Whitemud River. This was my first look at Canada.[109]

241-47: *The Zonnenfeld Colony*

Yosef Chaim Zonnenfeld[110] (1848-1932) was born in Slovakia, moved to Jerusalem in 1873, and became an important figure in Jerusalem's Old City. He was the Chief Rabbi and co-founder of the Edah Ha Chareidis, Haredi Jewish community in Jerusalem, during the years of the British Mandate of Palestine.

Zonnenfeld was one of a number of Jewish colonies that were established during the pioneering days in western Canada. Such colonies sometimes merely consisted of a few young Jewish men, armed with some agricultural college schooling and not much else, establishing homesteads close to each other. Established in 1906, this farm was known as New Herman, a name later changed to Zonnenfeld (Sonnenfeld). By 1909 the population of the Zonnenfeld Colony had grown to fifty-eight people on twenty-five farms owned by Jewish immigrants.[111]

247-55: *The Montefiore Colony*

Joseph Goodman takes credit for helping to establish this Jewish agricultural settlement in Alberta, Canada, which originated in 1910. The settlement was named after *Sir Moses Montefiore*[112] (1784-1884) who in 1846 was knighted by Queen Victoria in recognition of his efforts on behalf of the Jews. Montefiore believed in the restoration of the Jewish state, but he was not a Zionist, for he believed

---

[109] Web: ca.epodunk.com, Weyburn, Saskatchewan
[110] Web: Photo from Wikipedia.
[111] Web: rootsweb ancestry.com, Jewishvirtusallibrary.org.
[112] Web: Chabad, Jewish/Sir-Moses-Montefiore

that eventually Jews throughout the world would be emancipated. The Jewish Colonization Association, an international organization supported by Jewish philanthropists like Moses Montefiore, provided settlers with loans for reuniting farm families and financial support for communal essentials like kosher food, religious services, and education. During the heyday of Jewish farming in Alberta, the colony included up to 70 Jewish families. In 1914, the 100-person Jewish community of the Montefiore colony near Sibbald built a synagogue and hired a rabbi.[113]

Montefiore Synagogue—Known as the Little Synagogue of the Prairie

This restored pioneer shul (synagogue) is now rebuilt and preserved in Calgary's new Heritage Park. Approximately 800 square feet, it was built in 1913 by Jewish immigrants from Russia and Eastern Europe, who had come to Alberta fleeing persecution. The synagogue served about thirty Jewish families not only as a house of prayer but also as a school and community center. Montefiore synagogue was built near the present-day village of Sibbald, just west of the Alberta-Saskatchewan border. Due to harsh farming conditions, including drought, hail and pestilence, most of the Jewish settlers abandoned the colony by the 1920s. Some settlers moved to Calgary and Edmonton, but most moved to southern California, where they became chicken farmers.[114]

249: *Alsask*, twenty miles from Montefiore, was located just inside the Alberta-Saskatchewan border. The settlement was founded around 1909 with a population of 178. By1916 the population was over 300. In "Montefiore Colony," Joseph Goodman mentions visiting Alsask after he heard that the colony's crops had frozen over, in order to give comfort and express his sympathy for their loss.

271-77: *Lethbridge (A Meeting with a Canadian Poet)*

Lethbridge was home to the third largest Jewish community in Alberta. The Lethbridge Jewish community originated around 1908,

---

[113]   Web: jewishvirtuallibrary.org

[114]   Web: Littlesynagogue.ca/Vancouver

and within three years the growing city boasted fifty-four Jews, a synagogue, and a Jewish cemetery. As in Medicine Hat, the Lethbridge synagogue operated in private homes for many years before a synagogue building was acquired.[115]

Laura Elizabeth McCully[116] (1886-1924) was a well-known feminist, poet, journalist, and independent woman. She was from Toronto, and she could perhaps have been going to Calgary or Edmonton. Her work was sufficiently well known to be included in the first edition of John William Garvin's anthology, Canadian Poets (Toronto, 1916) and in the revised edition a decade later. In her writing and poetry, McCully discussed the inequality women faced, and she defended the down-trodden and persecuted. Single throughout her life, she reflected on the difficulties of those women who sought to define themselves outside the accepted societal norm of wife and mother. Her general approach to women's equality was to expand the horizons of all women. The conversations between Ms. McCully and Joseph Goodman must have been interesting and spirited.

277-81: *Medicine Hat* named from Native American legends, was settled in about 1911. Located in southeastern Alberta, Medicine Hat was one of the three largest Jewish colonies. As in Lethbridge, before such communities were able acquire a synagogue building, services were conducted in people's homes. The first settlement in the region did not take place until the 1880s with the coincidence of two significant historical developments: the extension of the Canadian Pacific Railway into western Canada and the terrible pogroms against East European Jews. In 1882, roughly 150 Russian Jews worked on the CPR's railway gang, laying 100 miles of track to Medicine Hat. It was reported that they kept the Sabbath, ate kosher food, had a Torah scroll for services, and were directed by a Yiddish-speaking foreman. Living conditions improved after the arrival of the Canadian Northern Railway in 1910, and families joined the male settlers and opened businesses in the railway villages.[117]

---

[115]   Web: Alberta Online Encyclopedia, Jews of Alberta, Heritage community Foundation, Albertans: Who Do They Think They Are?

[116]   Web: Dictionary of Canadian Biography Online

[117]   Web: jewishvirtuallibrary.org

Growth of the Canadian Jewish Community

Between 1882 and 1914 nearly two million Jews fled Russia because of the pogroms and the economic hardships under which they were forced to live. The overwhelming majority of these Jews went to the United States, many to New York's Lower East Side. Canada was also a destination of choice due to the efforts of the Canadian government and the Canadian Pacific Railway to develop and promote Canada's vast territories to the Eastern European immigrants.[118] During that same period Canada's Jewish population expanded from 1,300 to 75,000, with approximately 10,000 going to Manitoba, most of them

to Winnipeg.[119] Joseph Goodman and family, the Chernoffs, were part of that mass exodus.

Joseph J. Goodman indicates that he immigrated to the United States through New York. The year of his immigration can only be calculated as sometime between 1882 and 1891. Joseph's mother and siblings immigrated to Philadelphia in 1891. Joseph's wife's family immigrated to Boston, Massachusetts. It is possible that Joseph and Rebecca were also in Boston around 1896, as some documents indicate that their first child, Alexander, was born there. By 1899 Joseph was definitely in Duluth, Minnesota where he was listed on the 1900 United States Federal Census as a barber. It is unknown how or why he went there.

By 1902 Joseph had immigrated with his family to Winnipeg, Canada where they lived for the next twenty years. Living in Minnesota so close to Canada, perhaps Joseph knew of the economic opportunities in Canada and went to Winnipeg in order to work for the Canadian Pacific Railroad.

---

[118] Web: Photo from canadachannel.ca/ "From the Cover of a Government Immigration Publication"

[119] Allan Levine, *Coming of Age, A History of the Jewish People of Manitoba*, Heartland Associates, Winnipeg, Canada, 1956:49

In his book *Coming of Age*, Allan Levine describes Winnipeg's North End—"CPR Town" or "New Jerusalem"—as a poverty-stricken ghetto.

Levine points out some of the conditions that were prevalent: soot from the massive railway yards, congestion, slum housing, lack of proper water supply and sewers, outdoor privies, chicken coops, cows and horses and a high death rate from typhus. Streets in the North End were not paved until 1920. This photograph shows downtown Winnipeg, Canada about 1895[120]. Between 1901 and 1911 Winnipeg's Jewish population grew from 1,156 to 9,023; seventy-eight percent of these Jews lived in or near the North End, especially around the area from Jarvis to Selkirk Avenues. It was there that Joseph Goodman and his family lived. He wrote with deep emotion about the Jewish immigrants and the hardships they endured

Jewish immigrants brought a tradition of establishing a communal body, called a *kehilla*, to look after the social and welfare needs of their less fortunate. Virtually all of the Jewish refugees were very poor. There were also wealthy Jewish philanthropists, who had come to Canada much earlier who felt it was their social responsibility to help their fellow Jews get established in this new country. In the spirit of this tradition, Joseph Goodman, was actively involved in helping fellow immigrants in Winnipeg and Calgary. He devoted a good portion of his life to aiding Canadian Jews, as well as Jews suffering in Europe and Palestine. Joseph's community involvement is documented in Arthur Chiel's *The Jews of Manitoba*. The *Manitoba Free Press* newspaper also published many articles about Joseph Goodman and his philanthropic work on behalf of Jewish organizations.

Many of the children of the Eastern European refugees started out as peddlers, like the Jewish rag peddler in the photo, who eventually worked their way up into established businesses, as retailers and wholesalers. Jewish Canadians played an essential role in the development of the Canadian clothing and textile industry. Many

---

[120]   Web: Photo from National Archives of Canada

worked as laborers in sweatshops while some owned the manufacturing facilities. Goodman's essay "Loneliness (A Gift to A. M. Mendelboym)" is apparently dedicated to Mendelboym, one of the Proletarian or "sweatshop" poets who were highly popular with Yiddish audiences at the end of the nineteenth century.

The expansion of the Canadian Pacific Railroad and offers of free land brought settlers to Canada's western prairies. Canadian urban centers were growing rapidly. Recent inventions such as the telephone and the automobile changed the way of life for most Canadians. The CPR was being fully utilized, and a new transcontinental line was built from Winnipeg to Edmonton. Joseph Goodman not only rode this railway line as part of his job, he wrote about it in his stories.

Offers of free land also attracted Jews who were inspired by the thought of owning their own land and by the business opportunities the western prairies presented. They wanted to shed their role as middlemen and return to working the land, work which they felt was more righteous. In the late 1800s and early 1900s, Jewish "back to the land" movements such as the Jewish Colonization Association were started with the goal of creating Jewish farm settlements. Fifteen Jewish farm colonies were established on the Canadian prairies. In 1905 Alberta offered settlers homesteads of 160 acres of unbroken land, if certain conditions were met, that could be their own.

Ownership required a number of acres to be plowed and planted, brush to be cleared, and some sort of dwelling to be built. If these conditions were met, after a couple of years, an additional 160 acres could be reasonably purchased. By about 1910, smaller Jewish farm settlements were established along the Alberta-Saskatchewan border, near Alsask. It was these colonies that Joseph Goodman visited and wrote about.

Albert Stein, in "The Jewish Farms Colonies of Alberta," writes:

> Five days travel by horse and wagon over bald prairie and grassland brought them to their apportioned acreage 160 km. northeast of Calgary, on the east bank of the Red Deer River,

"where grass was up to a horse's belly, lakes and sloughs were fresh and productive with wildlife and game, and wildflowers were everywhere."[121]

Imagine the feelings of a Jew, denied the right to own land in Russia, having this huge opportunity. It must have felt like a dream come true, until these immigrants desiring a better life discovered they had just traded hardship for hardship. First they would trek to find their own piece of land. They would buy a wagon and a team of horses or oxen, load all their worldly possessions, and make their way to their destination. These Jewish pioneers took with them a Torah and hired a shochet (a ritual slaughterer to supply kosher meat),[122] who also doubled as a Hebrew teacher and served as a mohel (circumciser).

For many settlers the dream became a nightmare. Rather than the flat, rich, bountiful scenes depicted in the posters, they saw vast open land, often very rough and rock-strewn or covered in thick brush. Then the hard work began. They had to clear that land and build a homestead. They lived in tents and built sod huts (called soddies) and shacks for the winter. Then plough, plant, tend, and harvest their

first crop. Many had no farming skills or experience with animals. To even obtain supplies meant long travel by horse and wagon or ox cart. The obstacles were many and varied—early frost, drought, summer heat, hail, grasshoppers, locust, and fires.

Joseph Goodman also had a desire to own land. He tried his hand at farming in 1907 when he and his brother-in-law homesteaded in Cochrane, Calgary, Alberta. In 1910 Goodman obtained his land grant. Shortly after, however, his brother-in-law was kicked in the head by a horse

---

[121]   Web: vcn.bc.ca.com

[122]   Allan Levine, *Coming of Age, A History of the Jewish People of Manitoba*, Heartland Associates, Winnipeg, Canada, 1956:77

and died. Apparently Joseph became discouraged by the condition of the land and its hardships and he headed back to Winnipeg.

As the Canadian prairies developed, opportunities other than farming opened up for Jews. Jewish merchants and laborers spread out from the cities to small towns, building synagogues, community centers and schools. Many Jews became either storekeepers or tradesmen. Many set up shops and homesteads on the new rail lines, selling goods and supplies to the construction workers, many of whom were also Jewish. Some of these homesteads grew into prosperous towns.

The First World War in 1914 halted the flow of all immigrants to Canada. Canada immediately pledged its support to Great Britain. By that time there were approximately 100,000 Canadian Jews, of whom three-quarters lived in either Montreal or Toronto. Recruitment posters went up in English and in Yiddish. Joseph Goodman's oldest son, Alexander, signed up for military service for the Canadian Over-Seas Expeditionary Force on May 9, 1916. He would have been eighteen years old.

On November 2, 1917, the Balfour Declaration became the basis for international support for the founding of the modern state of Israel. With that declaration, the British hoped to win more Jewish support for the Allies in part to sway the United States to join the war.[123] The Balfour Declaration brought incredible joy to Canadian Jewry, and Joseph Goodman wrote about it in his poem *Salvation Has Come.*

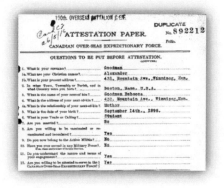

190th. OVERSEAS BATTALION C.E.F.

DUPLICATE

ATTESTATION PAPER. No. 892212

Folio.

CANADIAN OVER-SEAS EXPEDITIONARY FORCE.

QUESTIONS TO BE PUT BEFORE ATTESTATION.

Question	Answers
1. What is your surname?	Goodman
1a. What are your Christian names?	Alexander
1b. What is your present address?	432, Mountain Ave., Winnipeg, Man.
2. In what Town, Township or Parish, and in what Country were you born?	Boston, Mass. U.S.A.
3. What is the name of your next-of-kin?	Goodman Rebecca
4. What is the address of your next-of-kin?	432, Mountain Ave., Winnipeg, Man.
4a. What is the relationship of your next-of-kin?	Mother
5. What is the date of your birth?	September 14th., 1898.
6. What is your Trade or Calling?	Student
7. Are you married?	No
8. Are you willing to be vaccinated or re-vaccinated and inoculated?	Yes
9. Do you now belong to the Active Militia?	No
10. Have you ever served in any Military Force?	No
11. Do you understand the nature and terms of your engagement?	Yes
12. Are you willing to be attested to serve in the Canadian Over-Seas Expeditionary Force?	Yes

By the beginning of the Second World War, in 1939, there were no more Jewish farm colonies in western Canada. Eastern European Jews

123 Web: *wsu.edu*

had little experience in farming. Most of the Jewish farming settlements did not last to a second generation and had long been abandoned. Despite the best efforts and the assistance of the Jewish Colonization Association, the farming settlements also failed because they had received drought-prone land. Some Jews left their farms and went on to become successful businessmen in Calgary, Edmonton or Winnipeg. Joseph Goodman traveled to and wrote about many of the farming colonies. His writings give us insight into their history, a history that should be preserved as an important part of both the development of the Canadian prairies and the Canadian Jewish immigrant experience.

Graves in Jewish cemetery at Lipton Colony, Saskatchewan, 1916

Yiddish: The Language—the Literature

One of the first questions asked about this bilingual translation of Yiddish to English is, "What is Yiddish?"

Yiddish is a language. The word *Yiddish* means "Jewish." To understand this association, one must go beyond Judaism, the religion, to appreciate the social, cultural, and national specificity of Jews.

For nearly a thousand years, Yiddish was the primary, sometimes the only, language that Ashkenzic Jews[124] spoke. Some Sephardic Jews[125] looked down upon Yiddish denouncing it as a crude and uncouth German-Hebrew dialect spoken by uneducated Jews. Most Jewish immigrants to America and Canada, especially those who arrived between 1880 and 1900, spoke Yiddish. As their descendants became acculturated and attended American and Canadian schools, they became bilingual or trilingual. English began to replace Yiddish as the primary language for Jews in the new world. After just a few generations, most Jewish children were deprived of the richness of their Yiddish language heritage and were familiar with just a few colloquial Yiddish words and expressions.

Yiddish first emerged in the tenth or eleventh century among Jews living along the banks of the Rhine River. Yiddish became the "in" language of people on the outs. The every-day language of the Ashkenazic Jews was Middle High German. They also used Hebrew, and their German included Hebrew words and phrases. From the thirteenth century Jews started to use the Hebrew script to write their language, which linguists refer to as Judeo-German or occasionally Proto-Yiddish.[126] The more distinct their communities became, the more their spoken language differentiated itself from that of their non-Jewish, German-speaking neighbors.

---

[124] Web: jewfaq.org : Ashkenazic Jews are the Jews of France, Germany, and Eastern Europe and their descendants. "Ashkenazic" is derived from the Hebrew word for Germany. Most American and Canadian Jews today are Ashkenazic, descended from Jews who emigrated from Germany and Eastern Europe from the mid-1800s to the early 1900s.

[125] Web: jewfaq.org: Sephardic Jews are the Jews of Spain, Portugal, North Africa and the Middle East and their descendants. "Sephardic" is derived from the Hebrew word for Spain. Before the mid-1890s most of the early Jewish settlers of America and Canada were Sephardic.

[126] Web: omniglot.com.

Diasporic Jews carried a core culture rooted in Hebrew (the language of the Torah) and Aramaic (the language of the later sections of the Talmud). Yiddish was written in the Hebrew alphabet, and Yiddish derived twenty percent of its vocabulary from Hebrew and Aramaic. Other sources of Yiddish vocabulary were picked up in the course of Jewish migrations and included Ladino, Judeo-Arabic, Judeo-Greek, Judeo-Persian, Judeo-Provencal, and many words from Latin, French, and Italian.

In the fourteenth and fifteenth centuries, Jews were expelled from many of the territories and countries of Western Europe. Many Jews migrated eastward to the undeveloped Polish empire, and to other areas of Eastern Europe, just as they were to move westward to America centuries later. They carried Yiddish with them, picking up new influences from local Slavic languages, including Polish, Ukrainian, White Russian, and Slovak. Joseph Goodman himself spoke quite a few of these dialects.

The eastern European "New World" was so welcoming at first that the Jewish population there expanded significantly until it comprised 75 percent of the world's Jewish population. These Yiddish-speaking settlers are the ancestors of most of today's American and Canadian Jews. As Max Weinreich observed, "A language is a dialect with an army." Of course, Yiddish never had a country of its own, let alone an army or navy. Yiddish was a spoken language spread over an area of many indigenous languages and people have sometimes wondered whether Yiddish was a single language at all.

Yiddish literature did not develop until the second half of the nineteenth century. Jewish men spent their days studying in Hebrew and Aramaic. They spoke Yiddish but considered it beneath them to read or write it. The little Yiddish literature that was available was meant for women and uneducated men. In the mid-nineteenth century, when modern capitalism and Western Enlightenment finally made their way to Eastern Europe, the Jews realized they had a problem. Like Latin, Hebrew had not been spoken for centuries and could not be read by the masses. For most of its history, Yiddish had existed primarily as a spoken language, with only limited literary expression. Many nineteenth century Jewish writers thought the language ugly but saw no other way to spread enlightenment among the masses. Among the writers who decided to try their hand at writing in Yiddish were Mendele Sforim and two other classical Yiddish writers, Sholem Aleichem and I.L. Peretz. They wrote with a sense of wisdom, humor, and tragedy much like the Yiddish language that reflected the experience that had cultivated the Yiddish language for a thousand years. They were followed by hundreds of other writers. Joseph Goodman emulated these Yiddish authors and incorporated aspects of their style of writing into his own work. It is quite obvious in reading his work. He even writes about Mendele Sforim.

The ideas of the Enlightenment combined with economic modernization to shake the foundations of the traditional Jewish world, and Yiddish gave rise to a vibrant modern culture. By the early twentieth century, there were Yiddish newspapers and magazines, films and plays, music, and a literature that marked one of the most concentrated outpourings of literary creativity in all of Jewish history. It was during this period that Joseph Goodman was undoubtedly inspired to write. He wrote poems and essays about life and columns for the Israelite Press. He published his pamphlet *Ravings of a Mad Philosopher. Collected Writings*, which he chose to write in Yiddish, was published in 1919.

In America and Canada, Yiddish books and newspapers played a central role in helping newly arrived Jewish immigrants adapt. Even Jews who might never have owned a Yiddish book in Europe could now have access to a variety of Yiddish publications. With regard to literature, Aaron Lansky explains that "the accomplishments of American Yiddish literature lay more in poetry than in prose; when American Yiddish writers did write novels or stories they usually set them in the Old Country." Isaac Bashevis Singer[127] declared,

> The better Yiddish prose writers avoid writing about American
> Jewish life. Yiddish words that each day smell more and more
> of the past and of other worldliness cannot convey a lifestyle
> which hurtles forth with such extraordinary speed that even
> the rich and every resilient English language can scarcely
> keep pace. [128]

Unlike most languages, which are spoken by the residents of a particular area or by members of a particular nationality, Yiddish, at the height of its usage, was spoken by millions of Jews of different nationalities. Along with the unique Jewish culture that it had fostered it Yiddish almost ceased to exist by the mid-twentieth century as a spoken and literary language.

---

[127] Web: nobelprize.org: Isaac Bashevis Singer received the Nobel Prize in Literature-1978

[128] Excerpts from: Aaron Lansky, *Outwitting History, The Amazing Adventures of a Man Who Rescued a Million Yiddish Books*, Algonquin Books of Chapel Hill, 2004.

Today there is a vital resurgence, and Yiddish is fully acknowledged and widely studied even in non-Jewish and academic worlds. Organizations like the Yiddish Book Center in Amherst, Massachusetts, work to rescue Yiddish literature and other modern Jewish books and to open up their content to the world. This book represents a part of that movement.

Yiddish Alphabet/Alef-Beys

YIVO Institute for Jewish Research has graciously allowed their Yiddish Alphabet page to be printed in this book.

Go to *YIVO's* web site to be able to click on the Yiddish letters below to hear Yiddish words beginning with those letters. (Some letters, such as final letters used at the end of words, do not have audio segments.) Yiddish spoken:

http://www.yivoinstitute.org/max_weinreich/index.php?tid=57&aid=275

Yiddish Letter	Name of letter	Sound	Romanization
אַ	א	shtumer (silent) alef (No audio segment)	silent
אָ	*komets alef*	o as in ore	o
ב	*beyz*	b as in boy	b
בֿ	veyz	v as in violet (No audio segment)	v
ג	*giml*	g as in gold	g
ד	*daled*	d as in dog	d

ה	*hey*	h as in home	h
ו	vov (No audio segment)	oo as in room	u
וּ	melupm vov (No audio segment)	oo as in room	u
ז	*zayen*	z as in zoo	z
ח	*khes*	ch as in loch	kh
ט	*tes*	t as in toy	t
י	*yud*	y as in yes; i as in bit; ee as in beet	y; i
יִ	khirek yud (No audio segment)	ee as in beet	i
כּ	*kof*	k as in kitchen	k
כ	*khof*	ch as in loch	kh

ך	langer khof (used at end of word) (No audio segment)	ch as in loch	kh
ל	*lamed*	l as in long	l
מ	*mem*	m as in mouse	m
ם	shlos mem (used at end of word) (No audio segment)	m as in mouse	m
נ	*nun*	n as in now	n
ן	langer nun (used at end of word) (No audio segment)	n as in now	n
ס	*samekh*	s as in sink	s
ע	*ayen*	e as in elm	e
פּ	*pey*	p as in pink	p
פֿ	*fey*	f as in farm	f

ף	langer fey (used at end of word) (No audio segment)	f as in farm	f
צ	*tsadek*	ts as in patsy	ts
ץ	langer tsadek (used at end of word) (No audio segment)	ts as in patsy	ts
ק	*kuf*	k as in kitchen	k
ר	*reysh*	r as in red	r
ש	*shin*	sh as in shop	sh
שׂ	*sin*	s as in sink	s
תּ	*tof*	t as in toy	t
ת	sof (No audio segment)	s as in sink	s

Letter combinations	Sound	Romanization
וו	*v as in violet*	v
זש	*s as in measure*	zh
דזש	j as in judge (No audio segment)	dzh
טש	*ch as in cheese*	tsh
וי	oy as in toy (No audio segment)	oy
יי	a as in date (No audio segment)	ey
ײַ	i as in ride (No audio segment)	ay

Wilfred Goodman Letter

My dear Connie,

I have long had in mind your request that I set to paper those things that might be important to you in your"search for roots". I am acceding to your request probably because there are few requests you could make that I could refue!

In a tiny book my father once wrote, which he rather uncleverly entitled "Ravings of a Crzy Philospopher", he wrote many profundities which no doubt had been said many times by many people! One of these, and I quote as nearly as I can remember, was "be not proud of your ancestors, but take every care that your children shall have no cause to be ashamed of theirs", I first read those words at the age of 13 or 14, or thereabouts. They impressed me as being sound advice, and I can, therefore, truthfully say that I have never either been proud or ashamed of my forebears. I have, however, taken pride in myself when warranted, ashamed when shame was felt, and have striven mightily so that you and Margie shoud never have cause to be ashamed of or for me.
With the above preface, I shall endeavor to enumerate some of the very few things I know about my "roots".

GENEALOGY OF THE GOODMAN FAMILY

My mother was born in the Province of Grodno Gubernia, Russia, formerly old Poland, in the town of Grodno. One of several children, she was named Rebecca, and her family name was Ratchefsky. Pictures I have seen of her would lead me to state that as a young woman she was uncommonly attractive, if not actually beautiful. Her marriage to my father was her first, but his, second, as he had prevriously been married to my mother's sister, of which later (in the sage of my fahter). In addition to that sister, living in the New York area, I know of a sister in Calgary who was a widow, and when I visited her as a youngster, was running a grocery store in Calgary. She had three daughters, in order of age, Lottie, Ida and the youngest, Eva, probably about two years older than I. Lottie was married at that time to a much older man, Phil Adelberg, and they had two adorable children, a girl whose name I do not remember (I was only nine or ten years ofage at the time) and a boy Benjamin. He now calls himself Bernie Adelberg, and his address if 2151 West 39th Ave., Apt.30 4, Vancouver, B.C. He visited us in San Diego, as well as Ida and her husband, and we visited them in Palm Springs. Ida's husband was extremely wealthy, being sole owner of the Simmons Beauty Rest Mattress Co. concession for all of Canada.I believe his name was Braufman, but I'm not certain.

Now for my father. I know practically nothing of his early life. He was born in Russia, a Chernoff, of whom there are comparatively few in the world, and all of whom are related to one another. In San Diego, we met a Jack (J.M.) Chernoff, for example, who, as soon as we told him about my father, told me we were first cousins, and that he knew about my father even tho I didn't know about him. Jack Chernoff was in the Diplomatic Service for our country, and has held and been Consul in various countries under Presidents from Eisenhower until the present.

The Chernoff who owns Sun Coast Mdse. Co. in Los Angeles, told me that he did not know about my father specifically, but that he knew that all Chernoffs are related, and considered me a cousin or second cousin.

The story I was told by my father was that he was a revolutionary in the Leninest Party, was arrested and sent to Siberia, escaped, made his way to a Mediterranean Port, from which he emigrated on the passport of a dead man who was named Joseph J. Goodman. My mother always called my father Louis (not sounding the S, as in Looey

Of his and my mother's lives together, I know nothing, except the story that he was formerly married to my mother's sister. After my mother and father separated, late in their lives, as I remember, about 1928, I received one letter from him after he had been gone some time, saying that he had returned to his former wife, who had never ceased loving him, had welcomed him back with open arms, and he was going to live with her. I got no further word from him until the General Hospital in L.A. called to say he was there and wanted to see me. I called on him, he was practically in a coma. After opening his eyes and saying "hello", he closed them again, and said no more, and I never went back again. He died a few days later.

About his life that I do know, particularly in Winnepeg, because we lived there from 1911 until 1921, from my age of five to sixteen, as follows:

1. He was probably one of the best known and admired Jews in western Canada.

2. I found amongst his papers, appointments from both King Edward, as Seed Grain Commissioner for Western Canada, and from King George, as Naturalization Commissioner for Western Canada.

3. As Naturalization Commisioner, practically every Jewish immigrant was beholden to him, and I am sure that he did everything he could to ease their way into the country and to get them "naturalized" as quickly as possible. It was this devotion to Jewish people and the Zionist cause (I was named Wilfred after Sir Wilfred Laurier, then Premier of Canada, a friend of my father's, and Hertzl after Dr. Hertzl, the great Zionist) that got him arrested in Winnepeg, charged with "conspiracy to stuff the voting roles". That is, he was accused of naturalizing inelgible persons in a conspiracy with members of the "Liberal Party". His trial, and subsequent acquittal was a "cause celibre" in Winnepeg, with the trial making the front page of the Manitoba Free Press for a year.

4. My father was a columinst for the Manitoba Free Press under his own name, J. J. Goodman, and also under the pen name of "Incognito". He also authored a small booklet entitled "Ravings of a Crazy Philosopher", which he sold only to his friends and admirers, which achieved no great success. As I remember, it gave me the impression that he was concerned more with a clever phrasing than the underlying thought, and this gave me an impression of a person who, from very wide reading collected profound gems and transposed them into clever witticisms. After the sensationalism of the trial, a man by the name of Gusofsky (Russian Jew), who owned a major private bank in Toronto, Canada, cameto Winnepeg and induced my father to become the manager of a Branch bank on Main Street. It had all the trappings of a grand bank, with huge gold letters on the window, in whichthe name J.J. Goodman was prominently displayed.
In those days it was difficult to get money and aid into Russia for Russian Jews, whose plight under Trotsky was pitiful. My father told me when Lenin was deposed the Russian people had gone from one form of slavery to a worse one, and that the world would rue the day. In any case, the Gurofsky Bank in Toronto and Winnepeg announced that they were taking money from any and all and would, by sp ecial arrangement with the Russian Regime, deliver that money to any consignee in Russia by special messenger. Vast sums of money were collected thruout Western Canada because of my father's name on the Winnepeg Bank. Whether with fraudulent intent or not, not any of the money was ever delivered to Russia. The Gurofski Banks were closed and Mr. Gurofsky was arrested. My father was never involved in these machinations, but he nevertheless was crushed by the loss suffered by the people he had only wanted to help, and I am sure he felt he had been cruelly "used" by Gurofsky.

5. Prior to his work for the Government, he had in some manner been associated with the building of railroads in Western Canada because he knew so many of the Slavic dialects, and was, therefore, able to converse with the immigrants from the Slavic countries, who were so important in the construction of the transcontinental Canadian Pacific and the Canadian Northern , as well as the Grand Trunk Pacific. I do not know whether it was his railroad connection or his government connection, but I was aware that travel never cost us anything, even for the entire family.

Now as to his relatives: I knew personally an older brother, uncle Harry, and his wife Edith. He for years was in the coffee business in Los Angeles, in the days when special blends were a thriving business. A younger brother, Aaron, when I knew him, was a promoter. His business was called Ideas, Inc., and one of his promotions was his wife, known nationally as "Madame Chernoff", and her line was cosmetics, which she apparently merchandised successfully under that name. I have seen a photograph of a Ted (or Ned) Chernoff who was a professional fighter, a physical culturist or both. His claim to fame was a 12½ inch chest expansion. In his picture with muscles flexed, he was beautiful. Part of this inordinate expansion was a family trait, which allowed the floating ribs to float more than most peoples'. At the age of 16 at the University of Minnesota, I was taped at a 6½ inch expansion. Normal for a man my age and weight would have been 2½" to 3". My father had sisters, too - an Aunt Edith whom I knew casually. She visited us in Palm Springs. Another sister was a Mrs. Rosenthal, whom I met in Pittsburg, Pa. Her husband was in the furniture manufacturing business in that city. They lived in Squirrel Hill (a very exclusive area), and I remeber a rather pretty cousin Lillian, who would now be about 75 years of age.

I think that is about it. I am sure that there were probably other brothers and sisters whom I did not know. I probably have half brothers and sisters scattered thruout Western Canada, as myfather was a charmer, very attractive to women and quite partial to them. I can only assume that in those days, prior to the pill, that his efforts had good results!

I know that allof this is rather vague, because I was given more to finding excitement in books rather than in relatives whom I rarely saw. I am sure this generation, as well as mine, would think of me as a creep. But it was an exciting life for me, except that I could find few people in my limited association, with whom I could converse, and my father was so intent on impressing other people that he had no time for me. I think I regret that, but I can't be sure, because, altho he had a fine mind and excellent delivery, I didn't really like or admire him - perhaps I was intoleratnt.

In closing, I once said to a Rabbi (when he asked what I thot of his service) "we spend too much of our time praising God, which in itself is presumptious, for he neither needs or wants our praise. What we should be doing is making sure we are deserving of his praise". I don't know, perhaps that thought was akin to the thought expressed by my earthly father when he wrote about the worship of ancestry. It is, indeed, how I feel about cercernfor "roots", and is the reason why Ihave eschewed the churches and synagogues of our day, but have been quite occupied in trying for the praise of my heavenly father, and those of my present whose lives I have been fortunate enough to touch.

This has been a labor of love, otherwise I would not have thot it important enough to do, but you see, I love you.

Your earthly father

Contributors

Harriet Goodman Hoffman, Editor. Harriet Goodman Hoffman, Joseph J. Goodman's granddaughter, is a Registered Nurse who has worked in all disciplines of hospital care. She became an Optometric Assistant, and created, designed and managed the first upscale optical shop in the Hawaiian Islands. She was elected to and served as President for the merchant's association for the Koko Marina Shopping Center. She created her own manufacturers' representative company *Specs, plus,* representing Optyl Eyewear and multiple optical related products to professional and retail businesses. At present, Harriet is a professional genealogist in her own company, *Genealogy From The Hart.* She is a member of both the Association of Professional Genealogists (APG) and of the Expert Connect Program on Ancestry.com, with a five star rating. Her philanthropic work has included serving as a chapter president of Women's American *ORT,* the Jewish charity that promotes education and training internationally. In addition to editing this text, Harriet has appended an extensive chronology of her grandfather's life, biographical information about his Russian and young adult years, notes about some of the people and places mentioned in the book, and a brief discussion about the Yiddish language.

Hannah Berliner Fischthal, PhD, Translator. Dr. H.B. Fischthal is an adjunct Professor of English at St. John's University, New York. She has published widely about Yiddish and Jewish Literature. She is a Yiddish translator for the Yizkor Book project at Jewishgen.org. Hannah is also co-Book Review Editor of *Studies in American Jewish Literature* (SAJL), and is currently completing a book entitled, *From Nazi Slavery to Freedom: The Fate of One Family From East Upper Silesia During the Holocaust.* She has provided a comprehensive Translator's Introduction for the text.

Leah Jay Hammer, Researcher and Designer. Also a granddaughter of Joseph J. Goodman, Leah Jay Hammer has managed several successful businesses, including L.J. Associates, representing Lalique and other fine tabletop goods. She was also proprietor of her own Bed & Breakfast, The Ravenscroft Inn, in Port Townsend, Washington. She wrote a cookbook containing her recipes, which she sold to support music scholarships for young people. Leah is actively involved in political causes for justice and in fighting anti-Semitism. Like her cousin Harriet, she was also a past chapter president of ORT. She is a board member of Centrum, an Arts and Education organization in

Port Townsend, and she is the Founder of the Youth Music Fund, Inc., which supports music scholarships to local Jefferson County youth. In addition, Leah was a founding board member and past president of the Port Townsend Chamber Music Society. Her passion for the arts has also led her to painting and jewelry making. Leah is credited with first locating Goodman's *gezamelte shriften* [*Collected Writings*]. She is an avid genealogist. She provided relevant historical research material used in the annotations and additions to the book, and she designed the book cover.

Index

Edwards Brothers, Inc.
Thorofare, NJ USA
November 29, 2011